中外经典文库

狄 德 罗 文 选

李瑜青　主编

上海大学出版社
·上海·

图书在版编目(CIP)数据

狄德罗文选 / 李瑜青主编. —上海：上海大学出版社，2023.2
(中外经典文库)
ISBN 978-7-5671-4551-1

Ⅰ.①狄… Ⅱ.①李… Ⅲ.①狄德罗(Diderot, Denis 1713-1784)-哲学思想-文集 Ⅳ.①B565.28-53

中国国家版本馆 CIP 数据核字(2023)第 031431 号

统　筹　刘　强
责任编辑　位雪燕
封面设计　柯国富
技术编辑　金　鑫　钱宇坤

中外经典文库
狄德罗文选
李瑜青　主编
上海大学出版社出版发行
(上海市上大路 99 号　邮政编码 200444)
(https://www.shupress.cn)　发行热线 021-66135112)
出版人　戴骏豪

*

南京展望文化发展有限公司排版
上海华教印务有限公司印刷　各地新华书店经销
开本 890mm×1240mm　1/32　印张 9.75　字数 227 千字
2023 年 3 月第 1 版　2023 年 3 月第 1 次印刷
ISBN 978-7-5671-4551-1/B・128　定价 48.00 元

版权所有　侵权必究
如发现本书有印装质量问题请与印刷厂质量科联系
联系电话：021-36393676

目录
CONTENTS

论戏剧 …… 001
素描奇想 …… 016
绘画中的明暗 …… 024
论表情 …… 036
构图艺术 …… 050
论建筑 …… 067

论美的起源及其本质 …… 075
对自然的解释 …… 084
哲学思想录 …… 139
哲学思想录增补 …… 172

荆棘林荫道 …… 188
栗树林荫道 …… 220
鲜花林荫道 …… 246

天才论 …… 266
艺术 …… 275
圣经 …… 283
折衷主义 …… 289
享受和享乐主义 …… 296
政治权威 …… 304

论戏剧[①]

一、戏剧的体裁

倘若一个民族历来就只有一种诙谐而愉快的戏剧,而有人却向他们提出增加一种庄严而动人的戏剧,朋友,你知晓他们有啥想法呢?或许我想的不对。我以为通情达理的人们在思索有成功的可能性以后必定会讲出这样的话:"要这样体裁的戏剧干嘛?我们现在的痛苦在生活中经历得还不够吗?难道还要让他们再为我们创造出一些想象的痛苦?为啥要将那些压抑的心情带到我们的娱乐中来?"他们这样讲,好像从未有感受到那种激动得热泪盈眶的快乐似的。

习惯势力束缚了我们。一位稍有天才的人物出现了,发表了一部这样的作品,开始引起那些思想家们对他的关注。不过思想家们对他的评论有分歧,他渐渐地将这些人的看法统一起来,不久就会有一些人去模仿他,模仿的榜样越来越多,人们就积累了这方面的经验,制定了一系列的法则,就此艺术产生了。人们又规定了它的范围并宣布了所有一切都在这已圈定的狭小范围之内,否则

[①] 选自《狄德罗全集》第7卷,从《戏剧诗》一文编译而成,标题是译者所加。——译者注

都是古怪而不好的东西。这是赫拉克勒斯之山①,人们决不能逾越它,否则就会迷路。

不过,随便什么东西都不能与真实相比较,无论愚蠢的人对它怎样称赞,坏的东西总是要消亡;无论无知的人对它怎样疑惑,嫉妒的人对它怎样指责,好的东西总会被人所接纳。遗憾的是,有些事情,人们必须等到他们去世之后,才会给予公正的评判。人们总是在生前将他们折磨得死去活来,然而再到他们的坟前抛下一些失去芳香的花朵。那有什么办法呢?要么就休息,要么就忍受比我们伟大的人都能服从的法则。倘如有这样一个人,他非常忙碌,但是工作并没有给他带来最甜美的享受,而他又不满足只有不多的人对他赞美,这样对他来讲真是太不公平了!对他客观评价的人是有限的。啊,朋友!等我发表了一部分东西,或是一个剧本的初稿,或是一些哲学思想,或是关于道德、文学的只字片语——因为要有所变化,才能让我的精神为之一振,我才会去看你的。倘如我来到你眼前,你不觉得烦人,还用欢迎的神态来接受我,这样我就会耐心地等待,等时间与或早或晚会到来的公平来评价我的作品。

倘如,一种戏剧体裁已经存在,再引进另一种新的体裁就很难。就是引进了,也会产生一种偏见;人们很快就会认为这两种体裁是差不多的,是类似的东西。

芝诺②不承认运动的真实性。为了对芝诺提出不同意见,他

---

① 古希腊神话传说,据说英雄赫拉克勒斯曾刀劈原来连结欧非大陆的山岩,形成了今日位于直布罗陀海峡两侧的加尔贝和亚皮拉两座山,这两座山就叫"赫拉克勒斯之山"。——译者注

② 芝诺是公元前5世纪古希腊唯心主义哲学家,他提出"飞矢不动"等重要观点。——译者注

的对手①站起来向前走了几步;就是他像瘸子那样拐几下,也足够对这个问题提出反驳了。

我尝试在《私生子》中给一种介于喜剧与悲剧之间的戏剧以一种概念。

我以前答应要写《家长》的,由于干不完的杂务事而迟迟不能完成,它就是处于《私生子》这样的严肃戏剧与喜剧之间的剧本。

倘如我有空闲与胆量,还是希望能完成一部处于严肃戏剧与悲剧之间的剧本。

不管人们是否以为这些作品有可取之处,它们依然能够证明,在现在的两种体裁的戏剧之间,确实存在某种我所发现的距离,这不是幻想。

二、严肃的喜剧

在戏剧系统的整个范围中是这样区分的:以人的缺点和可笑作为剧中对象的,是轻松的喜剧;以人的美德和责任作为剧中对象的,是严肃的喜剧;以大众的灾难或大人物的不幸或家庭的不幸事件作为剧中对象的,是作为悲剧的东西。

但是,我们努力描写人的责任是什么呢?担负这个任务的诗人又应具备哪些条件呢?

他应该是一位哲学家,他深入研究并了解过自己的内心,从而认识人的本性。他还须深入地研究社会上各种行业,知道它们的作用和价值、优势和不足。

"不过,怎样将一个人的身份地位以及有关的一切方面的事情

---

① 指狄奥瑞纳(公元前413—前323),古希腊大儒学派哲学家,因不同意"飞矢不动"的观点曾与芝诺的弟子进行辩论。——译者注

都吸收到剧本这个狭小的范围之内呢？能够达到这样目的的情节存在吗？如此的戏剧，人们仅能写一些插曲式的剧本；而插曲似的场景前后相继而毫不连贯，或甚至只有一些不起眼的情节蜿蜒曲折地贯穿在分散的插曲之间：缺乏一体化，剧情甚少，没有趣味。每一场中都要有贺拉斯所一再叮咛的那两点，没有从整体而言，于是全剧成为松懈而无力的了。"

假如人的身份或地位能提供的素材有如同莫里哀的《讨厌鬼》相似的剧本，这已是相当不错的了。不过我坚信还能做出更好的成绩。每一种身份或地位所具有的职责和麻烦并非都是同样重要的。我认为可以考虑一些主要的，以此作为作品的基础，而将剩下的作为枝节看待，这就是我在《家长》中达到的理想目标。在这部剧本中，女儿和儿子的婚事是剧中两大关键所在，而财产、门第、教育、父亲对儿女的责任、儿女对父母尊重、婚姻、独身生活，这些属于家长这一地位的内容都用对白引出。假如请其他人来做这件工作，就算他具有我所缺少的天才，你可以看看他的剧本会是个啥东西。

只能说明一点，人们反对这种体裁的戏剧，是因为这样的剧本是很难处理的，这不是一个孩子能胜任的工作，它需要很多的知识、技巧以及严肃性和思想性，而这一切往往不是人们在开始从事戏剧工作时就能具备的。

为了很好地评判一部作品，不应该把它和另一部作品作比较。这正是我们某位第一流批评家的错误所在。他说："古人从来没有歌剧，因此歌剧是一种不好的体裁。"他假如态度慎重，或者知识更多一点，或许会说："古人只有一种歌剧，是因为我们的悲剧一点都不好。"假如他稍微讲点逻辑关系，上面两句话他就都不会讲了。究竟有没有现成的规则，这没啥关系。因为在一切东西之先，都有一个规律。当还未产生诗人之时,就已有诗的原理。否则人们用什么去评论第一首诗篇?究竟是因为它悦人,才是好诗呢?还是因为它是好诗,才悦人呢?

人们的生活可以为戏剧诗人提供非常丰富的素材,不逊于人们的可笑之处和德性的缺点。正派的严肃剧随处可以获得成功,而且在风俗败坏的民族中间可获得比其他任何地方更大的成功。他们只有在欣赏戏剧时才完全摆脱坏人的包围;在此,他们将看到他们愿意与之相处的伙伴;在此,他们将会找到人类生活应具有什么模式,而与之同声相应、同气相求。好人是很少的,但终究存在。谁要是不这样想,他就要进行自我谴责,而不管与他的妻子、父母、朋友还是相识者在一起,都会显得很不幸。有一个人在津津有味地读完一部正派的作品之后对我讲:"我觉得我以前活在世界上一直是很孤立的。"那部作品应该受到这样的称赞,而他的朋友却不该受到这样的讽刺。

人们在写作之时,心里应该想到道德观念和有品德的人。每当我拿起笔的时候,我想到的是你我的朋友;每当我写作的时候,进入我眼帘的也正是你,我要使莎菲①高兴。假如你对我略微地一笑,或是她为我流一些眼泪,假若你们俩都能由此更爱我一些,我就觉得有报答了。

当我听到《虚伪的慷慨者》②剧中有关农民的那些场景时,我就说过那将取悦于全世界,使人泪湿衣襟,而且世世代代都会如此。演出的效果证实了我的判断。这是属于正派和严肃体裁的戏剧。

---

① 莎菲·伏朗,狄德罗的女友。——译者注
② 《虚伪的慷慨者》为安东、勃雷的五幕诗剧,于1758年上演。——译者注

有人也许会说:"仅仅一个成功的例子并不能说明什么。假如你能像其他作家那样,在那单调乏味的道德说教里增添某些笑料甚至是夸张人物的喧闹,那么任凭你怎么说这种正派严肃的戏剧,我还是担心,你写出的只能是一些冷漠并毫无色彩的场景,那些道德说教令人厌烦而毫无生气。"

我们来考察一部正剧的各部分,其中究竟是怎么一回事?评定一部正剧,是不是应该根据它的主题?在正派严肃的戏剧里,如同轻松愉快的喜剧一样,主题十分重要。在主题的处理上也要应用更真实的方法。是否应根据人物性格来评定?在正剧里,人物的性格仍然是各种各样的、独特新颖的,而且作者还应更有力地去刻画他们。是否应该根据激情来评定?在正剧里,往往激情表现得越强烈,剧本的趣味就越浓。是否应该根据风格来评定?在正剧里,其表现的风格应该更有力、更庄严、更高尚、更激烈、更富有感情色彩。没有感情因素,任何风格都不可能打动人们的心。是否应根据它是否失掉了可笑的成分来评定?你难道不认为,人类某种愚蠢的误解或一时热情所引出的疯狂举动和言辞,这才是真正可笑的吗?

我现在举泰伦斯①作品中关于"父亲"和"情人"各场的写法为例,请问这些美妙的描写属于哪一类体裁?

在《家长》一剧中,假如我所写的内容与主题的存在不相称,主题的展开显得平淡无味,表达上缺乏激情,流于长篇的说教,父、子、莎菲、勋爵、瑞莫依、塞西勒等角色均缺乏喜剧的活力,这是归咎于戏剧体裁还是我呢?

假使有人要把法官搬上舞台,剧情安排上尽量根据题材的要

---

① 泰伦斯(公元前 194—前 159),著名的拉丁诗人,喜剧作家。——译者注

求和我所设想的使它有趣动人:剧中人在行使某种职责时,不再讲究其职务的尊严,亵渎应有的神圣性质,在别人和自己的心目中蒙上耻辱;或者为了情欲、嗜好、财富、门第、妻子或儿女而毁掉自己。这时候我们倒可以看看,人们还是否说正派严肃的戏剧就没有热情、色彩和力量。

我有一种经常使用的行之有效地决定取舍的方法,每逢由于习惯或新鲜事物这两种东西都使我难以决断时,我就使用这个方法:那就是运用思维来把握事物,把它们从自然界搬到画布上,然后放在离我不远处作仔细的端详。

我们现在也来用这个方法。试选取两部喜剧,一部严肃的,一部轻松愉快的。把这两部喜剧一场对一场地排成两条画廊,然后看我们会在哪条画廊乐于逗留得更久些,在哪条画廊体验到更为强烈、愉快的感觉,哪条画廊是我们会反复去欣赏的。

所以我一再地重复:要正派,要正派。那些正剧会比那些只会引起人们发笑的剧本更亲切和更委婉动人。诗人是敏锐善感的。请拨动这根出自正派的琴弦,你会听见它发出的声音,在所有人的心灵中颤动。

"那么能否说人的本性是好的?"

是的,朋友。这就如同自然界中的水、空气、泥土、火一样都是好的。始于秋末的狂飙能摇撼森林,使树木相互碰撞、折断,把枯枝卷去;那暴风雨拍打着海岸,把它冲洗得洁净无尘;还有那火山,从山口喷出的熔岩,把热浪抛向高空,清除着大气中的污浊。

人性是不应该遭谴责的,遭谴责的应是那些败坏人们的可恶成规。在那些可恶的成规下,我们找不到一个使我们感动的、慷慨的行动。世界上不存在一个冥顽不化的人,他会冷冷地听着一个好人的申诉而无动于衷?

你看，在戏院的池座里，一场感人的演出使好人与坏人的泪水融汇在一起。坏人这时也许对自己过去所犯过的恶行有所悔过，对自己曾给别人带来的痛苦感到不安，对一个具有他相似品行的那种人表示愤慨。当我们有所感触时，不管人们是否愿意，这个感触总是会铭刻在自己心里的。受到触动的那个坏人，当他走出包厢时，他就会比较不那么倾向于作恶了，这比起这个坏人被一个严厉而生硬的说教者痛斥一顿效果要好很多。

演员、小说作家、诗人，他们用迂回曲折的方式打动人们的心灵，特别是当人们的心灵打开来迎接这震撼的时候，作品就能更准确更有力地进入到人心的深处。他们用来感动我的作品，也许本身是虚构的，但确实起到了使我感动的效果。《遁世的贵人》《基勒灵修道院院长》《克莱夫兰》①的每行文字都使我为那些具有良好德行的人的不幸遭遇所感动，并使我潸然泪下。任何艺术，都要使人从善，而不能从恶。它要使我在不知不觉中与善良的人的命运相结合，把我从贪图平静安乐的环境中拽出来，携我同行。带我进入他隐居的山洞，让我和他在借以锻炼恒心毅力的一切困厄横逆之中同甘共苦。这种艺术是多么的可贵！

一切具有模仿性的艺术，如果能确立起一个共同的目标，帮助法律引导人们热爱道德而憎恨罪恶，这将会取得多大的益处！哲学家们有必要发出这样的呼吁，向诗人、音乐家及画家大声疾呼：天才的人们，上天为什么赋予你们如此的才能？如果他的呼声被采纳了，人们就会看到：不久的将来，淫秽的画像不会再挂满大厦的四壁，人们的歌唱不会再成为罪恶的喉舌，高尚的趣味和习俗将会得到更加有力的培养。事实上，描写一对双目失明的老夫妻在

---

① 所列都是普雷沃神甫(1697—1763)的小说。——译者注

风烛残年时还相互爱恋,柔情的泪水噙在眼眶里,双手紧紧地握着,他们是在坟墓边缘相依相偎。这比起描写他们在情窦初开的青春期所陶醉于相互热烈恋爱的场景,需要具备同样的才能,并且人们会更感兴趣。

三、道 德 剧

我有时在想,在舞台上人们可以讨论最重要的道德问题,而不至于妨碍剧情急剧迅速的发展。这究竟是怎样一回事呢?这是剧本的安排问题,如同应该像《西拿》里对王朝禅让问题那样来处理道德。诗人就该如此严肃地讨论像自杀、荣誉、决斗、财产、品格以及其他的千百种问题,保持诗词应具备的严肃性。假如表现的场面是那样的自然,与剧本内容紧密联系,观众又这样地表示了欢迎,他们就会全神贯注。他们所得到的感受与听到充斥于现代作品中的那些高深莫测的警句,是完全不相同的。

戏结束之后,我所带回的不只是一点词句,还有印象。一个剧本如果有许多互不相关的思想常被人们引用,有人说这个剧本一定很一般,这个人说得不会错。一个剧本的主要思想能长期留存在我们心上的才是卓越的。创作这样的剧本的诗人,才是卓越的诗人。

啊,戏剧诗人呦!你们应当争取听到的喝彩声,不只是一句漂亮诗句之后徒然发出的掌声,还有经长时间静默的抑制之后从内心深处发出的叹息声。这种叹息声,待它发出以后,人的心里才松了一口气。还有一种更为强烈的效果,假如你生来就具有艺术天赋,预感到这种才能的魔力所在,你就可以做这样的设想:戏剧使全国的国民因严肃地考虑问题而坐卧不宁。那时人们的思绪将激动起来,踌躇不安,摇摆不定,茫然而不知所措;你的观众将如同那些地震区的居民一样，仿佛房屋的墙壁在摇摆，自己脚下的土地在坍裂。

四、哲 理 剧

有一种戏剧，人们可以直接把道德问题提出来，并且获得效果。试举一例，然后请听我们的评论家讲些什么。假使他们认为它淡而无味，他们不是缺乏头脑，就是不懂得什么才叫作雄辩，缺乏感情，没有心肝。据我看，倘使一个天才的作者来采用这种剧种，随着剧幕的展开，他可以使观众连擦干眼泪的机会也没有。我们确实要感谢天才的作者给我们描绘了一幅感人肺腑的景象，让我们做了一次最富有教育意义和隽永难忘的阅读。这个例子就是《苏格拉底之死》。

舞台上出现的是一座监狱。哲学家带着锁链睡卧在干草上，他熟睡着。他的朋友预先贿赂了狱卒，天刚拂晓时就进来向哲学家报告，他可以获得解脱。

整个雅典在喧哗，而这个正直的人却很安宁，他熟睡着。

这儿是表现清白的人生。一个人在临死时，想到自己的一生是在毫无过失中度过的，那是多么的幸福！这是第一场。

苏格拉底醒来了，看到朋友们，对他们这样早到来觉得很诧异。

苏格拉底之梦。

他们把所做过的事情告诉了他，他和他们一起研究该如何做。

这儿是表现每个人应当尊重自己以及法律的神圣不可侵犯。这是第二场。

狱卒进来，把他的锁链解掉。

关于痛苦和快乐的情节。

法官进来了,和他们一起进来的还有那些控告苏格拉底的人们以及众多的群众。他被控诉,他进行抗辩。

辩解。这是第三场。

到这儿就必须按习惯进行了:宣读起诉书,苏格拉底质询法官、原告及民众,他催促他们答复,他还向他们追问,他也回答他们的问话。戏必须把事情如实地表现,这样就会更真实、更感人、更美。

法官们退场,苏格拉底的朋友们都留下,他们已预感到苏格拉底将会被判刑。苏格拉底与他们交谈,还安慰他们。

论灵魂的不朽。这是第四场。

苏格拉底被宣判了,被判处了死刑。他会见妻子和孩子。毒药端来了,他饮药而死。这是第五场。

这儿总共只有一幕,但假如安排得好,整出戏就在这样的背景下表现。当然这要求何等的表现能力!何等深刻的哲理力量!何等的自然力和真实力!人们要准确地表现哲学家的坚定、纯朴、安详、沉静及高尚的性格,但这是多么难以做到的事。哲学家经常在嘴角上挂着微笑,眼眶里却噙着泪水,这样的表演能力如果我能学会,我是死而无憾了。再说一次,如果批评家们在这里看到的仅仅是一连串冷漠乏味的哲理性的台词,那么,我只能说他们是一些可怜的人。

五、简单的和复杂的戏剧

我往往更重视剧情在剧中是逐步展开的、最后才显示出全部力量的激情和性格的剧本,而不太重视剧情错综复杂、剧中人物与观众全都受折腾的那种剧本。我认为,高尚的趣味对那种故弄玄虚只会表示轻蔑,它也不会产生很好的戏剧效果。古人的想法与现在有所不同。对处于高度紧张状态的最后结局,采用简单的处理:一个即将发生,却一直因简单、真实的情节而往后推迟的悲惨结局,有力的台词,强烈的情感,几个画面,一两个经过有力刻画的人物,这就是他们的全套装备了。索福克勒斯并不需要更多的内容来使观众激动。在诵读古人的诗歌中,我们能从中理解拉辛是怎样从老荷马那里继承其衣钵的。

你能注意得到,一部剧本不管多么复杂,不是所有的人在看了它的首次公演后,就能记住它的内容的。人们很容易记住故事情节,但不容易记住台词,而故事一旦被人知道了,复杂的剧本就失掉了它的价值。

假如一个戏剧作品仅公演了一次以后就不再付印,我会对这样的诗人说:你喜欢把它弄得怎样复杂,就把它弄得怎样复杂吧;这个剧本可以激动人心,把人们震慑住;但假如你要别人诵读你的作品后让它流传下去,你就必须要简单化。

一场美妙的好戏所能包容的思想往往比一个剧本所能提供的情节要丰富;正是这些思想使人们回味剧情,倾听忘倦,它们是在任何时代都能感动人心的。罗兰在石窟里等候不安分的安琪莉克①,吕西尼昂对他女儿的交谈②,克吕泰涅斯特拉对阿伽门农的对话③,这些场景常令我回味、记忆犹新。

有时我说,喜欢多复杂就多复杂,这是指同一个情节的线索。一般一个戏剧不可能同时发展出两套情节,而要使其中之一不靠牺牲另一个而引起观众的留意。在现代戏剧中,我可以列举出很多这方面的例子啊!可是我不愿意得罪人家。

---

① 见基诺的歌剧《罗兰》第四幕。——译者注
② 见伏尔泰的悲剧《查伊尔》第二幕第3场。——译者注
③ 见拉辛的悲剧《依菲莱涅亚在奥利德》第四幕第4场。——译者注

比伦泰司在《安德鲁斯美女》①中，把庞非儿的恋爱与沙里纽司的恋爱穿插起来，这是一种很巧妙的表现手法。可是他这样做能说毫无缺陷？当第二幕开始时，难道没有让人误会好像自己突然进入了另一部戏剧中去了？第五幕结束得很有意思吗？

在剧中要安排两套情节，就必须负责把它们在同一个时刻里解决。假如主要情节已经结束，留下次要情节就会无所依附；倘使与此相反，把插曲性的次要情节撒下，那么又会发生其他毛病：有些人物会消失得过于突然，或者毫无道理地再度出现，作品的情节表现出紊乱，没有条理。

试看泰伦斯的剧本《赎罪者》（又名《与己为敌》）。如果作者缺乏艺术天才，就不可能把在第三幕就结束的克里尼亚的那些情节重新捡回来，把它与克里蒂丰的情节相接连，这个剧本将成啥样！

泰伦斯把米南德②《贝林蒂埃纳》中的情节搬到古希腊另一个诗人写的《安德鲁斯美女》作品中去，把两部简单剧的剧本改编成一部复合的剧本。我在《私生子》里的做法恰与他相反。哥尔多尼在一部三幕笑剧里把莫里哀的《吝啬鬼》和他自己的《真实朋友》的剧中人物相融合。我把这些主题分开，编成了一部五幕剧，不管编得成功与否，我的这种做法肯定是有理由的。

泰伦斯以为经他之手已把《赎罪者》的剧中内容丰富了，因此他的剧本是新的，这点我同意；但如果认为这样做更为合理了，那就又是一回事了。

在《家长》一剧中，我让瑞墨衣和赛西勒相爱，但在前几幕里不

---

① 泰伦斯模仿米南德的同名著作编写的喜剧，于公元前166年首场演出。——译者注

② 米南德（约公元前342—前292），古希腊喜剧诗人，多产作家，据传写有一百多部戏剧，但只有《恨世者》和一些残篇流传下来。——译者注

让他们相互倾吐,让他们的爱情在整个剧情中完全从属于圣亚宾和莎菲的爱情,以致瑞墨衣和赛西勒尽管时常在一起,在彼此道明心迹以后依然无法相互倾吐衷肠。剧中表现的某些技巧是我所得意的。

在这方面所得到的,就是在那一方面所失去的,没有中间道路可走。如果你添枝加叶,故意去追求兴趣和紧凑,那就得减少台词,让你的人物少说话,可是他们在台上只有动作,而很难显示人物的性格、特点。这是我的经验之谈。

六、趣　　剧

笑剧里夸张的动作和活动很重要。在这种剧种中,能说些什么话叫人听得下去呢？如果说在轻松愉快的喜剧里,可以适当安排笑剧里夸张的动作和活动；那么在严肃的喜剧里,就要少些；而在悲剧里,简直一点也不需要了。

一种戏剧体裁与它反映的真实情况相距越远,就越容易得到充分的表现。但这是以牺牲真实和把握分寸为代价换来的。最令人厌恶的东西莫过于滑稽而又缺少热情的戏剧了。在严肃的戏剧里,为了对事件进行选择,就很难维持热烈的情绪。

优秀的笑剧并不是一般人能写出来的。它需要有一种独特的欢快情趣；其中的人物要有如卡洛①的漫画,保留了人的面貌的主要特征。一般人很难做到用这种方法来歪曲人物的形象的。假使以为能写《普叟雅克先生》②的人比《恨世者》③的人多,那是错了。

阿里斯托芬是如何一个人物？他是一个独特的笑剧作家。假

---

① 卡洛(1592—1635),法国雕刻家和画家。——译者注
② 莫里哀的喜剧。——译者注
③ 莫里哀的喜剧。——译者注

如懂得怎样使用他的话,这种剧本的作家应该是政府的瑰宝。应该把那些常常扰乱社会秩序的狂热分子都交给他。假如把这种人在市场上一一陈列,那就不需要把他们投入监狱了。

剧中的人物活动因采用的体裁不同而不同,但剧情总是要进行下去的,甚至在幕间也不会停下来。这就如同从山顶上掉下一块大石头,速度随着下降而增长,如遇到了障碍,它会到处跳跃。

假如这个比喻是恰当的,假如真的是剧情越丰富,台词就越少,那么在前几幕中应是台词多于动作,而在后几幕中则是动作多于台词。戏剧诗人也是如此,他们从来不知如何去利用所在的场景。

(璐甫科军译)

素描奇想①

大自然的奇物可以说没有不得当的②。不管它的形式是美还是丑的,都自有它形成的原因;大自然一切存在着的事物,该长得啥样,就长成啥样。

请看一位青年时期就双目失明的妇女。她眼眶的逐渐生长并未使她的眼皮张开;她的眼皮陷在由于没有眼球而形成的穴窝里,并已萎缩了。她的上眼皮把眉毛拖下来,下眼皮把双颊略微拉上去,上嘴唇也受了这种变形的影响而向上微微翘起;这种变形使她整个脸部都受到影响,离受损害的主要部分越近,受的影响就越大。别以为这种变形仅限于眼穴,脖子未受到影响,肩部和喉部都没有怎么受到影响,以我们的肉眼观察,也许是这样。但请大自然来,把脖子、肩部、喉部都给它看,大自然就会讲:"这是一位年轻时失去双目的女人的脖子、肩膀和喉部。"

我们把眼光再转向一个鸡胸驼背的男人。他前颈的软背伸长了,后背的脊椎骨塌下了;他的头向后倾,双手在腕际翘起,两腑向

---

① 译自保尔·维尔尼埃尔编注的《狄德罗美学著作》,本文为《画论》的一章。——译者注
② 歌德曾认为此处应用"不统一"这样的语词,不应用"不得当"这个字眼。——原编者注

后偏,肢体的各个部分都已找到最适合于这个奇形怪状机体的共同重心而呈现出一种受压抑与痛苦的神态。你把这副面貌掩盖住,仅露他的双足让大自然判断,大自然会明白无误地告诉你:"这是一个驼背人的脚。"

倘若我们很清楚事物的因果关系,那么,最好的方式是完全依照物体的原样把它们表现出来。模仿得越周全,越符合因果关系,也就越令人满意。

假如我们对事物的因果关系及产生出来的那一套约定俗成的规则不清楚,但一位画家敢于置这些规则于不顾而严格地模仿自然,把脚画得肥大、腿画得短小、膝盖画得臃肿、头画得很笨重,我相信这位画家的作品还是能为人们所理解的。我们不断观察各类现象,获得了精到的感受力,因此能体会到这些畸形之中自有的某种隐秘联系与必然配合。

天生的歪鼻子不会使人难受,因为一切都是相互制约的;靠近的器官也随之发生了细微变化,导致了这种畸形得到某种弥补。但假如你把安提弩斯的鼻子扭曲,其余的部位保持原状,这个鼻子就很不对称。为啥呢?因为安提弩斯的鼻子可能被打破,但绝不可能是歪的。

当我们讲一个行人长得何等难看时,这是按我们那些可怜的规则做标准的,而根据自然就是另外一回事。当我们讲这个塑像的各个部位都符合最美的比例时,也是按照我们这些可怜的规则出发的。可是,对自然来说究竟怎样呢?

请允许我把上面所讲的驼背人的画像,覆盖住在梅迪契的维纳斯女神石像①上,仅露出画像的脚尖,然后请自然按照脚尖来完

---

① 石像原在罗马梅迪契别墅,现存于佛罗伦萨城教会议事厅博物馆,据传它是模仿公元前4世纪古希腊雕刻家李希帕的石刻。——译者注

成整个形象造型,你可能会十分惊奇地看到在大自然的画笔下出现一个身材畸形而丑陋的怪物。但对我来讲,事情不是这样才是奇怪的了。

人的形象是个很复杂的体系,对它这个体系遵循的原则,哪怕是察觉不出来的背离,也会让最完善的艺术品和大自然的创造失之千里。

假如我了解艺术的奥妙,我即会知道艺术家对公认的比例应遵守到怎么样的程度,并能加以证明;但是其实在专制的大自然面前,这些比例很难站得住脚,因为人的年龄与身份会通过各种方式来破坏这些固定的比例。当一幅画所画的人物形象在外部结构上能很清楚地说明这个人的年龄、习惯或从事日常工作的技能,这样的画像人们总是很赞许的。正是这些日常的经历,确定了形象的大小、每个肢体的正确比例与它们的整体,我可从中看出这是孩子、成人、老年人、野蛮人、文明人、官吏、军人还是搬运夫。一个约25岁没有任何经历的人物形象,就像是一下子从地下蹦出来的,这根本就是不存在的空想。

孩童是一幅漫画,老年人也是这样。孩童的机体正在成长,未成形;老年人则是另一种不成形,他的形体开始干瘪萎缩,并化为乌有。只有在这两个时期之间,人们从发育成熟到精力衰退这段时期内,艺术家才不得不以严格的精确性描绘线条,往里面进一点就构成缺点,往外画出一点才是美。

有人说,不论是什么年龄或职务,人体的形态会改变,但他的那些感觉器官总是存在的。这种说法很对,这是我们必须研究人体解剖模型的原因所在。

我们去研究人体解剖模型,不能由于这样做而停留在事物表面的想象中。艺术家研究人体解剖模型,也不是为了显示博学或狂妄。它的受玷污的眼睛不能滞留在表面。尽管人体有皮肤和脂肪,艺术家不能只见到肌肉从哪儿开始、附着在什么地方、同什么东西粘连起来,他不能过分强调这些。这样做,会不会使艺术家变得冷漠无情?会不会让我即使在他所画的妇女形象中也只看到那被诅咒的人体解剖模型?既然我只要求表现外形,我希望人们使我习惯于很好地看到外形,而不要去追求那种不必要的可恶知识。

朋友①,这些文字因为除你以外没有他人会见到,因此我写得比较放开。在画院里用七年时间对着模特儿写生,你认为这些时间花得值得吗?依我的看法,在画院里用去艰苦的七年所学习的,只是绘画中的矫揉造作。一切这些学院式的姿态,都具有不自然、造作、故意安排的特点,同时还表现出一个可怜虫的冷漠、笨拙的造型。这些可怜虫被雇来,一星期三次到画院脱去衣服后,在一位教师的指导下做的某种动作,与自然的姿势和动作是没有共同之处的。一个到院子里真实地要汲水的人,与在学校的讲台上没有水桶却伸出两手笨拙地假装汲水的人,两者之间究竟会有什么共同之处?一位假装要死的人与一位在床上真实要咽气的人,或者被人击毙于街上的人,他们之间究竟有什么共同之处?在学校里假装与人打架的人和在十字路口真实对人挑衅的人,两者之间究竟有什么共同之处?这位随意装出哀求、祷告、躺着、思考、昏倒姿势的人,与一位疲劳过度卧倒于地下的农民、与在炉旁深思的哲学家、与在人群中窒息晕倒的人,究竟有什么共同之处?朋友,这是很清楚的,两者之间没有半点共同之处!

---

① 文里所指的"朋友"是德国文学批评家格里姆。——译者注

我倒希望人们让这些学生走出画院,安排他们向马赛尔或杜勃雷①,或随便向哪个舞蹈教师,学习优美的姿势,以弥补这种荒谬学习方法造成的极坏影响。人们很容易忘记自然的真相,于是想象中充满了虚假、造作、可笑而冷漠的动作、姿势与形象。这些东西充斥于想象之中,到绘画的时候就都出现在画布上了。每当画师拿起铅笔或画笔之时,这些令人不快的鬼魂就会苏醒过来,呈现在画师面前,使他无法摆脱。假如他足以把这些鬼魂从他的脑袋中赶走,那是一个奇迹了。我结识一位很有鉴赏能力的青年,他在落笔作画以前,总要先跪下祷告道:"上帝呀!请你让我摆脱模特儿吧。"今天,一幅有许多人像的图画以学院式的形象、姿势、动作与体态表现出来,很少有不为一个有高尚趣味的人讨厌得要死的。而那些不知真实为何物的人竟然还会表现出那种肃然起敬的样子。这一切不归罪于学院里永远模仿模特儿的学习方法,又能归罪于谁呢?

各种动作的协调配合,人们可以感觉到、看得出的从头贯串于脚的协调配合,这些在学院里是不可能学到的。一个女人往前垂下她的头,她的所有肢体自然会跟着头脑移动;在让她把头抬起并伸直,她的整个身体的其他部分也会跟着移动。

教模特儿摆什么姿势是一种艺术,是一种伟大的艺术。为此,那些教师先生往往表现出很得意的神情!他们有时也想到对模特儿受雇者说那样的话:"朋友,自己摆个姿势吧!喜欢怎么摆,你就怎么摆。"但他宁可让模特儿摆出奇怪的姿势,也不会让模特儿自己做出朴素自然的姿态。事情就是这样,毫无办法。

---

① 马赛尔于1726年担任路易十五的舞蹈教师,卢梭在《爱弥儿》中予以嘲讽。杜勃雷也是当时知名的舞蹈教师。——译者注

我常遇见夹着画夹到卢浮宫去的同学们,真想对他们说:"朋友呀,你们到那儿去练素描有多久了?""两年。"这早就够了。脱离那贩卖矫揉造作风格的地方,比如到沙特娄①走一遭。你们在那里能看到真实的忏悔与虔诚。大礼拜的前夕,到教区围绕忏悔台走一圈,你们就能看见真实的静思和悔过。到乡间的小酒店,你们会看见人们发怒时真实的动作。寻找公众聚会的情景,观察街道、市场、公园和市内的布置。这样,你们就能对生活中的真实动作有正确的概念。请留心看看正在争吵的两个同学,看看吵架时他们怎样不知不觉间支配了四肢的姿势,仔细揣摩一下,你们就会对教师乏味的讲课与你们那个单调的模特儿的模仿而感到遗憾。朋友们,抛弃已经学到的那些虚伪的东西,而去追求勒絮尔②的朴素和真实。对你们这也许可惜!但你们要有所成就,这是非常的重要。

"姿态是一回事,动作又是另一回事。姿态无论怎样都是虚伪而渺小的,动作无论怎样都是美丽而真实的。"

"造成矫揉造作最可悲的原因之一,就是不能正确理解对比。真正的对比源于行动的深处,或器官的不同或对人利害的不同。请看拉斐尔和勒絮尔的作品,作品中有时把三个、四个、五个站立的人像排列在一起,而产生的效果却美极了。在沙特娄修道院做弥撒或举行晚祷时,四五十名修士站成平行的两长列,同样的祷告席,同样的活动,同样的服装,但可以见到他们中间没有两个是相同的。你不必对比区别这个之外,再去找别的对比区别,因为这是真实。其他的都很蹩脚,不真实。"

假如这些学生愿意听从我的劝告,我还要说怎样去观察一个

---

① 沙特娄,巴黎一座修道院,于 1790 年被拆毁。——译者注
② 勒絮尔(1617—1655),法国宗教画家和装饰画家。有现存于巴黎卢浮宫的名画《圣勒吕诺生平事迹》。——译者注

对象:"也许你们习惯于在一个相当长的时间里,仅关注对象的某一部位。朋友们,你们试着调整一下,设想整个人形是透明的,把你们的眼睛放到人体的中心部位去,这样你们就会观察到人体这部机器的整个外部活动。他的某些部位怎样延伸,其他某些部位又怎样缩小;有的地方怎样紧缩,有的地方怎样膨胀。更进一步,假如你们一直关注整体和全面,对你们所画对象的某些部位和人们看不见的那部位之间适当对应,就能成功地表现出来。这样,我虽然只看到你们画的一面,却迫使我的想象力能看到事物的另一面。一个了不起的画家也就这样产生了。"

但不能仅有整体,还必须适当增加些无损于整体的细节。这是个创作激情、天才、情操(而且是优美的情操)的问题。

怎样领导一所绘画学校,我有这样的理解。当学生已能够熟练地按照图片与塑像作素描之后,让他们在男女模特前学画二年,然后我会在他面前展示一些儿童、青年人、成年人、老年人,有少有老,有女有男,这些人都是从社会上各种职业中选来的。一言以蔽之,属于那些各种各类性质的人们,只要肯花钱,他们是乐意来的;假如所在的地方有奴隶,也找他们来。在这群不同的模特儿面前,教师能让学生看到日常职业、生活方式、地位以及年龄给人物外形所带来的那些变化。再后,每隔半月,学生才能见一次画院的模特儿,教师让模特儿自己摆各种姿势。素描课上完以后,一位优秀的解剖学家向学生讲解人体解剖模型,让学生在裸体的活人身上实习课堂上学到的知识;一年以内,学生按照人体解剖模型绘画至多十二次。这已足使他觉察到在骨头外的肉和没有依附的肉应有不同的画法,线条哪里应是圆的,哪里应是起棱角的。假如忽视这些细微的不同,画出来的人,将会像一个吹足气的皮囊或一个棉花球。

假如仔细认真地模仿自然,矫揉造作这种现象就不会发生,素描是如此,着色也是这样。矫揉造作古而有之,它是从绘画师傅、画院、学校中传来的。

（璐甫科军译）

绘画中的明暗①

一

明暗就是阴影与光线的正确比例。假如只有一个符合规则的东西或仅有一个光点之时，这是很容易解决的问题；不过随着这个东西的形态越益变大，画面越益广阔，人物越益复杂，光线从各个角度射进来，而且又是多种多样的时候，就会感到事情越来越困难了。啊！我的朋友，在一幅画面上，结构比较复杂一点，有多少的阴影和光线是不真实的啊！有多少的东西是随意扭曲的啊！又有多少的地方是为了追求效果而损伤真实啊！

在绘画中，要讲究光线的效果，应该是你在《科雷须斯》②画中所见的那种阴影与光线的真实以及互相紧密的有力配合，这会让你有流连忘返、叹为观止的境界。这肯定是一桩相当困难的事情。但与那种逐渐分布阴暗的手法相比，也许这要容易一点。所谓逐渐分布阴暗的画法就是将光线混沌地、广阔地照在画面上，使画面每一处上光线的多少都要按照其曝光的真实情况以及与光源之间

---

① 选译于保尔·维尔尼埃尔编注的《狄德罗美学著作》，本文是狄德罗在《画论》中论述的。——译者注

② 全称应为《科雷须斯与卡利罗埃》，是法国画家兼雕塑家弗拉戈纳尔的一幅名画，现藏于法国卢浮宫。——译者注

的确切距离而定;光线的多少还要根据周围物体的吸收或反射、产生程度不同的千差万别的方式而有所变化。

一幅画中的光线都是一样的,这是很少看到的,在风景画中更是如此。这儿是阳光;那儿是月光;别处又是灯光、火炬或是什么燃烧着的东西。缺憾是一样的,但不容易辨清。

也有属于运用阴影和光线不恰当而画成一幅漫画的,而所有漫画都是低级趣味的。

如果在一幅画中,在光线的真实性之上再加上色彩的真实性,这样,其他的毛病是能够得到谅解的,至少粗看起来是这样的。譬如临摹画的欠正确、传情不够、缺少性格、布局有缺陷等,人们都已忘记,反而对画赞叹不已,恋恋不舍。

假如我们去杜伊勒利宫、或去布洛涅森林、或去香榭丽舍的僻静之处散步,当白昼渐逝、夕阳残照之时,在仅剩的几棵古老的树下(过去这里有许多这样的古树,但为了蓬巴杜夫人①公馆而被砍伐掉了),我们可以见到斜阳撒在树木的浓荫上,参差不齐的树枝将光线拦住,又将他们折射出来,散布在树干上、地上、树叶丛中,并在我们的周围形成无数不同的影子,有的深,有的浅一些,有的暗,有的明亮一些,从黑暗到发亮,从发亮到金黄璀璨,这一切是那么的柔和、动人甚至是奇妙。几乎每枝每叶的形态,都能吸引你的视线,甚至饶有兴趣的谈话也会戛然而止,我们的脚步也会情不自禁地停下,我们的目光浏览着眼前这一幅富有魔力的画面,我们会欢呼:"啊!这是何等的景色!如此的美丽!"仿佛我们将自然景色当成艺术成就一样。同样,要是一位画家在一块画布上为我们再

---

① 蓬巴杜夫人系法国路易十五的情妇。——译者注

现同样的景致,我们就会认为艺术的效果就是自然的效果。卢腾布格①与凡尔奈之所以伟大,并不表现在沙龙里,而应是表现在森林的深处,表现在阳光照耀下的明暗交界的群山之中。

天空为所有的物体都施洒了一层色彩。空气中的雾气远看一目了然,近看效果就不佳了。在我们的周围,各色物体有其强烈的和多样的色彩,受大气和空中的色泽影响比较少;而在远处,物体则逐渐隐去,乃至完全消失,所有颜色都模糊不清。这种模糊与单调,是由距离造成的。距离会使物体展现浓灰色,展现没有光泽的白色或者是稍带光泽的白色,根据光线的方位或阳光的效果而有所区别。试用各类颜色抹在一个球上,并用不同的速度使球转动;当速度增强到将各类颜色混在一起,我们会对红、白、黑、蓝、绿等个别颜色,完全变为一个唯一的和同时出现的感觉时,这种效果就与距离对于色彩产生的效果是相同的了。

假如一个人没有研究过,在森林深处,或是在农村房屋上与城市房顶上去感受这光和影在白昼或黑夜中的各种效果的话,那就请他别画吧!尤其他想做一个风景画家。月光之美并不只是表现在凡尔奈画的树木里与水面上,出现在卢腾布格画的山岭上。

风景图是秀美动人的。崇山峻岭或广漠的废墟,必定也有其令人向往之处。它们会让人产生无尽的遐想。只要我愿意,我可以联想到摩西或是努马②。看到悬崖峭壁上的飞泻直流、浪花飞溅、奔腾呼啸的瀑布,会使我战栗。如果我不是亲眼见到,而只是在远处听到咆哮的声音,我会想:"历史上混世魔王显赫一时,也不过是这样;世界照样存在,他们的劣迹只留下了使我为之一笑的喧

---

① 卢腾布格(1740—1812),法国风景画家。——译者注
② 努马传说为公元前8世纪时的罗马国王。——译者注

器声罢了。"如果我见到碧绿的草原、细嫩柔软的青草、潺潺的小溪,看到森林的一角,能给予我幽静、清新、隐秘的感觉,我的心会为之感动。我会想起心爱的人,情不自禁地放声叫道:"他在哪儿?为什么我独自一人在此享受?"但是使整个图景赋予一种引人入胜的趣味,或是让它丧失这种趣味的,不是别的,正是那种光与影造成的种种不同的分布。假如突然一片雾气笼罩着天空,乌云密布,昏天黑地,万籁俱寂,这就让我索然无味,无可留恋,败兴而归。

我知道勒絮尔有一幅肖像画,你简直可以讲画上的一只右手已越过了画幅,伸到画框外面去了。观众对于现在陈列在王宫里的那幅《圣约翰——巴蒂斯特》画①,特别称赞其腿和脚的绝妙画笔。这种艺术上的传神妙笔,在不同时代各自民族中间都能常见。我见过吉奥②所画的阿尔勒干或是斯卡拉穆许③,灯笼离开身体只有半尺远。拉图尔画的哪个头像不引人注目?沙尔丹,甚至罗兰·德·拉波尔特④,他们哪幅画中的空气不是在酒杯、酒瓶、水果之间自由游荡吗?阿佩勒斯⑤所画雷神朱庇特的手臂伸到画布外面,威吓着那些对神不敬或犯有奸情的人并且一直伸到罪人的头上。我想只有绘画大师方能将笼罩在埃涅阿斯⑥身上的云雾拨开,将他在那位轻信而宽厚的迦太基女王面前出现时的形象表现

---

① 根据狄德罗的描述应指卢浮宫藏画《圣约翰》。——译者注
② 吉奥(1673—1722),法国画家兼木刻家,画过许多意大利喜剧的场面。——译者注
③ 阿尔勒干,意大利戏剧中的丑角,穿五彩百衲衣,戴黑面具,腰里系一木棍。斯卡拉穆许,17世纪意大利戏剧演员,长得酷似阿尔勒干。——译者注
④ 罗兰·德·拉波尔特系沙尔丹的学生,善画静物。——译者注
⑤ 阿佩勒斯是公元前4世纪古希腊最有名的画家。他常常举行作品展览会,自己躲在幕后听人家议论。一天,一位鞋匠批评画中人物的鞋,阿佩勒斯修正了这个缺点。第二天,鞋匠又批评画中人的腿,画家叫道:"鞋匠,只管你的鞋吧!"——译者注
⑥ 埃涅阿斯,特洛亚王子,维吉尔史诗《埃涅阿斯》中的主人公。——译者注

出来：

>彩云突然升起，铺开，弥漫，原野被吞没于大气之中。①

综上所述，还不是关于阴暗的最重要最困难的地方。请看下面所讲的：

你设想一下，像加伐勒里②的微分几何学一样，画布的整个深度不管在什么方向都分割成无数无限小的平面，在每个小块细到极点的所有物体上，怎么能正确分布光和影；这其中是所有光线互射的映照。当这种效果产生以后（但它在什么时候什么地方能产生呢？），视线就会停在画面上，被画面吸引住。视线在哪儿得到享受，就驻留在哪儿。它一直向前，它不停地探索，它追本溯源。一切都互相联系着，一切又都是独立存在的。人们将艺术与艺术家忘却了。这已经不是一幅画，是摆在人们眼前的世界的一部分。

了解明暗第一是要学习透视的法则。要让物体的大小加以变化，只要从横在眼睛与对象中间的一个平面透视过去，让物体的各个部分或投影在这个平面之上，或投影在对象之外的另一个假设的平面之上，透视法就能让物体的各个部分显得离我们近一点或显得离我们远一点。

画家，请你们用一些时间去研究透视吧；艺术实践过程中积累起来的技巧与可靠性一定会补偿你们为此付出的努力。请你们稍微思索一下，你们就会理解这个穿着臃肿呢大衣的先哲的身体与他浓密的大胡子，耸立于他额头上的头发，还有这套使得他头部显示出天神一般神情的漂亮衣服，这所有的地方都是全部遵循几何

---

① 拉丁文，维吉尔语。——译者注
② 加伐勒里（1598—1647），伽利略的学生，微分几何学的奠基人。——译者注

学里的多面体的原理的。时间一长，你们就会感到人物画并不比几何形体难画。你们所设想的平面图的层次越多，你们的作品就会越真实，越正确；你们在技巧方面多一点也好，少一点也好，都不用担心你们的作品会索然无味。

一幅画的色彩有其本来的基调，一幅画的光泽也有它的基调。光线越明亮，阴影就越界限分明，越清楚，越浓。假如你使光线逐渐远离物体，物体的光与影也就会逐渐减弱。你使光线离物体远一点，你就会看见物体的颜色变成单调的色调，它的阴影也就越来越淡，最后可以讲使你辨别不清阴影的界限。现在你将光线靠近物体，物体就会被照亮一些，它的阴影也会有明显的界限。在傍晚时，没有明显的光线效果，所以，也就没有明显的特殊的阴影。如用白天在明媚阳光下看见的自然景色和多云的空间下看见的同样景观比较一下，前一种情形，光线与阴影都会很强烈；后一种情形，所有都是弱化的、灰蒙蒙的。假如你正在无边无际的田野里，在你周围一切都是静悄悄的时候，突然一阵大风刮来一片乌云，那片乌云神不知鬼不觉地将太阳和大地阻断，以上这两种情景，在那瞬息之间会被互相交替，你是千百次经历过这种情况的。这时，所有的东西忽然失去了光芒，一片阴暗、惨淡、单调的色彩马上弥漫在景物之上，禽鸟也会停止歌唱，为之惊骇；待到乌云逝去，一切都恢复光明，禽鸟也会继续它们的啼唱。

造成总的色调有时强有时弱、有时惨淡有时生动的是一天之中不同的时差，是季节、气候、风景、天色或光线所处的位置。画家假如舍弃光亮，就需要将空气画出来，就必须让我的眼睛学会通过对前面那些渐渐黯淡的物体的观察来衡量空间。有谁能摆脱光线的作用，能不求助于光线的作用而产生伟大的效果呢！

人们应该瞧不起那些笨拙的色彩浓重的画景，它们安排得这样的俗气,这样的愚笨,让人一眼明了其用意所在。有人讲建筑学上以前要求将主体部分变成装饰性建筑;现在绘画中,必须将主体变为色彩强烈的前景。在一幅画中,形象应当紧密联系,一起往前推或一起往后退,用不着那些作为中间媒介的一些不相干的东西。这些东西,我无法命名,只能称之为补白。特尼埃①对此则另有一套法宝。

我的朋友,阴影也有各种颜色。请你认真观察一个白色物体的阴影界限,甚至就是对阴影本色,你都能分辨出无数的黑点和白点互相交织在一起。一个红色物体的阴影伴有红色,光线照亮在大红颜色上的时候,好像从它身上剥去并带走了颜色的一些分子似的。带血色肉色的物体,它的阴影会形成一种浅黄色。蓝色的物体,它的阴影会带一点蓝的颜色。物体与阴影还会相互反射。正是物体和阴影的这种无穷无尽的相互映射,才产生了你写字台上的和谐。在你的写字台上,须将那本小册子放在这本书边上,将书摆在纸袋旁边,又把纸袋摆到几十种性质、形式和颜色都不同样的各种杂物之间。是什么人在观察这一切?什么人在认识这一切?什么人又能理解这些东西融合在一起以后会必然产生的效果?讲到规律,倒是再简单不过了:你拿一块有颜色的布的样品随便给哪一位染色匠看一下,他就会用一块白布放到染缸里染出你需要的颜色来。而画家将各种颜色放在调色板上调色的时候,也是运用这些规律的。画家并没有专门为颜色建立什么规律,也没有专门为光线建立什么规律,更没有专门为阴影建立什么规律,只有同一个规律。假如参观画展的观众,带着一些原则

---

① 特尼埃(1610—1694),比利时画家,擅长民间风俗画,以写实手法及用色彩著名。——译者注

去参观,那么画家就要倒霉了!等他们受到人民欢迎的时候,他们就幸福了!正是一个民族的普通智慧,才使得国君、部长及艺术家们避免做出傻事来。啊!神圣可亲可敬的人民啊!没有一个人不想大声叫喊:"好家伙!为了赢得一个称赞的许诺,我费了多大的心血啊!"

所有的画家都会对你讲,这些他比我更清楚。请你替我回答他,他所画的那一切都当着他的面在批评他撒谎。

有些物体,阴影将它显示出来,另有一些物体,则在光线照耀下更加有生气。褐发妇女的头在半明半暗中并不显得更加美丽,金发女子的头部则在光线照射下更加漂亮。

画背景,特别是画肖像画的背景是一种艺术。有这样一条普遍规律,那就是背景上色彩不能强烈到压倒主题所用的另一种色彩,不能强烈到将观众的视线全部吸引过去。

二

譬如一个人物的形象正处在阴影之中,他受到的阴影可能太浓,也可能太淡;假如将他和照得比较亮的另一个形象比,并在想象中将他移到能照得比较亮的形象的位置上,他不会让我们产生一个明确的感觉,感觉到他也会像后者那样照得比较亮一些。举例子说明一下,好比两个人同时从地窖中走出来,一个人提着灯,另一人随其后面。假如随后这个人接受到恰当的光线或阴影,你就会感觉到。假如你让他处在前一人的同一楼梯上,他就会逐步被光照亮,结果,当两人处在同一楼梯时,两个人受到光线照亮的程度也是一样的。

在技术上有什么方法能让人相信画面上的形象所受到的阴影与他们在自然环境中是一致的呢?那就需要将画幅的平面描在一

个平面上:将各种物体放在这个平面上,让他们和这个平面的距离与画幅上物体和这平面的距离或相等,或形成一定的比例,随后使平面上物体所受光照与画幅物体的光线相互比较。这些光线的强弱,不管在这个平面上还是在画面上,都该是或完全相同,或按同样比例的。

画家要画的场面想多大就能够多大,但不允许他随处都可以放上物体;在远处有些地方,物体的形象已经不明显了。假如将物体放进去,那简直是笑话,因为,在画面上画一件东西,总是为了让别人能见到它,辨清它。所以当距离远到一定程度,让人辨不清东西所应具有的特征,譬如讲,让人将狼当作狗、或是将狗当作狼的话,那么千万不要在画幅上放什么东西。或许这就是一种人们不应摹画自然的情况。

在优美的绘画中,就像在优秀的文学作品里一样,不应该将所有可能发生的事情全部放进去;因为,有的事情拼凑在一起的可能性不是没有,但这样的组合会让人觉得这些事情从未发生过,并且永远也不会发生。人们可以利用的可能性,是那些逼真的可能性,而所谓逼真的可能性,就是人们可以打赌说其有而不说其无的事情,就是在情节所决定的某一时间内已经从可能的状态转入存在状态的事情。试举一例:某一位妇女,可能在田野里忽然感到临产前的阵痛;可能在那里找到一个马槽,而这个马槽又可以放在一个古建筑物的废墟上。虽然遇上古建筑物的可能性是有的,但真要遇到古建筑物的概率是相当小的,就如在田野中有马槽的可能性是有的,而正好在古建筑物所占有的那么一点空间中的可能性却是很小的。这种情况的概率很低,没有必要给予考虑。而且,除非这种情况与这一情节的其他情况一样,都是历史上曾经有过的,否则它就是荒诞的。反之牧童、狗、村落、羊群、游客、溪流、树木、花草、山谷以及散布在大地上的各种物体，那就不是这么一件事了。为什么人们能够将这些东西放到上面讲的这幅画中，摆到画幅里的田野上呢？因为人在描画的自然景色中，出现这些东西的时候比不出现这些东西的时候更多。走进或是遇到一幢建筑物在那个情节发生的时候，突然有一个皇帝经过那里，这样的事情是同样可笑的。皇帝走过是可能的，但这种可能性非常少见，不能采用。一位普通游客经过这是可能的，但是这种机会如此常见，用了一点也不感到奇怪。所以，皇帝经过古建筑物的可能性，必须历史上确实有过的事情才行。

有两类绘画。一类绘画，在观众离画面很近、从能看清楚的地方看去，物体的细节部分都能显示出来，并且显得和主要的形体同样清晰。当观画者离画面越来越远的时候，一部分细节就看不出来，到最后，当他离画面一定距离之后，什么都看不到了。但是，将这个使一切混淆不清的距离逐渐缩短，画面上的形态也能一点一点地被人辨别出来，直到所有的细节完全恢复，像最初眼睛离画面很近时的情况一样，观画者能在画上的物体中看出极为复杂的细微之处。这才是优美的绘画，这才是对自然的真正模仿。我与这幅画之间的关系，就与我和画家用来作为蓝本的自然的关系一样。我的眼睛离自然景物近一点，我就能看得清楚一点；我的眼睛离自然景物越来越远，看得也就越来越不清楚。但是还有一类绘画，也是模仿自然，不过，只能在一定的距离之间才能模仿得比较好，可以讲，这种绘画只是从一个地方模仿自然。譬如，有这样一种绘画，画家仅从某一个选好的地方生动地反映他所看见的物体的细节；过了这一点，他什么都看不到了；而在这一点以外的地方，看起来就更不妙了。这种画家的画简直不能说是一幅画，从画面到他进行选择的角度，那简直是一种莫名其妙。不过，不要指责这种绘画,赫赫有名的伦勃朗①的画,就是这一类。这个大名,就是充分赞扬这类绘画了。

以上说明,什么都要画得精细。这样一条法则也有它的局限性,这是我在前面讲的第一类绘画所需绝对遵守的法则。至于对第二类绘画,就不必要求一样。在这一类绘画中,凡是只能在视点以外的离画面比较近的地方才能见到的物体,画家就可以略而不画。

伦勃朗有一个高超的想法。例如,他曾画过一幅《拉扎尔的复活》②的画,他所画的耶稣愁眉不展,跪在墓旁祈祷,人们看见墓穴中伸出了两条手臂。

再举一例,此画属于另一类画。一个人穿了一套崭新的衣服从裁缝店里走出来,这位裁缝的手艺在当时是最巧的,可是,没有什么比这幅画更令人啼笑皆非的了。衣服越是贴身,那面孔就会越像个木头人。旧衣服的折痕和皱纹可以使画面的形体与光线得到变化。画家不去画它,就会在效果上受到损害。另外,还有一种情况会不知不觉地在我们身上起作用,那就是新衣服只能新几天,旧衣服却是经常的,而画家应该描绘各种事物最长久的状态,何况一套旧衣服有无数搞不清的令人入迷的细节。譬如,掉在上面的扑粉,有的地方衣扣少了,有的地方磨损了。假如这些细微的部分能刻画出来,就会引起人们种种的联想,有助于将服饰的各个部分联系起来:好比说将假发与衣服联系起来,就需要画点扑粉。

有一位年轻人,家里人问他应该怎样画他父亲的肖像,他父亲

---

① 伦勃朗(1606—1669),荷兰著名画家及木刻家。精于光影,有绘画天才之称。——译者注
② 《拉扎尔的复活》,拉扎尔是圣母玛利亚的弟弟,耶稣使他复活。——译者注

原是一个铁匠。这个青年讲:"让他穿着工作服,戴着炉边帽,围着衣裙,手里拿着一把夹刀或是其他什么东西,正在工作台边干活,磨刀也行,千万别忘记在他鼻梁上戴上一副眼镜。"别人没照他这个方案办理,却给他送来一幅将他父亲画得非常漂亮的全身像,戴着假发,穿着好看的衣服,别致的长袜,手里拿着一个精致的烟袋。这个青年性格直爽,很有鉴赏力,就谢谢他家里的人,说:"你们与画家所干的事情,不值得一提;我要你们画的是我父亲在平常生活的肖像,而你们却给我画了他在星期日的肖像……"同样的道理,表明拉图尔先生虽然是一位超群的写真专家,但是他替卢梭先生画的那幅肖像画只能说是一件十分普通的好作品,而不能算他画中的杰作。我希望能在这幅画里有一位文艺批评家,我们的时代的卡图和布鲁图斯。我期待着看到伊壁克泰都斯①不修边幅,蓬头垢面,面容冷峻,使文学家、政治家和社交界头面人物望而生畏。谁知我看到的是《乡村卜师》的作者,服饰好看,溜光了的头发,还扑了粉面,而且很滑稽地坐在一张麦秸软垫的椅子上。应该说马泰尔的那句诗将卢梭是怎样一个人讲得很恰当,拉图尔先生的画原本应该是这样画的,而现在从画上却看不出这些②。今年沙龙里展出的一幅《苏格拉底之死》可以讲是这类画品中最好笑的一件。这位生活十分清贫严肃的希腊哲学家在这幅画里竟死在一张富丽堂皇的寝台上。画家没有想到,假如画出这位圣贤清高的人在囚室之中,在一张铺着稻草的破床上了此人生,那该是多么崇高感人的景象啊!

(科军璐甫 译)

---

① 伊壁克泰都斯是公元1世纪希腊禁欲主义哲学家。——译者注
② 拉图尔这幅彩粉画于1753年展出。——译者注

论表情①

宇宙间的痛苦,人间的情感,能使德性迷惑不清。②

一般地说,表情就是情感的形象。

一个不懂绘画的演员是蹩脚的演员,一个不懂看相的画家是蹩脚的画家。

在世界上每一个洲中的每一个国家,每一个国家中的每一个省,每一个省中的每一个城市,每一个城市中的每一个家庭,每一个家庭中的每一个人,每一个人的每时每刻,都有其特定的相貌和表情。

一个人有时生气,有时专心,有时好奇,有时爱,有时恨,有时蔑视,有时高傲,有时叹赏,这些都是他的心灵在活动。心灵的这些活动在他的脸上表现得十分清楚明显,人们是不会弄错的。

说表现在脸上,其实是通过他的嘴角、面颊、眼睛及其他部分反映出来的。眼睛有时发亮,有时黯淡,有时无神,有时茫然,有时凝视。画家丰富的想象力是所有这些表情的无穷宝库,想象力我们每个人总是有的,它是我们判断美丑的基础。我的朋友,当你看

---

① 译自狄德罗《画论》,标题为译者所加。——译者注
② 维吉尔的《埃涅阿斯》第1卷第462行。——译者注

到某个男女的相貌时,你如果问自己,那你就得承认,吸引着你或让你产生反感的总是一种美德的形象,或者是一种恶行留下的或明或隐的某些印记。

试想当你站在安提弩斯的前面,你看见他的相貌是那样的美丽端庄,广阔丰满的面颊表明他很健康。健康是幸福的基石,是我们都喜欢的。他态度安详,我们都喜欢宁静。他具有深沉和慎重的样子,我们都喜欢沉思和审慎。这里不必多谈人物形象的其他方面,我专谈一下人物的头部。

将这张美丽端庄的面孔的一切线条都照原样加以保留,只把嘴角一方稍为提高一些,这时表情就变为带有讽意,你对这副面孔的满意程度就会略减一分。恢复嘴角的原状,但把眉毛抬高一点,他给人的一种性格就会变成傲慢,你对这副面孔的满意程度也会略减一分。现在将两只嘴角都往上提,把眼睛睁得很大,这时他的面貌就会变成一副愤世嫉俗的样子。如果你有女儿,你会替她担心害怕的。现在把嘴角垂下来,让眼皮也垂下来,将眼皮遮住一半虹膜,让瞳孔分成两半,这时就变成一个唯恐趋避的虚伪、狡诈、阴险的人。

每一段年龄都有自己的爱好。18岁时,我所喜欢的是轮廓鲜明的红唇、半开及微笑的嘴、洁白整齐的牙齿、轻盈的步伐、自信的神态、袒露的胸脯、宽阔美丽的面颊、微微上翘的鼻子。现在邪念已对我不再起作用,我也已无意于此;让我驻步,让我心悦的是那些朴实正派、步履稳重、双目含羞、在母亲身边悄悄跟着的少女。

是哪一个审美观更为高尚呢?是18岁时的我,还是50岁时的我?这个问题不难解决。当我18岁时,假如有人问我:"孩子!邪行的形象和德行的形象哪个是美的?"——我会回答:"当然是后一种了,那还用问?"

要让人说真话，需要随时使用一般的和抽象的字眼来蒙骗真情。18岁时，我所追逐的并不是美的形象和欢愉的容貌。

假如表情让人对所表达的情感捉摸不定，那么这个表情就是无力的或者虚伪的。

不管人的性格如何，假使他日常的容貌符合你对德行的某一概念，他就能吸引你；假使他日常的容貌符合你对恶行的某一概念，你就会远离他。

人们有时会创造自己的容貌，在习惯上使他的面容有某种激情的样子。有时一个人的容貌也会来自自然，并一直保持下去。大自然有时也会弄错，让好人长上了一张坏人的脸，坏人却长上了一张好人的面孔。

我长期生活在圣马尔梭教区，在那里见过许多面容长得很可爱的孩子。这些孩子的面容到了十二三岁开始发生了变化，原来那些充满善良温和的眼睛，变得勇敢无畏和目光炯炯起来了；原来那张可爱的小嘴的轮廓，变得稀奇古怪了；原来圆润的颈项，变得青筋突出；原来宽阔平滑的面颊上，开始出现粗硬的丘疤。他们的容貌就如同我们在菜场上和市场上见到的那些人完全一样。他们学会了发怒、骂人、斗殴、叫喊，有时为一个子儿而脱帽，那种贪婪、无耻、忿怒的神气渐渐地反映出来。

假如一个人的心灵或大自然让他的容貌具有和善、公正、自在的表情，你是能感觉到的，因为你自己心中就有这些德行的形象，当你看到具有这样形象的人，就会表示欢迎。容貌可以说是人们用共同语言写成的一封介绍信。

每种生活情况，都在铸就固有的特点和容貌。

野蛮人的面部，线条分明有力而突出，头发耸立，胡须浓密，四肢的比例和谐得当。什么工作使他能变成这样呢？他打过猎，跑过路,与野兽进行搏斗,经过锻炼;他保全了自己的生命,也生育了儿女——这是两项天然的职责。在他身上,没有那种可流露的任何厚颜与羞耻的东西,他具有一副既粗犷又自豪的神气。他的头昂然挺直,他的目光坚定有力,他是森林的主人。人们愈注意观察他,就愈会联想他居住的幽静和自由。当他讲话时,他的手势强而有力,语言简短明确。他没有法的观念,也没有成见。他处事简单暴躁。他永远处在战争状态。他灵活轻巧,但强而有力。

他妻子的容貌、目光及姿态也与文明的女性不同。她赤身裸体但并不在意。她跟随着丈夫走平原、越高山于森林深处;她经历与丈夫相同的锻炼,她也抱过孩子,没有任何衣服束缚她的乳房。她的头发长而蓬乱,她的身材自然匀称。她丈夫的声音十分洪亮,她的声音也很高亢。她的目光那么果断,但较易感到惊恐。她是矫捷的。

在人类社会里,每一个阶层的公民都有其特性和表情;手艺人、贵族、平民、教士、官员、文人及军人都会是这样的。

手艺人中,各行各业都有一定的习惯,店铺中的和工场中的都有不同的形象。

每个社会都有它的政府。每个政府占主导地位的性质会有区别。不管这种性质是实际存在的还是假设的,它都是这个政府的灵魂,是这个政府的支柱和动力。

共和国推崇的是平等,每个国民都把自己当作是主人。共和国的国度里人民的神态充满着高傲、严厉和自豪。

在君主国中,人们不是支配他人就是受命于他人,他们的性格与表情充满着和蔼、优雅、温和、重荣誉、殷勤。

在专制统治下,奴隶的美是他的面容,那种温和、顺从、腼腆、谨慎、哀求和谦恭。奴隶走路时低着头,仿佛他随时伸出头来等待那犀利的剑锋。

那什么是好感呢？我以为，这就是在瞬间突发的不假思索的冲动，它使两个人在初次相见就互吐衷肠，好感并不是一种空幻之物，而是某种德行瞬间的、相互的吸引力。由美产生羡慕；由羡慕产生器重，产生占有的愿望，产生爱情。

以上描述的是有关性格以及各种性格的不同面貌，但并不是全部；除了这些知识以外，还需要有对生活场景的深刻实践来予以补充。就此要说明我所讲的，还须从各方面去研究人生的幸福与痛苦，研究战争、饥饿、瘟疫、水灾、雷雨、风暴，研究动荡中的心灵，到大自然中加深理解。还须阅读历史学家的著作，熟读诗篇，思考那些诗人们所刻画的形象去理解。当诗人说：她的步履显示她是一位女神①，就应该在自己身上寻找一下这个形象。当他说：他迎着风浪昂起他冷静的头颅时②，我们可以想象给这个脑袋造型；要懂得取舍，去体验柔情与强烈的激情的差别，在表达这些激情时不要露出奇怪的样子来。拉奥孔在受苦时并未露出奇怪的样子，然而剧烈的疼痛从头顶直透脚趾。这种痛苦深刻地影响着人却并不引起人们的恐惧。希望你能使我既不在画布上发呆，也不至于吓得转过脸去不看它。

千万别把媚姿、怪腔、微翘的嘴角、噘嘴以及各种幼稚的装腔作势，看作是一种优雅，更不能与自然的表情混为一谈。

首先要将头部画得优美。在美的容貌上，激情更容易刻画出来。激情达到极致的时候，美的容貌只会显得更加可怕。古人所作的欧墨尼得斯女神，她美貌但令人恐怖。当一个人同时受到强

---

① 维吉尔的《埃涅阿斯》第1卷第405行。拉丁文。——译者注
② 维吉尔的《埃涅阿斯》第1卷第127行。拉丁文。——译者注

烈的吸引与产生强烈的反感的时候，会感到最大的不自在；假如画像保留欧墨尼得斯女神美丽的容貌，就会产生这种效果。

男人上部较宽而下部稍尖的长卵形脸庞，那是高贵的特征。女子与儿童下部稍圆的卵形脸庞，这是青春的特征，而青春是美的要素。

一根线条，假如移动了一根头发丝这样宽度的位置，就足以让所画的面貌美一点或逊色一点。

你应该知道什么叫优美，或者什么叫肢体与动作性质的严格而精确的一致。千万别以为演员或者舞蹈教师的动作就是优美的。动作的优美与马赛尔的美恰好相反。假如马赛尔碰到一个扮作安提弩斯的人，就会用一只手托住他的下巴，用另一只手放在他的肩膀上，对他说："咳！是这样站着的吗？"然后又用自己的膝盖推推那人的膝盖，托着他的胳肢窝把他往上一抬，对其说："你好像是蜡做的，很快就要化掉的。嘿！傻瓜，你把小腿伸出来，脸别绷得那样紧，把鼻子往上抬抬。"等他教完这些乏味动作以后，才微微一笑，庆贺自己大功告成。

我们要能区分出处在不同状态的人。一位是与别人一起走来的，另一位是被利益驱动而行动的；一位身旁没有其他的人陪伴，另一位则受他人的注视。假如你从他们的神态中抓不住他们之间的区别，那就将画笔扔到火里烧掉为好。否则的话，在你的作品中那些人物的形象会很经院化，改来改去，矫揉造作。

朋友，你愿体验这种差别吗？试想你独自一个人在家，等待着我的文件，而文件迟迟不到。你想到君主们是要求人们服务周到及时的。于是你躺到了一张椅子上，两只手臂放在膝上，睡帽压住眉际，蓬乱的头发上插着一把弯了的木梳，睡衣半敞着，两边的衣帽往下低垂，这时你是那样的悠然自得，是可以入画的。突然有人通报卡斯特里侯爵①来访,你马上一反常态将睡帽往上一推,睡衣裹紧,挺直身子,四肢摆得端端正正,装腔作势,让自己马赛尔化,变成一幅让客人感到喜欢的样子,而对画像来说这种不真实的形象是最伤脑筋的。刚刚还是你自己的本色,现在已不是了。

当端详拉斐尔·卡拉什兄弟②与别人一起画的某些作品时,人们不禁要问作品所刻画的那些头部形象是从哪里来的?当然是得力于丰富的想象,得力于作家的原始作品,得力于天空的云霓,得力于熊熊的火光,得力于废墟,得力于整个民族。他们从整个民族中收集最初的轮廓,尔后又用诗情加以渲染。

这些杰出的大师往往情感丰富,善于创新,又有性格脾气,他们阅读广泛,尤其是读的诗很多。诗人是那些想象力最为丰富、情感最善表达的人,他对自己所创造出来的鬼魂有时也会感到害怕。

我的朋友,在这里我还想与你谈谈诗人对雕塑家、画家的影响,也谈谈雕塑家、画家对诗人的影响,以及两者对自然界中的生物和无生物所起的作用与反作用。

我们先看 2000 年前的情况,那时古代的艺术家怎样彼此影响以及他们怎样影响自然并给它刻上一个神圣的印记。荷马曾说,朱庇特将它的浓黑眉毛一耸,整个奥林匹斯山便震动了③。这是神话作家说的,庙宇里陈列的大理石像对下跪的瞻仰崇拜者显示的,就是这样的一个脑袋形象。雕塑家为此只有膜拜不已,他想象教义昭示的那个形象后,便拿起泥土和刻刀来造型。诗人赋予忒提斯一双美丽的脚,这双脚就定型了;他赋予维纳斯令人心醉的胸部,这胸部就定型了;他赋予阿波罗可爱的肩膀,这肩膀就定型了;

---

① 卡斯特里侯爵(1727—1801),法国元帅,格里姆的好朋友。——译者注
② 卡拉什兄弟,16 世纪后半期意大利著名画家。——译者注
③ 《伊利亚特》第 1 篇第 528—530 行。——译者注

他赋予该尼墨得斯①浑圆的臀部,这臀部也就定型了。人们期待着在神龛上看到男女神祇们具有教义所规定的各具形象特色的美。深化作家和诗人已经将这些美的地方描写了出来,雕塑家当然要尊重的。如果刻出来的尼普顿②,没有异教徒《圣经》里那样的胸部,赫拉克勒斯没有那样的背部,人们就会对此嘲笑,而背叛教规的那块大理石也将永远放在雕塑家的工作室里沉睡。

由此产生的结果是什么呢?其实,诗人并没有显示什么,也没有逼人去相信什么;画家与雕塑家也只是表现了得之于自然界的性质。当人们从庙宇里出来,看见某些人的作品具有这些性质时,他们会感到特别亲近。

世上的女人为忒提斯的脚、维纳斯的胸部提供了素材,而女神把这脚和这胸部还给世人,但这时它们已神圣不可改变了。是世人的男子为阿波罗的肩膀、尼普顿的胸部、玛尔斯筋肉条条的腹部、朱庇特绝对优美的头部、该尼墨得斯的臀部提供了素材,而阿波罗、尼普顿、玛尔斯、朱庇特和该尼墨得斯再将这些还给世人时,已经让它们神圣不可改变了。

人们的脑海中时常会产生联想,这种联想有时是一时的,但一经产生,就不会再从人们的脑海中消失;假如说一个不信教的人可能发现神龛上的维纳斯女神就是他的情妇(因为事实上就是她),那么,一个虔诚的信徒在看到随便哪个凡人背上的双肩正是神龛上的肩膀时,他也会同样去尊敬这副肩膀的。这样,就可以相信在澡堂、运动场或公共游戏场等观看一群裸体的男子

---

① 该尼墨得斯,希腊神话中的特洛亚王子,见爱于宙斯,被化为鹰的宙斯抱往奥林匹斯山封为侍酒童子。——译者注
② 尼普顿,罗马神话中的海神。——译者注

时,他们尽管自己感觉不到,但在这种对美的欣赏中,自有一种神圣和亵渎交织的色彩,一种无以名状的古怪的放荡与虔诚的混合。一个色急抱着他的情妇,称之为王后女神,这是有一番特别意味的,因为这是真话;他的确进了天国,做了神仙,享受了自己顶礼膜拜的对象。

为什么普通人脑中想的与诗人、神话作家想的就不一样呢?这是因为在诗人、神话作家的作品中,他们对自己所喜爱的对象进行了描述,这种描述充满了比较,充满了他们对所崇拜对象的影射。美惠三女神①的微笑,赫柏②的青春,奥罗拉③的手绢,以及维纳斯的胸脯、手臂、肩膀、大腿与眼睛,无不是如此。"去德尔法④,你就会看到我的巴蒂勒⑤。把这个姑娘当作模特儿画下来,送你的画到帕福斯⑥。"但他们没有告诉我们,他们在模造这些男女神祇时所仿摹的真人在哪儿;但是诵读他们的诗篇的人们并不是不知道的。

那些残存下来的模拟品太重要了,没有这些模拟品,他们的作品就会变得令人乏味无趣。我要请一些朋友:你,思路敏捷而又爱挑剔的须阿尔;你,热情洋溢的阿尔诺;你,与众不同、博学多识、思想深刻而又爱开玩笑的伽利阿尼⑦,请你们为我作证。请你们说一句公道话,你们难道不认为,这就是世人从众神人格中借来的一切赞美词的起源,这就是一切与英雄和众神分不开的形容词的

---

① 古希腊神话故事中的人物。——译者注
② 赫柏,古希腊神话中的青春女神。——译者注
③ 奥罗拉,古罗马神话中的曙光女神。——译者注
④ 德尔法,希腊古城,因有阿波罗神殿而有名。——译者注
⑤ 巴蒂勒,希腊美少年。希腊诗人阿那克瑞翁曾以诗歌称颂其美。——译者注
⑥ 帕福斯,塞浦路斯的城市,以建维纳斯女神庙驰名。——译者注
⑦ 须阿尔、阿尔诺和伽利阿尼都是狄得罗的朋友。——译者注

起源？这些都是由诗歌、绘画、雕刻所固定下来的信条,以及与异教象征有关的诗句。当你看见这些形容词不断出现时,假如它们使我们讨厌,那就说明现在没有任何雕像、神庙、模特儿可以与这些词藻相联系。异教徒则不然,每当异教徒从诗篇中看到这些词藻,就想象他们走进了神庙,重新看到那幅画或者是回忆起与辞藻相关的雕像。

直至现在,人们对某些概念感兴趣,往往基于一个可喜的梦幻或巧妙的体系,但以下所说的,也许能让你觉得这些概念还是有些真实性的。假如我们的宗教不是那种令人乏味的玄学,画家与雕塑家的作品能比德国古代的那些画家与雕塑家优秀(我说的古代当然是那些优秀的;因为古代也有恶劣的,甚至比我们现在还多。正如意大利,它创造了许多美妙的音乐,也是坏音乐创造得最多的地方);假如我们的神甫们不是那些愚蠢的迷信者;假如可恶的基督教并非靠杀人和流血所建;假如天堂的快乐不只是一种不可为人理解的、荒诞的极乐世界的幻想;假如地狱不只有烈火熊熊的深渊、丑恶野蛮的魔鬼、鬼哭狼嚎和咬牙切齿的声音;假如绘画的场面不只展现的是些剥皮、炮烙、绞杀、令人恶心的屠杀一类的暴行;假如那些圣男圣女不用面纱一直掩盖到鼻子;假如那些有伤风化的概念并不是指人们袒胸露背、赤肩裸腿;假如禁欲的思想也不是指人们乳房干瘪萎缩、大腿疲软无力、胳膊骨瘦如柴、肩膀支离破碎;如果我们的画家不受束缚,我们的诗人不为亵渎神圣那些可怕字眼所禁锢;圣母玛利亚是肉欲的母亲或上帝的母亲,她那美丽的眼睛、美丽的双乳、美丽的臀部能够吸引圣灵投入她的怀抱,而且这些事迹写入了她的历史;加百列天使①在历史上由于肩膀美丽

---

① 加百列天使,《圣经》中的报喜天使,他报告耶稣诞生。——译者注

称赞;玛德莱娜①与耶稣经历艳遇;在迦拿②的喜筵上,耶稣酒后不顾礼节,抚摸一位赴宴席少女的胸脯与圣约翰的臀部,吃不准对这个下巴上留着少许须发的使徒是否应该继续表示某种信任:你瞧吧,我们的画家、诗人与雕塑家的变化会有多大! 我将用何等的口吻来议论我们的那些宗教故事与上帝故事中所包含的具有很大美妙作用的那些情趣! 我们将用怎样的目光去看那位给我们生命,并孕育了我们的救世主,使我们蒙受拯救思想的那位美女!

  我们使用那些与神的魅力以及神的美丽有关的辞藻是与过去的习惯有关的,这说明古诗人在我们具有想象力的头脑中还多少留下一些异教的意味,这些词藻的使用就会变得没有意义了。形态不同的一百个妇女,会得到人们相同的称赞;但希腊人不是这样的,因为在大理石或在画布上已留下了范本;一个人被激情所迷惑而失去了理智,他竟想拿自己一张平庸的脸面去和克尼特或帕幅斯的维纳斯像相比,那他就如同我们之中的人胆敢拿一个资产阶级妇女短小的翘鼻子去与勃里奥娜伯爵夫人③相比一样可笑。人们对这种行为只能耸耸肩,嗤之以鼻而已。

  当然我们也有一些擅长传统作品的人物,人们绘画或雕刻成的某种形象,总会被人们认可。人们会向他们作品中的耶稣、彼得、圣母以及众教徒认错。一个好的教友在路上看见同这些形象类似的面貌时总会肃然起敬。当这些作品中的形象出现在人们眼前时,也总会引起一连串令人温馨、愉快、喜欢的联想,激起人的七

---

① 玛德莱娜,《圣经》传说的马利亚,原是一堕落女子,后皈依天主,真心悔过,成为圣女。——译者注
② 迦拿,巴勒斯坦地区的一个城市,《新约·约翰福音》记载,耶稣在此一娶亲宴席上首次显圣,化水为酒。——译者注
③ 勃里奥那伯爵夫人,1763 年和 1769 年,勒穆瓦纳曾两次为其制作雕像,在沙龙展出。——译者注

情六欲。那么,这到底是怎么回事呢?

拉菲尔、基德①、巴罗什、提善以及其他意大利画家们创作的作品是那样的引人入胜,以至当我们亲眼目睹某个女子具有他们所赋予他们所画的圣母的尊贵、崇高、朴素大方等品质之时,试问我们心里会有怎样的反应?试问触动我们心弦的情感之中会不会产生类似的爱慕、柔情与尊重的传奇色彩?再试问,当时我们明知那位女郎虽有外表的高贵却正在前往夜夜冶游作乐的旧王宫附近,这种尊敬之情还能继续存在并起作用吗?这就好似有人要你到那个地方去和你所信奉的神的母亲同床。应当承认,这些美丽的懒姑娘并不会给你带来所谓的快乐,我们则宁愿看到她们挂在床头的画像,而不愿在床上看到她的肉体。

关于表情,还有更多更为细致的道理来讨论。表情有时还能决定颜色,对某种特定的身份或某种特别的激情而言,用某种特定的色彩比其他的色彩更为适宜,苍白的颜色适合于那些音乐家、雕塑家、画家,而通常那些脾气不太好的人,在苍白中可以掺一点黄色。黑头发给白颜色增添光彩,使眼神更加活泼。金发适合于无精打采的、懒散的、漫不经心的、皮肤透明细腻的、长着一副水汪汪而又含情脉脉蓝眼睛的那些人。

另外,那种细微的陪衬也很重要,它不仅可促进和谐,更能将所需表达的情感得到有力的加强。比如你让我画一所茅舍就是这样。门前有棵树具有陪衬的意味,我所希望的这棵树是一棵苍老、断裂、衰败的树;这棵树能给那个节日来遮阴乘凉的不幸者所经历的苦难和遭遇以慰藉。

---

① 基得(1575—1642),巴罗什(1528—1612),提善(1490—1576),都是意大利著名画家。——译者注

这些都是众所周知的类比的知识，假如画家能领悟其中的道理，他的提高是很快的。我讲的是那些有着格勒兹这样的天才的人。至于其他的人，也可避免一些即使不令人发笑，至少不会令人叹息的差错。

我将用一两个例子来与你细谈。我们可以注意人们精心选择陪衬的那种微妙而隐秘的线索。比如那些描写废墟的作品，画家总在孤零零的城市、宫殿、厂房、方坚柱或其他倒塌的建筑物周围，画上呼啸的狂风；或一位背着行李匆匆而过的旅客；或一位弯腰走近的妇女，她的怀里抱着用破布裹着的小孩；或一个鼻子捂在大衣里，边说着话边走过的骑马人。是什么要求他们画出这些陪衬的呢？那是概念之间的联系。一切都在流逝，人们的住宅也是这样。你试图将倒塌的建筑物改成其他的样式，把一个城市的废墟改为一座大坟墓，你可看到概念之间的联系对艺术家产生的影响的特点：把他的行李放在脚边，自己与他的狗坐在坟墓的石阶上休息；那位妇女也会坐下来，抱着孩子喂奶；那些骑马人则会下马，让他们的马在草地上自由自在地吃草，自己躺在地上谈着话或看着坟墓上的墓碑。废墟是危险的场所，坟墓则是归宿之所，这犹如生活是旅行，坟墓就是休息之处；人总需要在死人埋骨的地方静静地坐下来。

如果这张作品是描写一位旅客在墓边疾走，或是在废墟中停留下来，那就是将互相抵触的概念放在了一起。坟墓周围常有的那些生命的东西不是高空盘旋或者振翅疾飞的鸟，就是辛勤劳累然而还在远处歌唱的劳动者。我在此只是描写废墟的那些画家。至于历史画家与风景画家所用的陪衬就更为复杂，在他们的脑中的各种概念，既互相区别，又互相结合，有时会相辅相成，有时会彼此对立。

我们有时总这样问自己,古人所造的那些神庙为何总那么优美,庙门敞开着,产生了一种极强的效果。这是因为在神庙周围那些不损于简朴的点缀;神庙对人的宽广的胸怀;神庙具有的安全的形象。而现在那些做国王的人总将皇宫大门紧闭,他们的尊严不足以使他们不受坏人的侵害。那些神庙建在冷僻之处是很有益处的,它和周围森林造就的恐怖景象与阴郁的迷信观念相结合,让人们心理上产生一种特别的感觉。人们会以为神灵不喜欢在嘈杂的城市里启口,他喜欢清幽僻静。从前的人对神的礼拜总是比较隐秘,不喜欢受到别人的干扰。神庙聚会也很少,没有固定时间,假如遇到这样的时日,人山人海,喧嚷嘈杂,神庙的清幽僻静就不复存在了,神庙也失去了应有的庄严。

如今的路易十五广场①就有这么一个遗憾,如果那时是由我来布置,我一定不会砍去那儿的森林。人们能从回廊的石柱之间遥望树林的深处是多么美妙的事。我们的建筑师缺少这样的天才,他们并不明白地点与周围的环境对促进人们的联想的作用。我们的戏剧诗人也是如此,他们从来不知如何去利用所有的场景。

现在还应讨论如何选择美的自然实体问题。这是很清楚的,就形态来说,不是一切物体都是同样美的。就人物而言,不是所有的容貌都能强烈地表达同一种激情,有些女人噘嘴赌气显得很可爱,而有些反而使人生厌。也不是所有的容貌能一样地反映出应有的年龄和职业的特点。因此,我们要做的事情就是选择那些非常适合于所要处理题材的自然实体。

(璐甯科军 译)

---

① 即当今的巴黎协和广场。——译者注

构图艺术①

在洞察力上人是有一定限度的,注意力也不能持续太久。当作一首诗、画一幅画、写一出喜剧、编一则故事、做一篇小说、创作一部悲剧、写通俗读物的时候,不能效法那些写教育学论文的作家。如有两千个儿童,可依照作家的原则,所培养出的儿童很难是完全相似的。想到这一点,他们就会明白,不能将天才儿童当作普通教育机关的样板。一件陈列的作品,假如它不能为那些头脑正常的人所理解,这部作品就是一件失败的作品。

作品必须简单明了。因此,不要任何多余的形象,无谓的点缀,主题只能是一个。普森有一幅画,前一部描写朱庇特勾引克丽斯多,背景画克丽斯多被朱庇特拖走。② 这里就有多余的形象,一个明智的艺术家实在不应犯这样的错误。

画家只能画景象的一瞬间,而不能同时画两个景象,也不能同时画两个动作。只有在一些有限情况下,画家才可以回顾已不复存在的某个时刻,或预示某个时刻的即将到来,以至于既不违反真实,又不破坏兴趣。一个人正在进行工作而突然祸从天降,这是瞬

---

① 译自狄德罗《画论》。
② 克丽斯多是罗马神话中阿卡迪亚国王利卡翁的女儿,见爱于朱庇特,被朱庇特之妻朱诺变成熊。(原编译者注)

间发生的。

一位歌唱家正在演唱,由于遇到要求充分发挥他的技艺的乐段,他局促不安起来;一位提琴手也显得手忙脚乱,汗流浃背。看到这些情景我感到很不舒服。歌唱家的歌唱要从容不迫神态自若,演奏家在演奏时,他的手指灵活轻巧地移动在琴弦上,毫不费力,要使人们完全感觉不到,他在做一件很困难的事。因此,我所要求的是那种纯粹、自然的快感,假如一个画家的作品,就像字谜或象征让人猜不透,我会掉头不顾的。

一幅画的图景要能单一、简明并浑然一体,人们一眼望去便可以掌握它的全局。当然这还不够,它还应当丰富多彩;一个作者如果对自然的观察是精细的,很容易做到这一点。

一个人为另一个人读作品时,这种情景很有趣。读的人会不假思索地摆出对他最合适的姿态,听的人也是如此。假如是罗贝在读作品①,他应该是一幅热情奔放的形态;他不看书稿,双眼迷茫。假如我在听他读,我的神态会是严肃的。我的右手会伸到下巴下面,支撑着低垂的脑袋;左手则伸到右肘之下,支住我的头和右臂的全部重量。而当在听伏尔泰读的时候,我就不会摆着这样的姿态。

假如这儿有第三者在,他准会依照前两个人的规律行事,那就成了三重利益的结合体。假使再加更多的人,比如一百个人、两百个人、一千个人,也应遵循这同一条规律。当然,这时多产生一些响声、动静、喧嚣或叫喊,甚至出现人潮汹涌起伏的情况,那反映了人一心只想着自己,想着为个人谋利益,他会牺牲共同的利益。但

---

① 罗贝(1714—1794),狄德罗同时代的讽刺诗人,他虽生活放荡不羁,但又不乏才气。——译者注

是大家不久就会感到这种做法很荒谬,他们的努力也如此的无济于事。这样就慢慢地下决心,大家放弃自己的利益,于是他们逐渐形成了一个集体。

在那动乱的时代你可以看到,每个人的力量都在被猛烈地迸发出来;然而没有两个人的力量会是同等的,这就如同树上的叶子,没有两片叶子是完全相同的,没有两个人的动作与形态是完全一样的。

我们再看人在宁静时的状况。这时,人对自己的利益尽量少作让步;由于这让步里存在着差异,他们的动作与形态也同样各不一样。无论在动乱还是宁静的时候,有一个共同之处,那就是每个人都在显现自己的真相。

抓住这个力量与利害关系的规律对艺术家很重要。艺术家这样做了,他的作品就不会失真,不管他的作品的画幅有多大。艺术鉴赏所能接受的唯一对比,即由于力量与利害的不同而产生的对比便在其中了;此外不应该有其他的什么对比。

经院式、宗派性、技术性的对比,是造作出来的对比,它们具有虚伪性。这些动作不同于自然发生的,而是矫揉造作、刻板拘泥、在画布上扮演的动作。那画的就不是一条街、一个广场、一座神庙,而是一台戏。

依照舞台设计的场景,我们从未画成,将来也永远不会画成一幅可以引人入胜的绘画作品。我以为,这是对我们的演员,对我们的布景,甚至也许是对我们的诗人极其无情的讽刺。

文明社会的小礼节也是使人不舒服的。在社会交往中礼节令人喜爱、温文尔雅,但在模仿性的艺术中,这显得十分令人可厌。女人屈膝行礼、男人伸着胳臂,摘下帽子,一只脚向后退一步,这些动作只能在华丽的壁炉屏前面才是可能的。你可以用华托①的作品来反对我的意见；但是，很对不起，我还是要坚持。

华托作品中的风景上的颜色、作品中人物及服饰的美都被去掉了，你只看他画中的场面作判断，就可以证明我的观点是合理的。模仿性的艺术要有点粗犷、原始、猎奇、显眼的东西。我不反对你画波斯人举手抹额、弯腰鞠躬；但请你看看这些弯腰鞠躬的人的身份；看看他那副尊敬而虔诚的样子；他的服饰的华丽和一举一动的气派，请问有谁能接受这样的敬礼？是他的上帝？还是他的父亲？

我们不仅在礼节上庸俗乏味，就是在服装上也庸俗不堪：卷边的袖口，紧裹着屁股的短裤，方正而多褶的燕尾服，一直扣到膝盖底下的吊袜带，八字形的鞋扣，尖头的皮鞋。我敢向那些绘画与雕刻的天才们挑战，从这样一套俗不可耐的服装里能产生怎样的艺术效果？假如大理石像或者铜像所表现出来的是一位穿着17世纪那种长排纽扣的紧身小袄、腰悬佩刀、头戴便帽的法国人，那还可能产生艺术效果。

现在，还应回过头来谈谈人物的布局。艺术像可以，也应为技术作出某些牺牲。但牺牲到什么程度，就难讲了。我认为在创作作品时，作品的主题效果、人物的表情是决不能受到损害的。你必须先得感动我，让我震惊，使我心碎、战栗、流泪、愤怒，然后在技术上再设法不断完善。

作品中人物的每个动作都不会是在一瞬间就能完成的。但是，我在前面已经讲过，这里还必须要重复，艺术家却只有一个瞬间，即那一眨眼间。然而，正如在刚才还充满痛苦，而现在已初现

---

① 安东·华托(1684—1791)，法国著名画家，以善于色彩而知名，但不为狄德罗所赏识。——译者注

喜悦的脸上,我可以看出此时的感情交织所留下的余波,画家的作品应能反映那一瞬间之前的那个时刻的残余痕迹,这种残余痕迹通过人物的姿态、性格或者动作加以保存下来。

组合起来的人群,并不是每个人都完全改变的。凡是了解自然、有真实感的人都能懂得这一点;但同时他也感觉到,那些众多的中间状态的人物,对于总的效果只起部分的作用,而他在丰富的场面上的变化有所收获,而在兴趣方面就会有所失。那些激起我的想象的东西是什么呢?那是人群这个整体。很多人都能引起我的注意,使我不能拒绝。我的眼睛、我的手臂、我的心灵,不由自主地投向他们的眼睛、手臂和心灵所贯注的地方。因此,假如可能的话,我宁愿推迟动作的时刻能让画面更加有力,我宁愿摆脱多余的人物。除非那些无关紧要的人物的出现使作品产生强烈的对比效果,否则就根本不要提上去。而且,假如对比是强烈的话,那时场面就起了变化;无关紧要的人物就成为主要人物了。

除非是封神大典或其他纯粹幻想的题材,我不赞成将象征性人物与真实的人物混在一起,这话准会触怒卢本斯的崇拜者。然而我并不在乎,因为我的观点是受到良好的审美趣味和真实情感的支持的。

象征性的人物和真实人物在作品中混合,故事具有了童话的色彩。说实话,我认为正是这些缺点毁坏了卢本斯大部分的作品。我确实不了解这些作品。那手里托着鸟巢、墨丘利神像、天上的彩虹、黄道图、人马座,站在产妇床前的那个人是干啥的?[①] 假如要人们懂得,除非在作品中留下一行文字,就像许多古堡里的壁毯上的那些画,说明作品中人物心里在想着什么。

---

① 指的是卢本斯的《路易十三的诞生》一画。——译者注

我已经讲到,对皮加尔①所作的兰斯纪念碑的看法。现在议论的题目,需要我将这些看法作一番重申。一个挑夫躺在货包上,边上站着一个女人,手里牵着一头狮子,这个作品要表达什么意思?女人牵着狮子,向睡着的挑夫走过来。我可以设想,孩子看了这个作品准会惊叫:"妈妈,这女人要让她的狮子把这个可怜人吃掉了!"我不知这个女人是否真想这样做,但是,假如这位男人不赶快醒来,女人再向前走去,他是会被狮子吃掉的。皮加尔,我的朋友,这种古里古怪的人与狮子结合的念头,应拿起你的锤子砸碎它。一个国王想表现出他是护国爱民的,那就让他去保护农业、商业和人民。一个躺在货包上睡觉的挑夫,他体现的是商业生活。在你的座位后面刻上一头躺倒的公牛,让一位健壮的农民睡在它的两角之间,你表现的是农业;再在这两者之间加上一个喂小孩吃奶的胖胖的村妇,我就会认出那是人民。一头躺在地上的公牛不是很好吗?一位赤身睡着的农民不是很好吗?一个浓眉大眼、双乳丰满、喂小孩吃奶的村妇不是很好吗?这样的一件作品可以给你的雕刀提供许多真实的题材。这样的作品也更能够感动我,更引起我的兴趣。这样,你就会表现出一位恪守职责、爱护臣民的君主,因为正是他们构成民众与国家。②

艺术家对他所选的题材应该深思熟虑。问题不在于把许多形象涂在画布上!而要将这些形象,犹如在自然界中一样,自然而然地安排在画幅之中。它们应该全都有力地,而且简单明了地为同一个效果服务;如若不然,我就要套用封特奈尔③对奏鸣曲讲的那

---

① 皮加尔(1714—1785),法国18世纪著名雕刻家。——译者注
② 皮加尔铸造的兰斯纪念碑表现的是路易十五。那个挑夫象征公民,牵着狮子的妇女象征法兰西。——译者注
③ 封特奈尔(1635—1715),法国画家。——译者注

句话,说:"形象呀,你要我怎么办?"

人们似乎没有注意到,其实绘画与写诗有一个共性,即二者都应该合乎道德。布歇没有考虑到这点,他的作品总是放荡的,不受人民的欢迎。格勒兹的作风总是正派的,所以吸引观众,受他们的欢迎。我对布歇敢说:"朋友,假如你的作品是专为 18 岁的放荡青年而画的,你就作对了。你可以继续对女人的屁股和奶头感兴趣;但对正派人与我而言,即使将你的作品放在沙龙里最为引人注目的位置,我们还是不屑一顾。我们宁愿去观看摆在一个角落里的勒普兰斯那幅《俄国洗礼》①,看那站在婴儿一边的正派无邪的年轻教母。这是很明白的,会让人们胡思乱想的是一个人物的形象,而不是你那些肮脏的东西。我不知道你这些内容是从什么地方找来的;反正人们假使爱惜自己的健康,也不益多看你的这些作品。"

我并不是一位过分小心拘谨的人。我有时也读些佩特罗尼乌斯的作品②,贺拉斯那首讽刺诗《女笛手》和他的其他诗篇我都很喜欢。卡图卢斯③的那些言情恋歌,其中有 3/4 我都能背得出来。外出与朋友野餐,多喝了一些白葡萄酒,心血来潮,也会朗诵一首费朗④的诗而不脸红。对诗人、画家、雕塑家,甚至于哲学家一时的狂热兴奋我能够宽恕理解;但我决不赞成一位画家经常将画笔蘸着这些东西,歪曲艺术的真实目的。维吉尔最美的一首诗,也是模仿性艺术最高的一条原则是:

---

① 1765 年在沙龙展出的名画,勒普兰斯曾在俄国居住,画了不少俄罗斯题材的作品。——译者注
② 佩特罗尼乌斯,公元 1 世纪拉丁诗人,其讽刺作品《萨蒂利孔》描述了罗马人的奢侈腐朽的生活。——译者注
③ 卡图卢斯(公元前 87?—前 54?),古罗马诗人。
④ 费朗(1678—1719),法国诗人。——译者注

> 为不幸者我们洒泪,人世的悲欢使我们动心。①

画家在画室门上应写着:"不幸的人们,在这儿你可以找到人间的同情。"

让德行显得可爱,恶行显得可憎,荒唐事显得触目,这是手握笔杆、画笔和雕刻刀的正派人的宗旨。假如一个坏蛋走进正直人集中地方,坏蛋心中怀着的不可告人的秘密意图,他立即就会在那儿受到惩罚。正直的人们不知不觉就会将他推上被告席,使他接受审讯和质问。不管他会怎样手足无措,脸色发白,言语支吾,他还要接受他应得的判决。假如他也去沙龙里走走,当他看见严厉的画面该是多么的害怕啊!颂扬伟大美好的行为也是画家的责任,表彰遇难蒙冤的有德行者,而谴责侥幸得逞反让人称颂的罪恶行径,威慑残民得逞的暴君。比如画一个任凭猛兽吞噬的康茂德②的尸体;在画面上人们看到他受利爪獠牙的撕裂,人群中发出那种充满愤怒和快意的呼声。为那些受凶恶之徒、受神祇、受命运欺凌的正直的人复仇。假如你是有胆量的,你就应该为后人预先作出判断;当然至少也可以把人们已作出的判断用绘画的方式表达出来。某些人因宗教狂热,对说真话者百般污蔑,你要把这个案翻转过来。把狂热所酿成的血腥场面表现出来;告知人们这些宗教谎言散布者会带来些什么。做人类的教导者、人生痛苦的慰藉者、罪恶的惩罚者、德行的颂扬者。我们都知道:

> 耳传而来的远不及亲眼所见的,眼睛是最可靠的见证人,

---

① 维吉尔的《埃涅阿斯纪》第1卷462行。——译者注
② 康茂德,罗马皇帝,公元180—192在位,性情残暴,曾亲下角斗场与野兽格斗。——译者注

目击不需要他人作媒介①。

也许人们会说,画中的人物不会说话,但他们能使我对自己说话,能叫我与自己交谈。

对画可以分为画面优美和表达力丰富两种。但如果一部作品,就其整体不能使我感动,画面上的人物一个个在公共场所独自儿散着步,山脚下的牛羊分摊儿散放者,各自漠不关心地分开着,这样的画无论你安排得再巧妙,光线效果处理得如何的好,我都会觉得没有意思。

任何表达力丰富的作品,其实它的画面总是优美的,问题是把所能表现出来的感情充分地表达出来。而我则要祝贺艺术家们,他们没有仅为求得欣赏的快感而牺牲常识。假如他反其道而行之,我就会像是在听其人高谈阔论又不知所云那样,不禁要大声说道:"你话倒说得挺有文采,可你到底在说什么呀!"

总有一些题材很难创作,做起来吃力不讨好,但并不会像平庸的画家那样认为这个题材不好做,那个题材也不好做。对一位缺乏才华的人来说,总认为一切都是吃力不讨好的。对你来讲,一个教士对他的秘书口授讲道稿子,能算是一个很有兴趣的题材吗?然而,这样的题材在卡尔勒·梵鲁②笔下处理得就非常巧妙。这个题材是最为简单的,但却是他素描作品中最美的一幅。

有人说,布局与表达很难分离。但是,我觉得有些作品布局虽好而表达力却不强,甚至这种现象极为普遍;至于有表现力而布局不合理的作品,倒很少见。在一幅作品中,哪怕最微小的一个细节,不管是一只狗,一匹马,一根廊柱,一只陶罐,只要对布局来说

---

① 原拉丁文,贺拉斯《诗艺》第180—182页。——译者注
② 卡尔勒·梵鲁(1705—1765),法国著名画家,曾为圣格里哥里教堂画七幅素描,其中一幅即描写圣格里哥里向秘书口授讲道稿。——译者注

是多余的，都会有损于表达。

丰富的想象、炽烈的激情、创作的灵感召唤起幽灵，让它活跃起来成长起来的本领，这些却是对画家在表达上的要求；而布局则不管在诗歌中还是在绘画里，都要依靠判断和激情、热情和智慧，如醉如痴和沉着冷静等的恰到好处的配合。布局上这种恰到好处的配合有时在自然里也很少见。假如没有这样一种严格的平衡，那就需看这个艺术家在热情与理智两者之间何者占据优势，从而决定他的作品怪诞或平淡乏味。

主题思想定得好，其他的思想就会听从于它。这是一部机器的动力，它犹如推动各种天体，但它循着轨道运转的力是与距离成反比例的。

一部作品表达的思想是否存在模棱两可、含糊不清的东西，艺术家只需请两位有教养的人，分别为他就画中的一切作详细的解释。我敢说，很多现代作品经不住这种挑战。在五六个形象之中，最多只有两三个不需要动笔修改。光你心里明白，这个人是在做这件事，那个人是在做那件事，这很不够；你的思想还必须正确而且一贯，还必须把你的思想表达得十分清楚，不引起人们的误解，这不仅指我，而且指所有的人，来看画的或将来来看画的那些人，不致使他们误解。

绘画作品中存在的构思上的弱点或思想表达的贫乏，这是我们经常看到的。这时，你不能从作品中得到强烈的震撼，深刻的感触。我们看过一眼这个作品，转过脸便什么都忘了，更没有什么幽魂萦绕着你的心头，紧盯着你不放。有一位新闻记者报道，有个印度总督下令将一批英国人关在狭小的土牢里窒息致死[①]。我劝说

[①] 这是英国人在征服孟加拉时发生的事情。1756年6月，孟加拉总督达拉乌拉将加尔各答的英国士兵囚禁在土牢里，大都窒息而死。（原编者注）

我们最大胆的艺术家们运用他们的画笔来创作这样一幅作品,它是能够像这个简单的报道那样震撼人心的。倘若你创作的这幅作品的作用还不如那一份报纸,那又何必有劳你调颜色、执画笔,使出你的浑身解数来呢?缺乏创作热情,是表达不出任何具有伟大而有力思想的作品的。

一幅作品的篇幅越大,就越需要画家去研究和效法自然。但画家当中,很少有人能做到。画成之后,也很少有人肯出高价将它购买。你试着浏览一些大师们的作品,就会到处看见瑕瑜互见。有几处地方抓住了自然的真貌,但是陈陈相因的东西却多得不可胜数。这些东西与真实的放在一起,人们看起来就很不舒服;这是谎言与真实的比照,令人触目。一次祭祀、一个战役、一次凯旋、一个群众场面,假使在所有的细节上都像格勒兹与沙尔母画的家庭生活场面那样的真实,这是多好的事情!

历史画家的工作往往比世态画家要艰难。很多世态画可以经得起人们的批评。然而,一幅描写历史战场的画,则很难经得起普鲁士国王①的一瞥。世态画家作品的内容,到处可见;而历史画家作品的内容,或从来就没有直感过,或只有瞬间见到过他的对象。再则,前者是纯粹的模仿者,普通自然景色的抄袭者;而后者可以讲是理想的、充满诗意的、自然的创造者。他要沿着一条不容易遵循的线路行进,既不能失去细节,又不能过于夸张。历史画家作品中的内容有很多是需要想象的。因此有人说历史画家杜撰的东西多,真实的东西少;而世态画家杜撰的东西少,真实的东西多。

由于工作上的难度大,历史画家常忽视某些细节,比如对历史人物手与脚上花费功夫。他们总是只追求总效果,对一些小节则

---

① 指普鲁士国王腓特烈二世,是当时的名将。——译者注

认为无关紧要。保尔·韦罗内兹①的意见却不是这样,这些说法只是某些画家个人的意见。几乎所有巨型画的创作都是先打草稿的,创作时应区分战士在打牌休息时手与脚的状况与他们在奔向前方与敌搏斗时手与脚的状况。

服装也应引起我们的注意。疏忽服装的作品会引起人们的反感;严格按照历史考据又会显得学究气十足,缺乏趣味性。今天的时代,人人都穿衣服,但假如画面上出现几个裸男裸女,并不使人觉得不成体统。人身上的皮肉总是最美的。男人的身体、胸膛、胳膊、肩膀,女人的脚、手、胸脯比穿在身上的最贵重的丝绸呢绒还要美观,这是因为画好这些部分需要更多的学问、更多的技巧和更多的劳动。时代越古老的,越受人尊敬,而画裸体画就能将画中的景物推向遥远的时代,让人追想一个更无邪、更纯朴的过去,追想一些更粗犷与模仿性艺术更相似的风俗习惯。人们对当前的时代总是存在不满,而对古老的时代的向往总会有一种欢愉的情绪。假如说野蛮民族会不知不觉地文明起来,个人可就并不尽然;我们只见人们卸去衣冠变成野人,而很少看见野人穿上衣服变成文明人。画里有几个丰裸的男女,就仿佛将森林田野半岛置于我们自己家屋的周围。

"什么都赤裸裸不加遮蔽,这是希腊人的特征。"这是我们一切艺术的导师——希腊人的习惯。但是,倘使我们允许艺术家将画中人的服装都剥得精光,我们决不能硬让他给这些人穿上可笑的过时的服装。艺术鉴赏家们的眼光不同于碑铭学院院士的眼光。布沙尔东②为路易十四穿上一身罗马服装,有很好的视觉效果,但

---

① 保尔·韦罗内兹(1528—1588),意大利威尼斯派画家。——译者注
② 布沙尔东(1698—1762),法国著名雕刻家,巴黎市内及凡尔赛宫均有其作品。狄德罗著有《论雕刻家布沙尔东》一文。——译者注

这种行为是出规行为,我们不能效法。

……出规的做法,要谨慎从事①。

凡夫俗子常会任着性子发挥,倘若让其自便而不握紧控制他的缰绳,我看总有一天,他们会在罗马战士的头顶也插上一支羽翎②。

在处理人物服饰的手法上,有什么规律可循,我还不很清楚。设计服饰靠的是诗意,描绘服饰靠的是准确。切勿去画许多起皱的小褶裥,一层一层重叠着。谁要是将一块衣料披在一条伸直的胳臂上,某些本来隆起的肌肉就会凹陷下去,而本来扁平的肌肉就会隆突起来了,盖在上面的那块衣料会显示出这些变化,这时,他就会把他工作室里的人体模型扔到火里烧掉。卧室里不愿意看到那蒙上一层皮的人体解剖模型;对穿了衣服的身体,我却百看不厌。

古人处理人物服饰的手法,为很多人认同,也有很多人不赞成。就我个人的看法,他们在手法上是用狭长细小部分的光与影的对称,去烘托宽阔部分的光线的。另一种手法,是用宽阔的光线带对称宽阔的光线带,让他们的效果相互抵消,这在雕刻上也是多见的。

我以为,这种说法是很肤浅的,即认为有多少种体裁的诗就会有多少种体裁的画。肖像画与半身像,应在共和政体的国家中受到尊重。因为在共和政体的国家中,公民的视线集中于公民权利与自由;而在君主国家情况就不同了,那里受到尊重的只有上帝和国王。

---

① 原拉丁文,贺拉斯《诗艺》第51行。——译者注
② 近代的战士盔上才戴羽翎。——译者注

有人以为，一种艺术要维持下去，依靠的只能是它原本的基础，如医学要靠经验主义，绘画穿着要靠肖像画，雕塑要靠半身像等。这话假如是真的，肖像画与半身像就会不受重视，这两种艺术也就会衰退了。没有一个大画师不善于画肖像，如控梦尔、勒絮尔、卢本斯、梵狄克①；没有一个大雕塑家不善于作半身像。一切学艺术的人都要从艺术的开始学起。皮埃尔②曾说过："你知道我们的历史画家为啥不画肖像画？那时因为它太难。"

历史画家与世态画家都不愿承认，他们之间相互轻视对方，但这是看得出来的。历史画家认为，世态画家头脑简单，思想空虚，缺乏诗意，胸襟狭隘，情操、才气贫乏，只会奴颜婢膝地跟在自然后面，一刻也离不了它。他们是可怜的抄袭者，犹如使高勃兰③的工匠，将毛线一根根挑出来，仿照着大画家的名画，配制色泽。按历史画家的讲法，世态画家处理的这些题材是微不足道的，反映的只是马路拐弯处瞥见的日常生活的琐事。世态画家除了一点艺术之外，他们一无所有，而假如这点手艺未达到登峰造极的地步，他们就毫不足取。至于世态画家则又是一种说法，他们将历史画看作富有传奇色彩的艺术，既不逼真，也不实际。一切都有着过分的夸张，与自然毫无共同之处。暴露在这里的只能是虚伪，人物的过分，情节上的空想，艺术家在自己空想的头脑之外，从未见过题材的真实内容，许多细节里都带有捏造的成分；作品中人物的那些动作与真实行为相去甚远。你明白了吧，朋友，这种争吵在散文与诗、历史与史诗、英雄悲剧与市民悲剧、市民悲剧与轻松喜剧之间

---

① 梵狄克(1599—1961)，弗朗德勒画家，擅长肖像画。——译者注
② 皮埃尔，18世纪法国画家，作品都以宗教神话为题材。——译者注
③ 高勃兰工厂，在巴黎附近，由工匠高勃兰于15世纪创立，路易十四将它改为皇室工厂，专织壁毯。——译者注

经常发生的。

我觉得,在绘画上作世态画与历史画的划分是合理的;但在这样做时,要注意到事物的性质本身。对花卉、水果、禽兽、树木、森林、山岳作画,对家庭日常生活场面作画,如像特尼埃、乌韦尔艺斯①、格勒兹、沙尔丹、卢腾布格,甚至梵尔奈所做的,我们都称他们为世态画家。在我看来,格勒兹的《父亲向全家人朗读》《逆子》与《订婚礼》,梵尔奈表现各式各样情节与场面的《海景》,是与普森的《七圣瞻礼》、伦勃朗的《大流士一家》或者梵恰的《苏珊娜》一样,这些可称作历史画的作品。

问题就在此。自然界的事物可以分为两类:一类为无感情、静止的、无生命、无感觉、无思想的;一类是有生命、有感觉、有思想的。这一条分界线是有史以来便已划分好了的。模仿无生命的静物的人,可以称作世态画家;模仿有感觉生物的人,可以称作历史画家。作这样的区分,纷争就易解决了。

对使用惯了的词义,我们没有必要去改动它。我以为,世态画与历史画都一样不是件容易的事,它也需要有思想、想象,甚至于诗情画意,同样需要对素描、透视、设色、光影、性格、激情、服饰、构图等等进行研究,对自然进行极为严格的模仿,对细节的更为细致的观察。由于世态画的内容为观众熟悉并是常见的,它也拥有更多和更优秀的评论者。

荷马描述池塘边的两群青蛙搏斗的场面和他描述西摩易斯河与克桑德河中飘荡两具尸首、河水尽赤的场面一样,是那么的激动人心。所不同的仅是后者的场面更大,景象更可怕而已。哪一个人不在莫里哀的作品中看到自己的形象?反之,假如我们能把我

---

① 乌韦尔艺斯(1619—1668),荷兰画家。——译者注

们悲剧里的英雄复活,这些英雄反而很难在我们的舞台上把他们自己认出来;布鲁图斯、卡提利纳、恺撒、奥古斯特、卡图等倘若站在我们的历史画前面,必然会问作品中画的是些什么人物。这就意味历史画需要更为高尚的情操、更为丰富的想象力、更为不平凡的意境;而相比世态画则需要更多的真实。世态画即使只限于瓷瓶花篮等题材,也不能不具备艺术的全部技艺和相当程度的天才,人们用这些画来装饰自己的住宅,就要有很高的艺术鉴赏力,而不只是钱的问题。

为什么要将这些丑陋的厨房用具摆在碗橱上面?为什么这些鲜花放在一只内维尔出产的罐子里,就能比放在一只式样美观的瓷瓶更为鲜艳?在这个瓷瓶周围为什么不增加一些其他的摆设,如一群跳舞的小孩、欢乐的采葡萄人或放荡的妇女?假如瓷瓶有把手,这个把手为什么不可以将它做成两条缠绕在一起的蛇?蛇的尾巴为什么不延伸到瓶子下面再绕上几个圈?蛇的头部为什么不可以伸到瓶口上,像是喝水的那个样子?这就需要善于将死的变成活的,懂得怎样把周围的东西保持生动活泼的样式,但这样的人却很少见。

就肖像画家与雕刻家,我也发表一点意见。

神色忧暗、阴沉、抑郁或恬静,这是人常见的情态,因此,人像一般都以这种情态表现的。一个张口大笑的人像情态欠高贵,缺乏品质,甚至会经常违反真实,这种人像是很愚蠢的。笑是不能持久的。人可以偶尔发笑,但笑不能成为一种常态。

一个雕像,表现这样的动作很适当,但表现其他的动作不一定很恰当。我不能相信一个雕像在表现任何动作时都是美的,要求它面面都同样的美,那是愚蠢的念头。在肢体之间寻求纯技术性的对比,并因此去损害动作的严格的真实性,这是产生那种小气的对比风格的来源。任何场景总会有某个方面或某一观点比其他方面或其他观点需要强调。我们就要从这个观点去看它。为这一方面或这一观点而牺牲其他次要的方面或次要的观点,这是明智的。

在群像中,拉奥孔与他的两个儿子是最单纯、最美的一组。然而假如你站到那组雕像的左边看过去,父亲的头部几乎看不见,一个孩子还遮住了另一个孩子,这组雕像就会显得令人讨厌了。但是,直至今天为止,拉奥孔仍然是我们所能知道的雕塑艺术中最完美的一件作品①。

(璐 甫 科 军 译)

---

① 在这里,我们可以看作狄德罗与他同时代的人一样,对亚历山大时期的雕像是热烈称颂的。他没有见到更古的雕像,如后来出土的米罗的维纳斯、莎英特拉斯的胜利之神等。(原编者注)

论建筑[①]

  我在这里，并不想就各种不同建筑特点作评论；更不想比一比希腊、罗马建筑与哥特式建筑各自的长处，比如指出哥特式建筑内部由于穹顶的高耸与圆柱的轻盈就显得很宽广，而外部的装饰点缀由于过于繁缛和丑陋则破坏了建筑物的庄严。我也不想把彩色玻璃窗的昏暗，同被膜拜对象的不可理解性和膜拜者的阴郁思想之间的类似加以渲染。我所要做的只是指出，假如没有建筑艺术，也就不会有绘画，不会有雕塑；绘画和雕塑这两种模仿自然的艺术，都是由于建筑这种最先而并无楷模的艺术活动才得以诞生并得到了发展。

  试想你生活在当时的希腊世界里，作为阿伽门农的辕门的只是两根方木上横架的一根大木梁。或许我们也不需要上溯那么远，请你坐在罗马城的七座山岗之间。当时满山坡上还只有一片茅屋，里面住着一伙强盗，这伙强盗后来过起了奢侈豪华的生活，主宰起了世界。

  你能够设想，在所有这些茅屋里，会有一幅或好或坏的图画么？我想，你不会这样设想。

[①] 译自狄德罗《画论》。

那些神祇们,你能设想他们在茅屋里的那副模样吗?他们当时比较后来为艺术大师们雕塑下出现的时候,受到人们更真诚的敬畏和崇拜,但模样却不会怎么样。木匠在一块木料上勉强凿一个鼻子、两只眼睛、一张嘴巴、两个手与两只脚。比起村民在这不成样子的木块前祷告的神情来,我看还要差得多,制作得还要粗糙。

那些神庙、茅屋与神祇们最初就处在这种可怜的状态下。我的朋友,后来的某一天发生了一场大灾难、一次战争、一次饥荒、一场瘟疫、一次公众的祈祷,从而使情况发生变化。战争的胜利者为了称颂建起了凯旋门,感谢神祇的保佑盖起了奉献给神的大石屋。

最初,凯旋门与神庙唯一引人注目的地方是它们建造得比较大,但里面的神像除了比从前的神像高大一点,不会有其他什么优点。比从前的高大,那是房子的主人必须与他的新居成比例的缘故,那是当然的。

自古以来,统治者总是效法神祇的。神祇既然住宅变得宽大了,统治者自己的住宅免不了也得加高;上行下效,那些王公贵族、上等公民纷纷学样。过了一百年,在七山岗的范围,茅舍是看不到了,除非他走出七山岗。

但是,神庙、宫殿、王公贵族的府第和富豪公馆的墙,无论哪一面都是光秃秃的,总得盖上点什么。

家神也得另外雕刻,原先的过于矮小,和房间的主人给他们留下的地方已不相称。

神祇要尽量可能雕塑得好些;墙要用抹得花花绿绿的布糊上。①

---

① 狄罗德似乎不知道壁画是画在壁上的,壁上糊布是近代出现的事。(原编者注)

但是，艺术的趣味随着财富和奢侈的生活而有了改变，神庙、宫殿、府第、公馆的建筑越来越比以前讲究了；雕塑和绘画也随之日益得到发展。

现在，我将这些想法与经过对照一下。

请问，你能否找到这样的一个民族，他们有雕像，有绘画，有雕塑家与画家，而没有神庙宫殿的；或者他们有神庙，但由于他们崇拜的性质特点而将彩色的画布与雕琢的白石置放在庙门之外的？

但是，倘若讲建筑艺术促成了绘画与雕塑的诞生，绘画与雕塑也反过来促使建筑艺术不断地完美起来。假如一位建筑师不同时具有绘画的才能，我们可千万别相信他有建筑的才能。人们是在什么地方培养出他作为一个建筑师的眼力的？在什么地方培养成他那精美的比例感的？他从哪儿得到关于伟大、单纯、高贵、稳重、轻盈、飘逸、庄严、典雅、严肃这些概念的？米盖朗琪罗①在设计罗马圣彼得教堂的正面和圆顶的时候，他已是一个伟大的画家；我们的克罗德·佩罗②，在他想出卢浮宫的圆柱走廊之时，他已是一个非常出色的画家。

这样，在我论及建筑艺术时，我用三个词来概括：坚固（或稳定）、适用和对称。

由此，我们可以形成这样的看法：维特罗夫③所形成的建筑学的体系过于僵硬，他似乎是专门用来扼杀天才，使人们去追求单调的。

---

① 米盖朗琪罗（1475—1564），意大利著名画家、雕塑家、建筑师。——译者注

② 克德罗·佩罗（1613—1688），法国著名医生和建筑家，巴黎卢浮宫的圆柱走廊，出于他的设计。——译者注

③ 维特罗夫，公元前1世纪罗马大建筑家，著有《论建筑》一书。——译者注

但是，我还要向你提出一个小小的问题。有人讲，罗马圣彼得教堂的各部分比例如此匀称，以至于初看起来，你会以为教堂整体并不特别高大宽广，因此，可以说这个教堂是实际大而看上去小。

既然这样，有人就发表这样的意见，各部分十分匀称又有什么作用呢？难道它的作用就是为了让那些伟大的东西显得渺小平凡么？如果是这样，还不如不要这种匀称，多来些能够产生相反效果，使平凡的显得伟大的本领就可以了。

我们的看法是：假如运用艺术的手段，巧妙地去牺牲一些比例，建筑物的确会一眼看过去显得高大一些；但是我们是要获得那种一时的赞叹为好，还是让这种赞叹之情在最初不那么强烈，然后逐步加强，经过仔细的观察与思考，变得持久而更强烈为好？

我们都会同意这样的看法：在其他条件相同情形下，一个身材瘦弱的人比一个身材匀称的人会显得更高一些。但是，我们仍然要问，在这两人之间，哪一位更能引起人们的赞美呢？那个瘦弱的人如果牺牲一些外表的高大，换取依照古代艺术标准中最严格的那种匀称才是值得赞美的。

我们还需补充一下，凭艺术手段使得建筑物显得高大，但它的真实情况总会被人发现的。反之，由于艺术手段与各部分的比例匀称，使得建筑物比较平常，它也总会显得高大起来。因为观察者会将建筑物的某些部分作反复比较，由于各部分比例匀称而产生的那种不利的印象，以后会逐渐消失。

人们也许会说，一个瘦弱的高个牺牲一些外观的高大，去接受严格的比例，这很能理解，因为他知道这种四肢的严格匀称对他的益处，他生活中各种不同的需求会得到最完美的满足；同时，这种严格的匀称也能产生力量、仪表、风度等的美，而美总是以实用为基础的。但当轮到是一个建筑物的时候，情况就变了，因为这种建筑物只有一种目的。

人们也否认,观察者把建筑物的某些部分进行比较,这样会产生人们所期待的那种效果,纠正初看到时那种不利的印象。当你向雕像走近时,它会忽然变得高大起来,这时,你很自然地会吃一惊:建筑物比我们当初所估计的要高得多;但是当你转过身去,建筑物其他的部分又在印象中占了上风,使原先令人感到高大的建筑物显得平平常常。结果,一方面,每一个局部都会给我们很高大的感觉;而另一方面,整体看来则显得很平常又狭小。与此相反,打破匀称就不是这样,每一个局部显得比较的小,整体则显得不平凡、雄伟、高大。

这是两种非凡的才能:一种借助艺术的魔力使物体某个部分变得大,另一种是通过各部分之间精巧的比例来掩盖物体之大。这两者之间,哪一种更为重要呢？建筑家应该作怎样的选择呢？罗马圣彼得教堂应怎样建造呢？通过各部分的严格比例,让整个建筑物显得普通平常？还是通过较不严格、较不规范的结构,而让它具有某种惊人之举呢？

暂且不要忙于选择。因为,归根结底,罗马圣彼得教堂由于人人称赞的均匀比例,从来不能获得或者非经长时间的观察,不能获得另一种体系中准能马上可以获得的那种效果,损害整体效果的配合能算是完善的配合吗？有利于让整体显示出来的缺点可以说是缺点吗[①]？

这就是哥特式建筑和希腊罗马建筑之间长期争论不休

[①] 让我们打断一会儿哲学家的论述。我们并不认为,自己有资格就这样棘手的问题发表意见,不过请注意这样的事实:罗马圣彼得教堂并没有按最初的计划造完。难道使人产生初看时的那种印象的真正原因不正是正厅和祭坛的不协调或比例失调,而不是严格遵照比例吗？如果最初的计划全部实现,尽管是十分严格地遵照比例,所产生的效果可能是无比雄伟。亲爱的哲学家,我们以后到意大利旅行时,再作判断吧。此刻,再听你继续发表高见。(格里姆注)

的问题。

绘画不也同样提出这样的问题吗？一方面，是你即将专程去意大利要欣赏的拉菲尔，在他的面前，是别人拉拉你的袖子作了提醒，你还可能并没有认出他来；另一方面，是伦勃朗、提善、卢本斯、梵狄克，或其他从远处就召唤你，他们是那样的自然而又逼真，引起你的注意，让你再也不能转移你的视线。这二者之间，谁是伟大的画家呢！

如果我们在路上遇见拉菲尔作品中所画的一位女子，我们会马上停住脚，目不转睛地望着她，看着她一步一步地远去，直到看不见她的时候为止；而且在这个画像的作品里这样的女子却有两个、三个、四个；她们周围还有一批男子，也长得很秀美。所有这些形象都以最有力、最单纯、最真实的方式，共同从事一种不平凡而有意思的行动，但却没有一点特别的东西在召唤我，吸引我，让我停下脚步！我需要别人的提醒，在我肩膀上轻轻地拍一下，才能去留心观望；反之，人们却不约而同地拥向特尼埃的粗劣作品，不论是大人或小孩、有学问的智者还是无知的市民。

对拉菲尔，我要说："事情就是这样，我们不该忽视其他东西。"我敢说，或许没有比拉菲尔更伟大的诗人；有没有比他更伟大的画家呢？这还是一个疑问，我们很有必要对绘画下个定义才是。①

---

① 这个小前提其实是不存在的。德尼·狄德罗和我在拉斐尔的画前面经过，从未不加注意。我否认别人拍着我的肩膀以后，我才在凡尔赛宫那幅《神圣家族》面前停下来。我声明，我在这幅画面前总是流连忘返，只好买一幅埃德林克最好的复制版常常放在眼前。

我当然希望拉斐尔不但是位崇高的诗人，而且也是运用色彩的大师。然而从什么时候起诗歌对德尼·狄德罗失去了号召力、吸引力？不管你给绘画下了怎样的定义，总该把诗意当作绘画的要素。

即使在梵·于索姆画的花卉或桃子里，我们也要求诗意，诗意是绘画作品生命的组成部分。画花卉水果的画家，与历史画家一样，也是有的索然无味，有的诗情盎然。（格里姆注）

另外一个问题。我们不能用尺度、模数等来约束建筑术,尺度、模数在其他对象上的用途的确很多,但艺术一旦受它们的约束就会使艺术变得平庸、贫乏起来。比如,我们依据头部的长短来决定人体的高矮,又依据鼻子的长短来决定头部的长短,我们这不是将绘画、雕塑以及其他一切以素描为基础的艺术,弄得十分贫乏吗?我们不是把关于身份、性格、激情、各种肌体的学问,化成为了一把尺子与一个圆规的问题了吗?在这个世界上,别说是一个完整的人像,就连人身上最小的一个部分,如指甲,艺术家也不能毫厘不差地把它们描摹出来。暂且把天然的畸形撇开不算,只说由于从事某项职业而必然产生的畸形,我觉得只有在画神祇与野蛮人的时候,我们才能对人体的各部分要求严格的比例。其次,画那些英雄、教士、官员,其严格的程度已经要差一些。等而下之,在其余的阶层里,就必须选择那最难得的,或最能代表他那一行的个人,并画出足以表示这种行业特征的变异。形象之所以卓越,当然不是由于我在其中发现了极端精确的比例,而是相反,我看到了一整套相互关联的具有必然性的某种畸形的特点。

的确,倘若我们理解了自然界中一切都是相互关联的,那些关于对称的成规就是一个问题了。一个驼背从头至脚都是驼的。人的身上某个部位最小的缺点对整个躯体都会产生影响,这种影响可能小到不易察觉,但它却是实际存在的。多少作品,多少规则之所以得到我们的承认,那是由于我们身上存在的懒惰、无知或缺少经验与眼光!

因此,从绘画上来说,我们应牢牢记住贺拉斯的名句:

> 画家和诗人从来就有权大胆创新……

但也不至于将家畜和野兽同槽,
让蛇蝎和禽鸟配对。①

这就是说,大名鼎鼎的卢本斯,你喜欢怎样想象就怎样想象,喜欢怎样画就怎样画;但在这样做时有一个条件,那就是你别让我在产妇房里看见黄道图、人马座此类的东西。你理解那意味着什么?意味着让蛇蝎与禽鸟配对。

假如你所画的是伟大的亨利②的封神升天大会,你可以尽情地发挥你的想象力!你那丰富而热情洋溢的天才头脑能够提供多少象征性的人物,你就大胆勾勒、涂抹或去堆砌。但是,假如你画的不过是马路边布店的老板娘,那一个柜台,几匹摊开的布,一把尺,几个小伙计,一只装着金丝雀的鸟笼,也已经足够了。但你却异想天开,把个老板娘画成赫柏,你当然也能画,我也并不反对,即使在她四周看见朱庇特与他的神鹰、帕拉斯、维纳斯、赫拉克勒斯、荷马和维吉尔作品里的全部神祇,也不会引起我的反感。但这个作品中的原先的市民小店铺已名不符实了,它已变成了群神会聚的场所,是奥林匹斯山了。作品的整体要统一,这是至关重要的。

作品是由你摆布,但总要它单纯而统一。③

(璐 肯 科 军 译)

---

① 原为拉丁文,贺拉斯《诗艺》第 9—13 行。——译者注
② 指法国国王亨利四世(1589—1610)。卢米斯在其宫廷中服务,极受亨利四世的赏识。——译者注
③ 原拉丁文,贺拉斯《诗艺》第 23 行。——译者注

论美的起源及其本质①

关于美的起源这一问题的研究,我发现和所有相似问题的研究一样,人们议论最多的,往往是自己最不熟悉的。许多事情是如此,对美的本质研究也是如此。这就好像有必然性规定好了的一样。大家都在谈论美:在大自然的事物中欣赏美、在艺术的作品中要求美、人们时刻都在品评这个美与那个不美。但如果向最有审美鉴赏力的那些人问一下,美的根源、本质、精确概念是什么?美是绝对的还是相对的?是否有一种永恒不变的、能作为基本的美的尺度和典范的美?或者美有没有一种类似模式的东西?这时,我们立刻可以感觉到,这些最具审美鉴赏力的人们的看法是那样的各分千秋。有的人承认自己一无所知,有的人会抱怀疑态度。为什么差不多所有的人都同意世界上存在着美,特别是有些人还强烈地感受到美的存在,但知道什么是美的人却又这么少得可怜呢?

为了解决这些疑难——如果可能的,我们首先有必要来引述那些对美写过卓越论著的一些作者的观点;然后就讨论的这些问题,我们发表一些看法;最后,在这篇文章的结尾就人类的悟性以

---

① 译自保尔·维尔尼埃尔编注的《狄德罗美学著作》。——译者注

及悟性在这些问题上的作用,再谈谈我们的看法。

柏拉图①是曾写过两篇关于美的对话的,即《斐德若》和《大希庇阿斯》。在《斐德若》里,他描述和一个朋友在一个优美宜人的地方,度过一段惬意的时刻;在《大希庇阿斯》里,柏拉图对一个自以为是的诡辩学家作了羞辱。在前一篇对话里,他谈论人们对美的自然爱好比谈论美本身还要多;在后一篇对话里,与其说他在告诉我们什么是美,倒不如说他在告诉我们什么不是美。

圣·奥古斯丁②也是曾经写过论美的书的,但是这些书已经失传。其有关美的重要题目的论述,现留下的仅散见于他的其他作品之中,并且是很零星散乱的。但通过一些段落我们可以发现,在奥古斯丁看来,各个部分彼此构成的整体,即"单一体",这是美的显著特征。这位伟人曾说,如果问一位建筑师,为什么在房屋的这一厢盖了拱廊之后,又在另一厢同样修建拱廊?那他一定会回答我说:"那是为了使建筑物的各部分之间彼此对称。"但为什么需要这样的对称呢?"因为这样的对称看了使人喜欢。"但你又有什么权力决定,什么事物使人愉快或令人不快?你怎么知道人们喜欢对称?"因为这样安排的事物端正、准确、优雅,一句话,因为这样就是美。"但问题又有了,请问事物因为美才使人喜欢,还是因为使人喜欢才美呢?"可以毫无困难地说,因为美才使人喜欢。"但为什么这就是美呢?你也许会毫无困难地同意这样的说法:因为所设计的那幢房子各部分彼此相似、均衡、协调,一切都化为统一的整体,使人的理性感到满足。"我刚才说的就是这个意思。"不过又请注意,既然一切物体都是由无数的部分组成的,这无数的部分又

---

① 柏拉图(公元前 427—前 347)古希腊唯心主义哲学家,其《文艺对话集》同样贯穿以"理念"为中心的客观唯心主义思想。——译者注
② 圣·奥古斯丁(公元 354—430),中世纪罗马神学家。——译者注

各自有其他无限多的部分组成,这样,自然物体何以可能有真正统一性? 人们在绘制建筑图时把这种统一性作为指南,把它看作是那一门艺术不可违反的法则;为了美,任何一座建筑物都必须模仿成具有这种统一性。但世界上任何事物都不能把这种统一性模仿得十全十美。因为世界上没有任何事物是地地道道的"单一体",我们从哪里能看到这种统一性呢? 从这又会得出怎样的结论呢? 难道不应该承认在我们的精神上存在着一种本原的、至高无上的、永恒的、完整无缺的统一性? 这种统一性是美的基本准则,是人们在艺术实践中所追求的? 于是,圣·奥古斯丁在他的另一部作品中得出结论:构成各种所谓的美的形式和本质的,就是"统一性"。

沃尔夫先生[①]写过一部《心理学》,也涉及美的问题。有的事物我们喜欢,有的事物我们讨厌。这种差别就构成了美或丑。使我们喜欢的,叫作美;使我们讨厌的,叫作丑。

接着,他又说,美存在于完善之中。具有这种完善的事物,由此就可以在我们心里引起快感。美分为两类,即真实的美和表面的美。真实的美由真实的完善所产生;表面的美由表面的完善所产生。

很显然,与圣·奥古斯丁对美的探讨方面相比,这位莱布尼茨[②]派哲学家并没有多少进步,因为后者似乎肯定,一件东西之所以美,是在于它本身存在美,这种观点柏拉图和圣·奥古斯丁早已注意到了。不过,沃尔夫后来在美的概念里加进了完善;但完善是什么? 难道完善这个字眼比美这个词更清楚、更容易理解?

---

① 冉·克雷蒂安·沃尔夫男爵(1679—1754),德国哲学家和数学家,著有《心理学》(或译《心灵论》)一书。——译者注
② 莱布尼茨(1646—1716),德国卓越的数学家和唯心主义哲学家。——译者注

克鲁萨①先生说，所有自认为按照习惯和认真进行思索、讲话的人，如果想深入了解自己的思想深处，注意自己思想所发生的一切及本人运用的思想方法，当自己叫出"这真美"这句话时的内心感受，他们必然会发觉，使用美这个字眼，是表达了自己所解释的一个客体和某些愉快的感受或与那些赞同的想法之间的某种关系，他们一定会赞成"这真美"这句话就意味着我看到了某些我赞成或喜欢的。

克鲁萨先生的这种定义不是在讲美的本质，仅仅在表达人们对美的感受或由这种感受得到的效果。这种定义和沃尔夫先生的定义一样存在缺点。克鲁萨先生已清楚地意识到了，所以，他接着规定了美的五个方面特征，即多样化、统一、规则、秩序、比例。

由此是否可以得出这样的结论，不是奥古斯丁的定义不完全，就是克鲁萨先生的定义太繁琐。如果"多样化""规则""秩序"和"比例"的概念不应包括在"统一"的概念中，它们对美来说是很重要的性质，圣·奥古斯丁就不应把它们省略；如果"统一"的概念已经包含这些性质，那么克鲁萨先生就不应该把它们加进去。

在此，克鲁萨先生并没有说明"多样化"是什么，他似乎把"统一"理解为所有各个部分之间趋向同一目标的关系，他认为"规则"就是各部分之间相似的位置，"条理"标志各部分之间的递降层次，"比例"即每一个部分中的"统一"加上"多样化""规则"和"秩序"。

我丝毫不想因美的这种定义所包含的模糊不清而加以抨击，而只是指出，这种定义的指谓有特殊性，它只适用于建筑，或最多对其他种类的大的整体适用，或洋洋洒洒的雄辩文章、戏剧等等适用，但不适用于一个字、一种思想或物体的一部分。

---

① 克鲁萨(1663—1750)，瑞士哲学家和数学家。——译者注

格拉斯哥大学著名的伦理学教授哈奇生先生创立了一种独特的学说①,他认为,正如我们不应该问"可见性是什么"一样,我们也不应该问"美是什么",人们把"可见性"理解为用肉眼可以看得见的,美也可以理解为用人的美的感官感觉到的。他认为,美是我们内在感官辨别美好事物的一种能力,就如同视觉是我们能够借以接受颜色概念和形体概念的能力一样。他及其信徒们极力企图指出这种第六感觉的现实性和必要性,于是就有了他们如下的论点:

第一,他们认为,愉快或不愉快的感觉,对我们的心灵来说是被动接受的。有的事物给我们心灵以愉快的感觉,有的又会使我们不快。我们意志的全部力量是尽力追求第一类事物,而躲避第二类事物。我们喜欢愉快的事物,讨厌不快的事物,这是我们天生的素质。这种素质有时候也会因人而异。

第二,这样一种事物在世界上是不存在的,它使我们的心灵激动却没有因此产生或多或少的愉快或不快的感觉。一个图形、一座建筑物或者一幅画、一部音乐作品、一个行动或者一种表情、一篇演说,所有这些事物都会在某种程度上给予我们的心灵以愉快或者不快的感觉。由于我们对当时情形的潜思默想,愉快或者不快的感觉就自然而生。这种印象是由于人们注意到对象的井然有序或杂乱无章、整齐规则或缺乏对称、刻意模仿或形状怪异,而不是孤立地观察颜色、声音、广狭而得出的简单概念。

第三,这一点肯定了之后,哈奇生先生说,我把人心灵中那些决定一个人在观察某些形状和考虑某些概念时能产生快感或恶感的因素,称为内在感官。同时,为了区别这种内在感官和那些称作

---

① 哈奇生(1694—1747),英国哲学家。——译者注

内在感官的肉体官能,我把能从整齐、条理以及和谐里识别美的那种官能,称为美的内在感官;把能赞许理性和有品德的行动者的感情、行动和性格的官能,称为善的内在感官。

第四,既然除白痴外,所有正常人心灵中都具有对其观察的这些事物和概念会产生快感或恶感的因素,那么就不必再去探讨美到底是什么。因为人的这种美感效能是先天的,他们总会一致地在对象中发现美,就如同在靠近烈火时会感到灼痛,在饥肠辘辘时会感到需要进食(虽然他们有各式各样的口味)一样的普遍。

第五,我们一生下来,我们的外部感官便开始起作用,把外在对象的感觉传达给自己,大概就是这个原因,使我们相信这些外部感官是先天的。但我称为内在感官或美的和善的内在感官的对象,并不很早就能在我们的脑海呈现。小孩子要经过一段时间,才会对比例、相似、对称以及感情和性格等进行思考,或者至少表现出某种思考的迹象;他们要略迟一些才会认识到那些能引起兴趣和有内心厌恶之感的东西;正因为如此,有人才推测那些我称之为美的和善的内在感官的官能,是来自训练和教育的结果。但不管人们对德行和美观是什么样的概念,一件有品位的或善的事物,很自然地会引起大家的赞同和快感,就如同佳肴自然是我们食欲的对象一样。美的和善的内在感官的官能呈现的迟早,这又有什么关系呢?如果我们的感官能逐渐地发展起来,这些感官的作用是毋庸置疑的。经过一定的时候并加上一定的训练,我们的肉眼才能察觉或看见事物的颜色和形体,或两个人不能以同样的方式去察觉这些事物的颜色和形状,难道我们就会认为这些可见的事物其实是没有颜色和形状吗?

第六,所谓感觉是指外界事物刺激我们各种器官,在我们的心灵中激发起来的一种感受。两种不同的感觉来自不同的感官,比如视觉和听觉。视觉是指给予我们各种颜色概念的官能,听觉是指给予我们各种声音概念的官能。不管各种颜色彼此如何有区别,各种声音彼此如何不同,所有的颜色都与同一个感官有关,所有的声音也都同属于另一个感官的范畴;似乎我们每一种感官都有各自的官能。把上述看法应用于善与美,情形也正是这样。

第七,主张内在感官说的人,把美理解为某种事物在我们内心形成的概念,把美的内在感官理解为我们接受这种概念的官能;他们观察到禽兽也有类似我们外部感官的官能,甚至这种官能有的比我们更加发达;但没有任何迹象说明,禽兽具有这里所描绘的那种感官,因为一个生物尽可以具有和我们一样的外部感觉,但它决不会注意到事物的相似和彼此的关系,即使能辨别这种关系,也不会感到有多大的愉快。形象、形式等概念本身和快感是有区别的,在没有考虑到比例、也看不到比例的地方,快感可能还是存在的;但有时非常注意秩序和比例时,快感则可能不产生。我们把在我们身上起作用而又不知其所以然的这种官能,就叫作内在感官。

第八,内在感官的定义主要是指官能与其他官能的关系。这种关系基于内在感官使我们感受到的快感不同于对本原的认识。对本原的认识,可以增加或减少快感,就文中这种认识本身并不是快感,也不是产生快感的原因。此种内在感官自有必然的快感,因为不管企图作出如何的解释,一件事物的美与丑对我们来说是不会不变的。一件使人讨厌的事物即使对人有用,我们也不会觉得它因此就美;一件美的事物,即使有害,我们也不会觉得它因此就丑。即使你答应把世界上的一切都给我们作为条件,或再加上最可怕的恫吓,企图迫使我们把丑看成美,把美看作丑,你也不能改变我们的感觉和内在感官的判断;我们可以按你的意愿说出褒贬,但内在感官却无法收买。

第九，由此说来，似乎某些事物本身就是美所产生快感的直接原因，似乎我们具有专门品味这种快感的官能；似乎这种快感是属于个人行为性质的，似乎它们和人们的利益就毫不相关。的确，弃实利而择美的实例，在我们的生活中是很多的。这种慷慨的偏好，在最普通的人中间也屡见不鲜。一个正直的手艺人，宁愿醉心于自己精心制作的杰作，哪怕这个杰作使他破产，他也不愿意去制作一件次品为他牟利。

第十，当人们只用实用的眼光观察事物，而不掺杂其他特殊的感情或某种不同于悟性与意志的官能的微妙作用，那么人们赏识一幢房子就只因为它具有实用价值，赏识一座花园仅是因为花园的土地肥沃，赏识一件服装只是因为它穿起来舒服。但这样狭隘地去欣赏事物，连小孩和野蛮人都不会做的，因为人的内在感官总要行使它的权力：它可能会把目标搞错，但快感并不会因此而不真实。一种严厉的并敌视美感的哲学，主张捣毁塑像、掀倒碑柱、化宫殿为陋室、变花园为丛林，但这些主张的哲学家们不会因此而感觉不到这些事物的真正的美，因为内在感官一定会反抗他们的这种愚蠢的行为，他们可以自夸的仅仅是"勇敢"而已。

哈奇生及其信徒们就这样说明美的内在感官的必要性，但他们给予的只是美的快感具有的某种隐秘性和不可捉摸性。这种快感似乎与人们对于对象的关系和人们的认识不相干，也没有丝毫实用的念头，它激励人们的心灵，使人们不为威逼利诱所动摇。

另外，这些哲学家们在把事物的绝对美和相对美区分开来。他们并不认为绝对美是事物固有的，是与人的心灵毫无关系的东西。根据他们的说法，美就如同其他表示感觉概念的名词一样，指的是精神的一种感觉，有如冷、热、甜、苦一样。如果一个人的头脑里不具备美的感官，他要来识别事物的美，对事物的美感何以产生呢？就这样，他们把绝对美仅仅理解为他们承认存在于某些事物之中的那种美，而并不把自然事物和任何外物相比较，即使这些事物就是那些外物的仿制品或复制品。他们说，这就是我们在自然物，在某些人为的形式，以及在各种形、体和面上所看到的美。至于相对美，他们理解为人们在某些事物的仿制品和影像的事物中所看到的那种美。这样，他们区分绝对美和相对美与其说是根据事物，不如说是根据美在人们心里所引起的快感的各种源泉；因此，可以这样说，绝对美中包含相对美，相对美中也包含绝对美。

（璐甫译）

对自然的解释

> 从黑暗中
> 我们能看到那在光明中的事物
> ——路克莱兹:《论事物本性》第六卷

一

我要写到的是自然。我将让这些思想就照着对象在我思考中呈现的次序,在我笔下接连出现;因为它们这样只会更好地表现出我的精神的运动和进程。这些思想,将或者是关于实验技术的一些一般观点,或者是关于一种现象的一些特殊观点,这种现象似乎占据了我们的一切哲学家,并且把他们分成了两类。有一些,在我看来是有很多的仪器而很少有观念的;另一些则有很多观念而根本没有仪器。真理的利益将要求那些思考的人最终肯和那些行动的人结合起来,以便使思辨的人免于从事运动;使操作的人在他所从事的无限运动中有一个目标;使我们的一切努力彼此联合起来并且同时被导向对付自然的抵抗;以及使得在这种哲学的联盟中,每人都充当一个适合于他的角色。

二

有一条在我们今天以最大的勇气和力量被宣示出来的真理①,是一个好的物理学家②所决不会忘记,并且一定会有最有利的结果的。这就是:数学家们的领域是一个理智的世界,其中为人们看作严格真理的东西,当它们一被拿到我们的地球上来时,就绝对失去这种好处了。人们曾由此得出结论说:应该由实验的哲学,来改正几何学的计算;而这一结论甚至曾为几何学家们所承认。但以实验来改正几何学家的计算有什么好处呢?坚持实验的结果岂不是更简捷些吗?从实验结果中人们看到:各种数学,尤其是超越感性范围的高等数学,没有实验是根本不能导致任何精确的东西的;这是一种一般的形而上学,其中物体都被剥夺了它们的个体性质;并且余下的将至少可以做成一本大著作,或可叫作"实验在几何学上的应用",或"度量误差论"。

三

我不知道在赌博的机灵和数学的天才之间是否有某种关系,但在一种赌博和数学之间是有很大关系的。除开一方面由运气所给予的不确定性不管,或者把这和另一方面由抽象性所给予的不精确性相比,有一部分赌博是可以被看作一个不定系列的、要按照已知条件加以解决的问题的。没有一个数学问题不能适用这同一

---

① 参看《一般的及特殊的自然史》(毕丰及道彭顿著),第一卷,第一讲。(狄德罗原注)
② 狄德罗所用"物理学"或"物理学家"的名词,有时是广义地指全部自然科学或自然科学家,有时则即指狭义的"物理学"或"物理学家"。此处采用广义。——译者注

定义的,并且数学家的"东西"也和赌博者的东西同等地在自然中不存在。不论是这方面和那方面的,都是一种由人约定的事。当几何学家骂形而上学者时,他们绝不会想到他们自己的全部学问也只是一种形而上学。有一天有人问道:什么是形而上学者?一位几何学家回答道:"这就是一个毫无所知的人。"化学家、物理学家、博物学家,以及一切从事实验技术的人,在他们的判断中也一样地过于愤激,这在我看来几乎是在为形而上学报仇,而把同样的定义用之于几何学家身上了。他们说:所有这些关于天体的高深理论,所有这些理论天文学的巨大的计算,如果仍不免要柏莱德烈①或勒蒙尼叶②来观察天空,那到底有什么用呢?而我说,有福的是这样的几何学家:在他,一种穷尽了一切抽象科学的研究也一点不会减弱他对艺术的趣味;对他,贺拉西与塔西佗将同牛顿一样熟习;他知道发现一条曲线的性质,也能感受一个诗人的美;他的精神和作品将属于一切时代,并且将获得一切学院的荣誉!他决不会看到自己已跌进黑暗之中,他将根本不用怕身未死而名先灭③。

四

我们正到达科学上一个大革命的阶段。由于我觉得人心似乎都倾向于道德学、文艺、博物及实验物理学,我几乎敢于断定,不用再过一百年,在欧洲将数不出三个大几何学家。这门科学将停止

---

① 柏莱德烈(1692—1762),英国天文学家,曾测量了金星的直径,并且由于发现了"光行差"的现象,他第一个给地球绕太阳转动以充分的证明;1747年他又发现了地轴的转动。——译者注
② 勒蒙尼叶(1715—1799),法国天文学家,曾参与"百科全书"的工作。——译者注
③ 显然系暗指达朗贝。——译者注

于贝努义们、欧拉们、莫柏都依们、克莱罗们、拉·丰丹们、达朗贝们及拉·格朗日们①所达到的地步。他们将树立起赫拉居利的界柱,人们将再不会出此范围了。他们的作品将在未来的若干世纪中存在,就像埃及的金字塔一样,其中刻着象形文字的大石块使得我们对建造它们的人的力量和才能有一个惊人的观念。

五

当一门科学刚开始产生时,由于社会上人们对发明家表示极度的敬仰,渴想亲自认识一种轰动一时的东西,希望以某种发现来出名,以及抱着同著名人物分享一种头衔的野心,于是一切人的心都转到这方面来了。在这一时刻,这门科学有无数各种不同性格的人物来研究它。这些人或者是些苦于无事可做的时髦人物;或者是些反复无常的人物,他们为了一门时髦科学而丢掉其他科学,想在这门科学中来获取他们在其他科学中所求而不得的名誉;有些是把这当作一种职业;另外一些是为趣味所驱使。这样许多人的努力联合起来,也就相当迅速地使这门科学发展到了它所能达到的地步。可是,随着它的界限的扩大,敬仰的程度却日益缩小了,人家就只对那些以巨大优点出名的人还有敬仰,于是这个人群就缩小了。一个发财已变得又稀罕又困难的国度,人家也就不再去了。这门科学也就只剩下一些靠此赚饭吃的雇佣;以及若干有天才的人,他们在这一阵风过去以后仍旧能出名很长一段时期,并且是明知他们工作的无用的,人家永远把这些工作看作是给予人

---

① 丹尼尔·贝努义(1700—1782),让·贝努义(1710—1790),欧拉(1707—1783),莫柏都依(1713—1765),克莱罗(1713—1765),拉·丰丹(1705?—1771),达朗贝(1717—1783),拉·格朗日(1736—1813),以上均系名数学家。**按**:1753 年及 1754 年版无"及拉·格朗日们"等字。——译者注

类以光荣的惊人的功业。这就是几何学的简要历史,也是一切将不再能教人什么或讨人喜欢的科学的简要历史。我甚至认为博物学也并不例外。

六

当我们把自然现象的无限繁多,同我们理解力的局限性及我们器官的拙劣相比时,则除了我们工作的迟缓、我们工作的长久并且时常的中断、创造天才的难得,除了那联结一切事物的大链条的若干不相连续的片断之外,我们又还能期待什么呢?……即使实验哲学将世世代代工作下去,以致它所聚集起来的材料,最终将多得变成超乎一切组合的数目字之外,也还是离精确的全部列举很远。如果这些现象都被我们认识了,那么要把我们用来指示各种不同部类现象的单独名词都包括进去,岂不是得多少册书?哲学的语言什么时候才能完全呢?当它完全了的时候,人们中又有谁能懂得它呢?如果上帝为了要比以自然界的奇迹更明白地显示他的全能,竟肯在他亲手着笔的纸张上把宇宙的构造申述出来,你相信对我们来说,这本大书会比宇宙本身容易了解吗?这位哲学家,以他所禀赋的全部脑力还靠不住,只是抓住了一位古代几何学家用以确定球形和圆柱形关系的那些结论,他会懂得这本大书中的多少页呢?在这些篇页中,我们将得到一种测定精神能力范围的相当好的尺度,以及对我们的虚夸的更好得多的讽刺。我们将可以说:费尔玛①达到某页为止;阿基米德又曾到了再多几页。那么什么是我们的目标呢?是要做一件永不能完成的,将是远超乎人类智力之上的工作。我们岂不是比那些塞那尔平原的最初居民更

---

① 费尔玛(1601—1665),法国大数学家。——译者注

傻吗?我们知道从地上到天上有无限的距离,然而我们还是在建塔。但就得猜想,有一天我们泄了气的骄傲不会放弃这工作吗?从哪里看出它在这地上住得太狭窄和太不舒服,就固执地要在大气之外建造一座不能住的宫殿呢?即使它这样固执,就不会为语言的混乱所阻止吗?这种混乱在博物学中只是太显著,并且太令人讨厌了。此外,"效用"为一切划定了界限。"效用"将在若干世纪之后给实验物理学划定界限,正如它现在已差不多为几何学划定了界限一样。我给予这一研究若干世纪,因为它的用处的范围比任何抽象的科学都更无限、更广阔,并且它毫无异议地是我们真正知识的基础。

七

当事物仅仅是在我们的理智中时,这是我们的意见,这是一些概念,它们可能是真的,也可能是假的,可能被认可,也可能被反对。它们只有在和外界的东西联系起来时才成为坚实可靠。造成这种联系的,或者是一串以许多实验连成的不断的锁链,或者是一串以许多推理连成的不断的锁链,这锁链一端连着观察,而另一端连着实验;或者是一串以许多实验到处分布在许多推理之中而造成的锁链,就像一些重物悬挂在一条两端系着的线上一样。若没有这些重物,那么空气中一有极小的振动那根线就会摇动起来了。

八

我们可以把自然中没有任何基础的概念,比之于北方的森林,其中的树木都是没有根的一样。只要一阵风或一件轻微的事实,就能把整个树木的森林及观念的森林推倒了。

九

人们几乎很难感觉到搜求真理的法则是多么严格,而我们的方法数目是多么有限。一切都归结到从感觉回到思考,又从思考回到感觉:不停地重新进入自己里面去,又从里面出来,这是一种蜜蜂的工作。如果你不重新进入装着蜡的蜂房里面去,你就白白地跑了许多地方;如果你不知道把这些蜡做成蜂巢,你就白白聚集了许多无用的蜡了。

十

但不幸的是,查问自己比查问自然更容易更简捷。同样,理性总是倾向于停留在它自身之中,而本能则倾向于四外散布。本能总是不停地观看、尝味、接触、聆听;而在研究动物之中也许比听一位教授的课有更多的实验物理学可以学。在动物的行为中根本没有欺骗手段。它们趋向它们的目标,而毫不顾虑它们周围的东西;如果它们使我们惊讶了,这根本也不是它们的意向。惊奇是一个伟大现象的第一个效果:这是要哲学来消除它的。在一个实验的哲学课程中所要做的,是要使它的听众更多受教,而不是使他更加惊愕。以自然的现象自豪,好像自己是这些现象的创作者一样,这是模仿一个编纂"试笔"的人的蠢事,这个编者无法听到蒙田的名字而不脸红。人常常有机会提供的一个伟大的教训,就是承认自己的不足。老老实实地说一声"我对这点什么也不知道",以取得旁人的信任,比之勉强想解释一切,弄得呐呐不能出口,使自己显出一副可怜相,不是要好得多吗?一个人对他所不知道的就爽爽快快直说他不知道,倒使我容易相信他企图要向我说明的东西。

十一

惊讶常常来自这样的情形,就是:在那其实只有一件奇事的地方,人们假定它有好多件;亦即来自这样的情形,就是:人们以为在自然中人们数到多少个现象就有多少个特殊的事件,而其实自然也许从来就只产生过一个单独的事件。甚至似乎是这样:如果自然必须产生好多个事件,则这些事件的不同结果也将是彼此孤立的;将有许多组彼此独立不倚的现象,并且哲学假定为连续不断的这一普遍的锁链,也将在好些地方断了。一个单独事实的绝对独立是和全体的观念不相容的;而没有全体的观念,也就没有哲学了。

十二

自然似乎喜欢以无数不同的方式来变化同一机构①。它只是在以一切可能的面貌滋生了无数个体以后,才放弃了一个产品的品种。当我们来考察一下动物界,而看到在四足动物中没有一种是没有一些机能和部分,尤其是内部的机能和部分,完全和另一种四足动物相似时,我们岂不是很情愿相信,自古以来就只有一个最初的动物,是一切动物的原形,自然只是把它的某些器官拉长一下,缩短一下,形状改变一下,数目增多一些,或磨灭掉一些吗?试想手的五指若并到了一起,而那些构成指甲的东西是那样多,一直扩大膨胀到把整个都包起来、盖起来;这样你所有的就不是一只人

---

① 参看《自然史》中"驴的历史";还有一个小的拉丁文作品,名叫 Dissertatio inauguralis metaphysica de universali naturae systemate, pro gradu doctoris habitu,1751 年在爱尔兰印行,1753 年由 M 先生(莫柏都依)带到法国。(狄德罗原注)

的手,而是一只马的蹄了①。当我们看到不管怎样的一种原形的外貌继续不断变化,使一个"界"以不可感觉的程度接近另一"界",并且使这两"界"的"边境"(如果可以容许用"边境"这个名词的话,这里其实是并无实在的划分的)住满了,我说使这两"界"的"边境""住满了"一些不确定的、模棱两可的东西,大部分被剥夺了这一"界"的形状、性质及机能,而披上了另一"界"的形状、性质及机能,谁不会感觉自己被引到相信自然就只有一个东西,是一切东西的原形呢?但是,不论对这一哲学的猜测是跟包曼博士②那样承认为真的,或跟毕丰先生一样摈斥为假的,人们将不否认不应该把它当作对实验物理学的进步,对理性的哲学的进步,对有关有机组织的现象的发现和解释是必需的假设。因为很显然,自然不能在各部分中保持这样的相似,并且在各种形状方面造成这样的变化多端,而不常使那种它在另一种有机体中掩藏起来的东西,在这种有机体中显露出来。这好比一个喜欢变换新装的女人,她的各式各样不同的服装,有时让这一部分露了出来,有时又让另外一部分露了出来,这样就给那些跟踪她的人某种希望,希望有一天可以认识她的全貌。

十三

人们已发现了在两性之中有同样的精液,包含这种液体的部位已不再是秘密了。人们看到了当自然强烈地迫使一个女性找男

---

① 见道彭顿先生著《一般的及特殊的自然史》第四卷"马的描述"。(狄德罗原注)

② 这是莫柏都依在上面狄德罗原注中所引"论文"上用的假名。狄德罗在本书第50节中将发挥并讨论莫柏都依的论点。这里他只取了其中关于物种进化的假设。莫柏都依把他的假设扩充到植物和矿物方面,曾提到一些如狄德罗所说的"不确定的"东西,如"水螅,蛔虫"之类。——译者注

性时,忽然来到女性某些器官中的那些奇怪的强烈的性欲①。在性的接触中,当我们来比较一下一方面快感的征象和另一方面快感的征象,由于看到两方面同等地具有特征性的、清楚的、引起脉搏跳动的昂奋状态,确定两方面的性欲都已得到满足时,我们不能怀疑是一样有相似的精液流出的。但在女人方面是在哪里并且怎样流出的呢? 这液体变成了什么? 它是循着什么道路流出的? 这只有当自然——它并不是在一切方面同等地神秘的——在另外一个物种中揭示出来时,我们才会知道,这似乎将以这样两种方式之一发生:或者是那些形状在器官中将更加明显;或者是这种液体的流出,以其异常的丰富,将在它开始流出的地方以及在流出的整个路途中都变得显而易见。凡是我们在一个东西中已经清楚地看到的,不久也会在另一个相似的东西中显现出来。在实验物理学中,我们学会在大的现象中看出小的现象;同样在理论物理学中,我们也学会在小的物体中认识大的物体。

十四

我把科学的广阔园地,看作是一个广大的原野,其中散布着一些黑暗的地方和一些光明的地方。我们工作的目的,应该是或者扩大光明地方的界限,或者在原野中增加光亮的中心。一种是属于创造型的天才的事,另一种则要有使事情日趋完善的聪明智慧。

十五

我们有三种主要的方法:对自然的观察、思考和实验。观察搜集事实,思考把它们组合起来,实验则来证实组合的结果。对自

---

① 参看《一般的及特殊的自然史》中"谈生殖"部分。(狄德罗原注)

然的观察应该是专注的,思考应该是深刻的,实验则应该是精确的。人们很难看到这些方法都结合起来。同样地,创造型的天才也不是寻常的。

十六

哲学家看到真理常常只如拙劣的政治家看到机会一样,从光秃的一面看,他肯定说要抓住它是不可能的;而正在这时候,那行动者的手却碰巧就放到了那有头发的一面。可是必须承认在这些实验的行动者之中,有一些是很不幸的:其中有一位用了他毕生的精力来观察昆虫,但什么新的也没有看到;而另一位只是顺便看了一眼,却看到了水螅[①]或雌雄同体的木虱[②]。

十七

是宇宙间缺少天才人物吗?根本不是。是他们缺乏深思熟虑及研究吗?更不是。科学的历史上充满了著名的名字,地球的表面盖满了我们工作的纪念碑。那么为什么我们只有这样少的确实的知识呢?是由于什么样的宿命,科学只有这样少的进展呢?难道我们就命定了永远只能是小孩子吗?我已经宣布过对这些问题的答案了。抽象科学占据最优秀的心灵时间太长而结果太少了;或者是人们根本没有研究那有必要知道的东西,或者是人们在他的研究中既没有选择,也没有观点,也没有方法;文字是无穷无尽地增加了,而对于事物的知识却仍旧是那样落后。

---

① 这是指特朗勃莱在1740年偶然发现了水螅。——译者注
② 是指刘文荷克(1632—1723)在1695年至1700年间在显微镜下发现了木虱的胎生现象,据他说,木虱是"没有和雄的交接而生出小木虱来的"。——译者注

十八

研究哲学的真正的方式,过去和将来都是应用理智于理智;应用理智及实验于感觉;应用感觉于自然;应用自然于工具的探求;应用工具于技术的研究及完善化,而且这些技术将被掷给人民,好教人民尊敬哲学。

十九

要使哲学在俗人眼中成为真正可尊重的,只有一个唯一的方法:这就是为他指出哲学伴随着效用。俗人永远总是问:"这有什么用?"决不要使自己处于不得不回答他说"毫无用处"的境况;他不知道那使哲学家明白的和那对俗人有用的是两种极不相同的东西,因为哲学家的理智是常常为有害的东西所弄明白的,而为那有用的东西所弄糊涂的。

二十

事实上,不管它们具有什么性质,总是哲学家的真正财富。但理性哲学有一个偏见,就是认为那不知道数自己的钱的人,将几乎丝毫不比那只有一块钱的人更富。不幸的是,理性哲学在把它所占有的事实加以对照比较和联系方面所做的事情,比在搜集新的事实方面所做的事情多得多。

二十一

搜集事实和把事实联系起来,是两件很艰苦的事情,因此哲学家们对这两件事情就作了分工。有一些人毕生从事于聚集材料,这些人是有用的、劳苦的工匠;另外一些人是骄傲的建筑师,专门忙于让人动手来操作。但时间已推翻了理性哲学直到今天所建筑起来的几乎所有的建筑物。那满身灰尘的工匠,从他在盲目挖掘着的地下,迟早会给这用脑力竖立起来的建筑带来致命的一下,它就倒塌了;而只剩下一些乱七八糟的材料,直到另外一个冒失鬼又企图来给它作一新的组合。对于建立体系的哲学家,自然也将如过去对伊壁鸠鲁、路克莱兹、亚里士多德、柏拉图一样,给予一种很强的想象力,一种很好的口才,一种以动人的、卓越的形象来表现自己的观念的技术,这样的哲学家多么幸福啊!他所建立的建筑物有一天可能倒下;但他的塑像将在废墟中仍然屹立着;而从山上滚下来的石头也不会砸碎它,因为它的脚并不是土做的。

二十二

理智有它的偏见,感觉有它的不定性,记忆有它的限制,想象有它的朦胧处,工具有它的不完善处。现象是无限的,原因是隐蔽的,形式也许是变化无常的。我们只是处在许多障碍的前面,并且自然又从外面来和我们对立,一种实验又很迟缓,一种思考又很受限制。哲学想用来推动世界的就是这样一些杠杆。

二十三

我们曾区别了两种哲学:实验的和理性的。一种是绑着眼睛的,永远在摸索着前进,抓住一切落到它手上的东西,而最后碰到了一些贵重的东西。另外一种聚集了这些贵重的材料,并从事于把它们做成一个火炬;但这所谓的火炬,直到今天对它的用处,比摸索对它的对手的用处却小些,而这也是应该如此。实验把它的运动增加到无限;它是不停地在行动中的;实验把理性用来寻找类比的全部时间都放在寻找现象上。实验的哲学既不知道从它的工作中什么东西将要出来,也不知道什么东西将不会出来;但它总是毫不懈怠地工作着。反之,理性的哲学权衡着各种可能性,一作出宣告就立刻停止了。它大胆地说:光是不能分析的,实验的哲学倾听着它,并且在整整几个世纪中都在它面前沉默不语;然后突然一下指着那分光的三棱镜[①],并且说:光被分析开了。

二十四

实验物理学纲要

实验物理学一般研究存在、性质及运用。

"存在"包括历史、性状、生成、保存及毁坏。

历史是关于经历、加入、排出、代价、预兆等……

性状是关于内部及外部一切显见性质的描写。

生成是从最初的本原直到完善的状态。

保存是关于固定在这一状态的一切方法。

毁坏是从完善的状态起直到分散或萎败、分解或消溶的所知的最后程度。

"性质"是一般的或特殊的。

那些为一切东西所共同的,并且只在量上变化的性质我称之为一般的。

那些构成这样一个东西的性质,我称之为特殊的;这些特殊的性质或者属于实体全部,或者属于分开的或分解的实体。

"运用"扩充到比较、应用及组合。

---

① 大家知道,这一伟大发现是牛顿作的。——译者注

比较或者是以相类似的来作,或者是以不同的来作。

应用应该是尽可能最广泛并且最多样的。

组合是相类的组合或者是奇怪的组合。

二十五

我说相类的或者奇怪的,因为在自然中一切都有它的结果,最荒唐的实验是如此,最合理的实验也是如此。实验的哲学,并不对自己提议什么,是永远满意于来到它这里的东西的;理性的哲学是永远什么都知道了的,甚至当它对自己提议的东西并不来到它那里时也是这样。

二十六

实验的哲学是一种纯朴的研究,它几乎不要求心灵有任何的准备。我们对哲学的其他一些部门是不能这样说的。大部分哲学部门增长我们猜测的癖好。实验的哲学则长久地压制着这种癖好。人们迟早会讨厌拙劣的猜测。

二十七

观察的兴趣是在一切人身上都可以引起的;实验的兴趣则似乎应该只有在富人身上才能引起。

观察只要求一种感觉的惯常运用;实验则要求有源源不绝的费用。似乎可以希望那些大人物们,在他们所想出来的其他不那么昂贵的、倾家荡产的许多方法之外,再加上这一种方法,就全盘好好考虑一下。那么他们与其被那些经纪人剥夺了财产,倒不如被一位化学家弄穷;与其被那种他们不断地追求而总是得不到手的快乐的魔影所扰乱,倒不如被那种有时也可使他们愉快的实验物理学弄得昏头昏脑。对那些财产有限,而自己感觉到想从事实验物理学的哲学家,我也很愿意给他一种劝告,就像我的朋友为一个美丽的妓女的快乐所诱惑时我给他的劝告一样:

　　你就占有莱依丝(妓女名)吧,只要你不为她所占有①。

　　对那些心胸相当广阔,足以想出一些系统,并且足够豪富,可以用实验来证实这些系统的人,我也将给他们这一劝告:你就有一个系统吧,我同意这一点;但不要让它支配了你:"你就占有莱依丝吧。"

二十八

　　实验的物理学,在它好的效果方面,可以比之于那位父亲的劝告,他在临终时对他的孩子们说,在他的田地里埋着一个宝藏,但他不知道在什么地点。他的孩子们就来掘地,他们并没有发现他们所寻找的那个宝藏,但他们在那一季里获得了一次出乎他们意料的大丰收。

二十九

　　下一年,这些孩子中有一个对他的兄弟们说:我已经仔细地考察过我们父亲留给我们的那块地,而我想我已发现了宝藏的地点。听,我是怎样推论的。如果宝藏是埋在地里,那么在地的界墙内应该有某些标志着地点的记号;而我看到在向东的角上有一些特别的痕迹,那里的土似乎是动过的。由我们去年的工作可以确

---

①　这是亚里斯底柏的话。——译者注

信,那宝藏绝不是在地表面的,那么它一定是藏在地中心。让我们不停地掘,一直挖到我们拿到这吝啬鬼的窖藏为止。所有这些兄弟,与其说被这推理的力量所吸引,倒不如说被对财富的欲望所吸引,而动手来工作。他们已经挖得很深而丝毫没有发现什么,正开始要抛弃希望并且开始听到不满的嘀咕了,他们之中有一个忽然看见有些碎片在闪闪发光,就想到是发现了一个矿藏。实际上,这是一个古时曾开采过的铅矿,于是他们就来开采,并且获得很丰富的产物。由观察及理性哲学的系统观念所提示的实验结果,有时就是这样。那些化学家和几何学家也是如此,他们在固执地要解决一些也许不可能解决的问题时,常得到一些比这问题的解决更重要的发现。

三十

做实验的长久习惯使那些最粗糙的操作者也有一种有灵感性质的预感。这全在于他们和苏格拉底那样自己骗自己,而且把它叫作"守护神"。苏格拉底有一个考察人及衡量环境的很奇异的习惯,以致在最微妙的境遇中,他能秘密地在自己心中作一种敏捷而正确的组合,随即作出一种猜度,所猜的事情总是差不离。他判断人正如有鉴赏能力的人判断精心的作品一样,是凭感觉。在实验物理学中也是一样,我们那些实验的巨匠是凭本能的。他们曾经常这样切近地看到过动作中的自然,以致他们能相当精确地猜到他们以最奇怪的试验想来挑动它时,它可能遵循的过程。因此他们要给那些由他们传授来从事实验哲学的人们的最重要的帮助,与其说是教他们实验的方法、程序及结果,倒不如说是传给他们这种猜测的智能,凭这种智能,人们可以说远远地就嗅到一些未知的方法、一些新的实验、一些不知道的结果。

三十一

这种智能是怎样传授的呢？这需要具有这种智能的人亲自下去清楚地认识它是什么，用可以理解的明白的概念来代替那"守护神"，并且把这些概念向别人发挥出来。例如，假使他发现了设想对立或相似，或者觉察对立或相似，乃是一种方便，而这种方便的根源，是在于当单独考量事物时，对事物的物理性质有一种实践认识，或者当把事物联系起来考量时，对事物彼此交互的效果有一种实践认识——于是他就扩充了这一观念；他将依靠在他记忆中呈现出来的无限的事实；这将是关于曾在他头脑中经过的一切显得杂乱无章的东西的忠实历史。我说杂乱无章；因为对这一串基于这样一些对立或相似的猜测，还能给什么别的名称呢？这些对立或相似是这样远，这样不可知觉，以致一个病人的幻梦也既不会显得更奇怪，也不会显得更不连贯。有时没有一个命题是不能反驳的，或者这命题本身就可以反驳，或者是在它和在它之前或在它之后的命题的联系中可以反驳。这是一个不论在其假设的前提及其推论的结果中都这样脆弱不可靠的整体，以致人常常不屑对从这里推论出来的结果进行观察或实验。例如：

三十二

第一组猜测

（1）有一种物体叫作"鬼胎"。这种奇特的物体生在女人体内；而据有些人说，是没有男人合作的。生殖的神秘不论是以什么方式完成，总一定是有两性在其中合作的。这种"鬼胎"就不会是一种聚集：或者是在与男人交合时从女人身上流出的所有元素的聚集，或者是在男人与女人的各种不同的接触中从男人身上流出的所有元素的聚集吗？这些元素，在男人体中本来是安静的，而流到并且停留在某些性情热烈、想象强烈的女人体中，就不会在那里烧热、激发，并且活动起来吗？这些元素，在女人体中本来是安静的，而或者由于男人的枯燥与无用，以及不会使人怀孕的和纯粹性欲的运动，或者由于女人的粗暴及对引起的欲望的勉强压制，就不会活动起来，从它们原来储存的地方出来，而到达子宫之中，停留在那里，并且在那里自行组合起来吗？这种"鬼胎"就不会是这种或者从女人体内流出的元素，或者是由男人所供给的元素单独组合的结果吗？但如果这种"鬼胎"是如我所假定的那样一种组合的结果，那么这种组合将也同样有和生殖的法则一样不变的法则的。因此"鬼胎"将是一种固定不变的构造。让我们拿起解剖刀，把"鬼胎"打开，并且看一看，也许我们甚至会发现那些"鬼胎"会由于某些有关性别的痕迹而有所区别。这就是我们可称为从不知道的东西到知道得还很少的东西的方法。那些从自然中曾经获得或正在取得实验物理学的天才的人，就是以惊人的程度具有这种非理性的习惯；有许多的发现，就是靠诸如此类的梦想而得到的。要教给学生的就正是这一类料事如神的本领，如果这也可以教的话。

（2）但如果人们随着时间往前进展而发现了"鬼胎"是从来没有经男人的合作而在女人体内生出来的，这样，我们对这异常的物体就将可以作出以下一些新的猜测，比前面那些猜测偶然性要大得多。这一被称为"胎盘"的满布血管的组织，我们知道，是一个小圆帽形的，像一种菌子那样的东西，在整个妊娠期间，都以它的凸出部分和子宫相连着的，脐带则有如它的柄。在分娩的阵痛中，这胎盘和子宫脱离开来，而当一个妇女很健康，她的分娩也很顺利时，胎盘的表面是平的。假定这些东西，不论它们的生成或形体构造，也不论它们的用途，都从来只是物体的抵抗力、运动的法则及普遍的秩序所决定它们的那样。而如果发生这样的情况,就是这个小圆帽样的东西,它看起来只是黏贴在子宫上的,从妊娠一开始就一点一点地从边上脱开了,以致正好随着体积的增大,分离的程度也愈来愈大。这样我就曾想到,这些完全脱空无所依附的边,将永远靠拢来,并且要形成球形;而那脐带,被两种相反的力所拉着,一方面是那胎盘凸出的分离开的边要把脐带缩短些,而另外一方面是那胎儿的重量则要把脐带拉长些,这样,这脐带将比通常的情形短得多。而到了一个时候,这些脱开的边将完全连起来,而形成一种蛋一样的东西,在它的中心我们将看到一个构造奇特的胎儿,如生出来的那种怪胎那样,血管闭塞,缩成一团,并且像窒息了的样子。而这个蛋将依旧取得营养,直到它的重量终于使它表面还粘连着的一小部分也脱离开了,它就孤零零地落在子宫中,也像母鸡生蛋一样被排出体外,它和鸡蛋本来有某种类似,至少在形状上很相像。如果这些猜测在一个"鬼胎"中被证实了,然而又被证明这"鬼胎"之在女人体内生成,是并未和男人有任何接触的,那么显然可见这胎儿是在女人体内已经完全形成了的,而男人的行动只是协助其发展。

三十三

第二组猜测

假定地球有一个玻璃的硬核,如我们一位最伟大的哲学家所主张的那样①,并且这核外面覆盖着尘土,我们就可以肯定,由于离心力的法则结果,使游离的物体接近于赤道,并且使地球成为一个扁的球状。这种尘土在两极应该比在任何其他纬度都

---

① 指毕丰在其《关于地球的学说》中所说的。——译者注

薄,以致也许这核在其轴的两端就裸露出来,而磁针的方向及北极光的现象应该正是由于这种特点,这种北极光可能只是带电物质的流。

  磁和电很像是出于同样的原因。为什么这不会是地球的旋转运动,及构成地球的物质的能和月亮的行动结合的结果呢?潮汐、水流、风、光、地球的游离微粒的运动,也许甚至整个地球的外壳在其核上的运动等等,以无数的方式作着一种连续不断的摩擦;这些显然的并且不停地行动着的原因的结果,在许多世纪中,就造成了可观的产品:地球的核心是一大块玻璃;它的表面只是覆盖着一些玻璃磨损了的东西,一些砂和一些可以成为玻璃的物质;玻璃在一切物质中是最能由摩擦而生电的。为什么这地球的电的全部质量不会是所有这些,或者在地球表面,或者在它的核上所作的摩擦的结果呢?但从这一般的原因,应该推想可以凭某种试验引申出一种特殊的原因,这种原因将可以在两种巨大的现象——我是指北极光的位置和磁针的方向——之间建立一种磁和电之间一样的联系,这种磁和电之间的联系的存在,是人家已经以仅仅用电而使没有磁性的针成为磁针证明了的。人家可以承认也可以反对这些观念,因为它们还仅仅只在我的理智中有实在性。是要靠实验来给它们以更大的坚实可靠性,并且是要物理学家来想象出这些实验,经实验后或者把这些现象分开,或者终于确定了它们是相同的。

三十四

  第三组猜测
  在人们发电的地方,那种带电的物质散布出一种刺鼻的硫磺气味。对于这种性质,化学家们不是就有权插手了吗?为什么他们没有用他们手中所有的一切方法来试一试充满尽可能多的带电物质的液体呢？人们只是还不知道含电的水是否比单纯的水能使糖溶解得更快或更慢。我们的灶火能使某些物质，如炼过的铅，增加相当多的重量。如果电火经常用在正在锻炼中的金属上，就更增加这种效果，那么从这里不是可以得出电火和通常的火之间的一种新的类似之点吗？有人曾试验过这种异常的火是否会带给药剂某种性能，是否会使一种物质更有效验，一种单方更灵验；但人们不是把这些试验丢弃得太早了吗？为什么电就不会改变结晶体的形成和它们的性质呢？有多少猜测可凭想象来作出，并且用实验来证实或摧毁啊！请看以下的一节。

三十五

第四组猜测

大多数气象学中的现象：鬼火、蒸汽、陨星、天然的及人工的磷、霉烂及发光的木头，这些除了电之外还有别的原因吗？为什么人们不对这些磷来作些必要的实验来证实它呢？为什么人们不想到要来认识一下这空气是否也和玻璃一样本身是个带电的物体，就是说，只要摩擦及打击它就能发电的物体呢？谁知道空气中若充满了含硫的物质，是否就不会比纯粹的空气带电更多或更少呢？如果以一根与空气接触面很大的金属棒，在空气中很快地转动，将可发现空气是否带电以及这金属棒是否将从空气中受到电。如果在实验时我们燃烧硫磺及其他物质，我们将可认识什么是增加空气的带电的性质及什么是减少这种性质的。也许两极的冷空气比赤道的热空气更容易感染电；而因为冰是带电的而水则不带电，谁知道是否应该认为由于这些永久不化的大量冰块，集结在地极附近，并且也许在那两极比在别处更裸露的玻璃地核上运动，才有磁针的方向及北极光出现的这些现象呢？这两种现象似乎同样是由于电而起的。如我们在"第二组猜测"中所说到的那样。观察已经碰到了自然中一个最普遍最有力的能源；现在是要实验来发现它的结果了。

三十六

第五组猜测

（1）如果把乐器的一根弦绷紧，并且以一个轻的障碍物把弦分成不等的两部分，而使之不会阻碍其中一部分的振动与另一部分振动的交通，我们知道这一障碍物就决定了那较长的部分分成若干振动着的段，以至弦的两部分表现出一种和谐一致，并且较长部分的各段，每一段都是包括在两个不动的点之间的。既然物体的发声并不是其较长部分的分为各段的原因，而两部分的和谐一致仅仅是这种划分的一个结果，我就曾想过，如果以一根金属的棍棒来代替乐器的弦，并且用力击打这棍棒，它也就会在它的长度中形成若干像肚子一样鼓起来的波和若干波节，一切有弹性的物体，不论是不是能发声的，将都是这样。这种现象，人们以为是振动的弦所特有的，其实是在一切击打中都会以一种或强或弱的方式发生的，这是属于运动的传递的一般法则的。在被触动的物体中，有许多无限小的振动着的部分，以及许多无限地接近的节或不动的点，这些振动着的部分和这些节，就是当一个物体被触动以后——有时并没有移动位置，有时是在位置移动停止以后——我们在这物体中用触觉可以感觉到的那种颤动的原因。这一假定是符合下述这种颤动的性质的：就是被接触的物体，并不是与接触者的能感觉部分的全部表面相接触的整个表面都在颤动，而是以散布在被接触的物体表面的无数的点，在无数不动的点之间在振动着的。

很显然,在有弹性的连续的物体中,均匀地分布在全部质量中的惯性力,在任一点中起着对于另一点的一个小障碍物的作用。假定一条振动着的弦被击打的部分是无限地小,并因此振动的波也无限地小,波节也无限地接近,则我们就照着一个方向并且可以说仅仅在一条线上,有了在一个立体的物体被另一立体的物体所冲击时,在所有各方面所发生的情况的缩影了。振动着的弦被隔断部分的长度一经确定,就没有任何原因能够在另外的部分增加不动的点的数目了。既然不论敲击的力量有多大,这点的数目总是一样的,并且既然只有振动的速度在物体的冲击中有变化,那颤动将会较强或较弱;但不论冲击的力、物体的密度以及各部分的凝聚力有多大,振动的点和不动的点的数目的比例将是一样,并且这些物体中静止不动的物质的量也将是经常不变的。因此,几何学家要找出在一个被冲击的物体中运动分布的一般规律,只要把对振动着的弦的计算推广到角柱体上、球体上和圆柱体上就行了。这种规律是直到现在还远未经人寻求的,因为人们甚至不曾想到这种现象的存在,而相反地倒假定运动均匀一致地分布在全体之中。虽然在冲击中,颤动由感觉的道路指示出振动着的点分布在不动的点之间这种现象的实在性。我说在冲击中,因为好像在没有发生任何冲击的运动的传递中,一个物体就像最小的分子那样是被投掷出去的,并且运动是全体同时一致的,并且在所有这些情形中都是丝毫没有颤动的,这就使冲击的情形和别的情形有区别了。

(2) 依照力的分解的原理,我们总是可以把作用于一个物体的所有那些力还原到唯一的一个力:如果已知作用于一物体的力的量和方向,要决定由此而产生的运动,我们就发现这物体向前进,好像那力正经过重心;并且见它又绕重心旋转,好像这重心是固定的，而那力环绕着这重心起作用，正如环绕着一个支点一样。因此，如果有两个分子彼此互相吸引，它们将依照它们的引力、形状等等的法则而一个准备受另一个的处置。如果这有两个分子的系统吸引了一个和这系统彼此互相吸引的第三个分子，这三个分子也将依照它们的引力、形状等的法则而一些准备受另一些的处置，依此类推，还可以推到另外一些系统和另外一些分子。所有这一切将形成一个系统 A，在这系统中，不论那些分子是否彼此接触，是在运动着还是静止着，它们都将抵制一种倾向于扰乱它们的安排的力，而永远倾向于：或者如果那扰乱的力一停止，就回复到它们最初的秩序；或者如果那力继续发生作用，就相对于它们的引力、形状等等的法则以及那扰乱的力的作用来安排。这系统 A 就是我所谓的一个弹性的物体。在这一般的及抽象的意义之下，行星系统，宇宙也就只是一个弹性物体：混沌是不可能的，因为由于物质的原始性质，本质上就存在着一种秩序的。

（3）如果我们想着这系统 A 是在真空之中，它将是不可摧毁的，不可扰乱的，永恒的；如果我们假定它的各部分散布在广阔的空间中——正如那些性质，就像引力。当没有任何东西限制它们作用的范围时，就扩散到无限——这些部分，它们的形状将毫无变化，并且将为同样的力所激动的，将重新自行安排起来，正如它们曾被安排起来一样，并且将在空间的某一点和时间的某一顷刻，重新形成一个弹性的物体。

（4）如果我们假定这系统 A 是在宇宙之中，它将不是如此，其结果在这里也是一样必然的。但一种断然如此的原因的作用，在这里有时是不可能的，并且在宇宙的一般系统或弹性体中，组成成分的数目总是如此之大，以致我们不知道那些特殊的系统或弹性体原来是怎样的，也不知道它们将变成什么。因此，就不必以为引力在充满中构成我们这里所注意到的硬性和弹性,而物质的这一属性在"真空"中就足以构成这些性质,并且产生疏散、密集以及一切依存于此的现象,难道不是很显然的吗?那么为什么这属性就不会是我们一般的系统中的这些现象的最初原因呢?在这一般的系统中,有无限的原因制约着这种属性,并且使得在特殊的系统或弹性体中的这些现象的数量变化无穷。这样,一个折叠起来的弹性体,就只有当那使它的各部分向一个方向接近的原因,又这样使它们向相反的方向离开,以致它们再没有了以它们彼此的引力相互起的显著作用时,这弹性体才会断裂;一个被冲击的弹性体,也只有当它的好些振动着的分子在最初摇动时就被弄得离开与它们混杂起来的不动的分子,以致它们再没有了以它们彼此的引力相互起的显著作用时,这弹性体才会爆裂。如果这冲击猛烈到足以使那些振动着的分子全被弄得出了它们显著的引力范围之外,这物体就将还原为原来的那些成分了。但在这种一个物体所能经受的最强的冲撞和那只引起最微弱的颤动的冲撞之间,有一种或是实在的或是理想的冲撞。由于这种冲撞,物体的各个分离开了的成分,将不再彼此接触,而它们的系统并没有摧毁,它们的排列也并没有打散。我们将让读者自己去把同样的这些原理应用到密集、疏散等等之上去。我们在这里将仅只再指出一点,就是在由于冲击而起的运动的传递和没有冲击的运动的传递之间,是有区别的。未经冲击的一个物体的移动是它的所有各部分都同时一致地移动的,不论经由此道而传递的运动量有多大,即使它是无限的大,这物体也根本不会毁坏;它将继续是整个的,直到有一下冲击,使得它的若干部分在其他一些仍旧不动的部分之间动了起来,而其最初的振幅就有这么大,以致那些振动的部分不能再回到原来的地方,也不能再回到原来的排列系统为止。

(5) 前面所说的一切，其实都只是关于单纯的弹性体，即关于以同样的物质、同样的形状、为同等的力所激动并且依照同一引力法则而运动的微粒所构成的系统。但如果所有这些性质都是可变的，则结果将有无数混合的弹性体。所谓一个混合的弹性体，我是指一个由两个或好几个系统合成的系统，组成这些系统的是不同的物质，有不同的形状，为不同量的力所激动，并且也许甚至依照不同的引力法则而运动，其中一些微粒排列在另一些之间，依照一种所有各微粒所共有的法则，并且我们可以把这个法则看作是它们的相互作用的产物。如果我们以某些动作，能把其中一种排列好的物质的所有微粒驱除出去而使这合成的系统简单化，或者是引进一种新的物质而使这系统有更进一步的组合，使那新的物质的微粒排列在原系统的微粒之间，并且改变了所有微粒共同的法则；这样在这由微粒的不同排列而合成的系统中，其硬度、弹性、压缩性、疏散性及其他依存的性质，将会增加、减少等。铅是几乎没有硬度，也没有弹性的，如果我们把它融解，就是说，如果我们在构成铅的分子的合成系统中，安排进另外一个由空气、火等分子合成的、构成融解铅的系统，则它的硬度将更减低而其弹性则增加。

(6) 把这些观念应用到无数其他类似的现象上去，并以此做成一本巨著，将是很容易的。最难发现的一点将是：一个系统的那些部分，当它们排列在另一系统的各部分之间时，有时把一个排列着的其他部分的系统驱除出去而使这系统简单化，就像在某些化学作用中所发生的，这种现象是凭着什么样的机械作用而发生的。依照不同法则的引力似乎不足以说明这现象，而那种排斥的性质是很难承认的。请看事情可能是怎样的。假设有一个系统A，是由B、C两个系统合成，其中的分子是依照着为大家所共同的某种法则而一些排列在另一些之中。如果我们在这合成的系统 A 中引进另一系统 D,那么将发生以下两种情形之一：或者是系统 D 的诸微粒排列在系统 A 的各部分之间而并没有冲击。在这情形之下,这系统 A 将为 B、C、D 三个系统所合成,或者是系统 D 的诸微粒之排列在系统 A 的各微粒之间将伴随着冲击。如果冲击的情形是被冲击的微粒并不在最初的振动中被冲出它们引力的无限小范围之外,则在最初的片刻将有扰动或无限多的小的振动。但这扰动不久就将停止,那些微粒将自行排列起来,而从它们的排列中将得到一个由 B、C、D 三系统合成的系统 A。如果系统 B 的各部分,或系统 C 的各部分,或两者一起在排列的第一顷刻受到系统 D 的各部分的冲击,并被冲出它们引力的范围之外,它们将和这系统的排列分离而不再回到其中来,而系统 A 则将成为一个由 B 和 D 两个系统合成的系统,或由 C 和 D 两个系统合成的系统,或者将成为一个单单由系统 D 的排列着的微粒构成的单纯的系统。而这些现象的发生,将随着环境的条件改变,或者使这些观念更像是真的,或者也许将把它完全摧毁。此外,我是由一个被冲击的弹性体的颤动出发而达到这个结论的：凡有排列的地方,分离将绝不会是自发的;而在只有组合的地方,则分离可能是自发的。排列也还是一个齐一的原则,甚至在一个由异种合成的整体中也是如此。

三十七

第六组猜测

人们若不企图更严格地摹仿自然,艺术的产品将是平凡的、不完善的和软弱的。自然在它的动作中是顽强而且缓慢的。不论是谈到远离、接近、联合、划分、软化、缩紧、硬化、液体化、溶解、消化,它总是以最不显著的步骤向它的目标前进。反之,艺术则总是匆匆忙忙,闹得筋疲力尽,并且时作时辍。自然用了若干世纪才粗粗地制造出金属,艺术却想要在一天之内就使它们达到完美的地步。自然用了若干世纪才形成宝石,艺术却要在顷刻之间就来仿制它们。有了真正的方法,是还不够的,还要懂得运用它。如果以为以运用时间乘以作用强度所得的积既然是一样,其结果也将是一样,这就错了。只有一种按部就班的、缓慢的并且继续不断的运用,才会使事物起变化。一切其他的运用都只是破坏性的。如果我们也用和自然一样的方式来进行,则我们从那我们现在只得到一些很不完善的化合物的某些物质的混合中,将有什么样的东西得不到啊!但人总是急于享受的;总只想看到他已经开始了的事情的结局。因此就有这许多无结果的尝试;这许多无用的花费和白吃的苦头;这许多为自然所提示而艺术却因为成功似乎很远而从不尝试从事的工作。谁从亚尔西的洞①中出来,而不深信,凭着那些钟乳石在其中形成和补缀的速度,这些洞总有一天会被填满,而只成为实心的、坚硬的一大块呢?哪里去找这样的博物学家,思索着这一现象,而会没有猜想过,如果让水穿过土壤和岩石而一点一点地渗出来,让这水滴承受于广阔的洞中,久而久之将形成一些白玉石、大理石以及其他石头的人造石矿,而其性质将随土壤、水和岩石的性质而不同呢?但如果没有勇气、耐心、劳力、花费、时间,尤其是如果没有一种好古的兴趣,来对待这些还留下这许多只得到我们冷淡无味赞叹的纪念物的伟大业绩,则这些意见又有什么用呢?

---

① 亚尔西的那些石洞,是有名的游览处所。在其中曾发现许多太古动物的遗骸。——译者注

三十八

第七组猜测

人们曾试了这么许多次,总想把我们的铁改变成一种和英国及德国的钢一样,并能够用来制造精巧制品的钢。这些试验都没有成功。我不知道他们是照着什么方法做的;但我好像知道他们之所以被引到这一重要的发现,是由于摹仿在铁工厂中很普通的一种操作方法并使之完善而成的。人们把这种方法叫作"装箱锻炼法"。要作装箱锻炼,是要拿最硬的煤烟,把它捣细,以尿浸渍,再加上捣碎的蒜、切碎的破鞋皮和通常的盐。用一只铁箱,在箱底铺一层这种混合物,在这种混合物之上铺一层各种铁器的碎片。在这层上面又铺一层上述的混合物,这样一层一层铺上去,直到把箱子铺满。然后用箱盖把它盖好,在它外面好好地涂上一层捣过的黏土和兽毛、马粪的混合物,然后把它放在一堆和它的大小相称的煤炭中心,把煤炭点燃,就让火去烧,只要维持着火使它不熄灭。然后拿一桶清水,再把箱子放在火中烧三个或四个小时之后,就把它拉出来,把它打开,让里面装的东西一块一块地落到水里去,随落随把水搅动。这些块就是装箱锻炼出来的;如果把它们打碎几块,就可发现它表面有薄薄一层,变成一种很硬的钢和一种很精致的颗粒。这个表面有一种更亮的光泽,并且若用锉刀把它锉成什么样子,它也更能保持。如果我们也像"装箱锻炼"那样用火来烧,并且用那些东西,而"一层加一层"地铺上,经过很好的选择,很好的加工,打成像铁皮那样薄片的铁,或者用很细的铁棒,并且在从炼钢的炉中出来时把它赶紧放进一种适合于这一操作的水流之中,尤其如果我们把最初几次实验托付给那样一些人去细心从事,他们久已习惯于用铁,惯于知道它的性质并能补救它的缺点,因而将不会缺乏使操作简单化的方法,并且会找到更适合于这一实验的材料——这样我们岂不是可以推想,它将会变成钢吗?

三十九

那种在公开的课程中讲授实验物理学时所显示的,足以引起这种哲学的狂热吗?我根本不相信。我们那些教实验课的先生有点像那种人,因为有很多人在他的餐桌上,他就以为已经请人吃了一次大餐了。因此,应该主要致力于引起食欲,以便有许多人由为满足这种食欲的欲望所驱使,将会从学徒的地位过渡到业余爱好者,又从业余爱好者过渡到职业的哲学家。但愿这些和科学的进步如此相对立的保留,远离一切公众人物!无论是东西和方法都应该揭示出来。那些发现新的计算法的人们,我在他们的发明中看到他们是何等伟大!而在他们所造成的那种神秘中又看到他们多么渺小啊!如果牛顿赶紧说出来,正如他的光荣和真理的利益所要求的那样,则莱布尼茨将也不会和他分享发明者的名誉了[①]。这位德国人是想着设计一个工具,而这位英国人则在用他所作的惊人的应用使科学家们惊讶以自娱。在数学中,在物理学中,万全之策是首先把他的题目公开以确立所有权。此外,当我要求揭示方法时,我指的是已经获得成功的方法;至于那些没有成功的方法,则是越少说越好。

四十

光是揭示还不够,这种揭示还必须是完全并且清楚的。有一种晦涩,我们可以称之为"大师们的装模作样"。这是他们喜欢在

[①] 这里是谈到关于微积分究竟谁先发明的争论。——译者注

人民和自然之间拉起的一道帷幕。若不管对名人应有的那种尊敬,我要说在施塔尔①的若干作品②中和牛顿的"数学原理"中存在着的晦涩就是这样的。这些书所要求的,只是被人了解,以便估计它们有些什么价值;而不用花它们的作者一个月时间,就可以弄得明白易懂;这一个月功夫将可节省一千个聪明人三年的工作和劳累。因此几乎有三千年可以用来做别的事情的时间就白白浪费了。让我们赶紧使哲学大众化吧!如果我们希望哲学家们向前迈进,就让哲学家们从他们现在所处的地位接近人民。他们会不会说,有些作品是永远不能做得为常人的智力所能及的?如果他们这样说,只显得他们不知道良好的方法和长久的习惯能做出什么。

如果可以容许某些作品晦涩,人家也许该责备我在这里替我作辩解了,我敢说这只有真正的所谓形而上学家才行。那种高度的抽象是只包含着一线模糊的微光的。概括的作用倾向于剥夺概念中所有一切可以感觉得到的东西。随着这种作用的向前发展,有形体的景象就自行消失了。这些观念一点一点地从想象的领域退到理解的领域,观念变成纯粹理智的东西了。于是这种思辨的哲学家就像那种从高耸入云的山顶向下俯视的人:平原上的物件在他面前已经不见了,留给他的就只是他的思想的景象以及自己高高在上的意识,意识到他已升到那样的高度,并且这地方也许不是让一切人来跟随他和来栖息的。

四十一

即使不用神秘的帷幕再去使自然加倍隐蔽,自然的帷幕难道

---

① 施塔尔(1660—1734),德国化学家兼医生。——译者注
② "贝歇学述""发酵术""十三世纪",参看《百科全书》"化学"条。(狄德罗原注)

还不够多吗?技艺的困难难道还不够多吗?你打开弗兰克林的作品①,披阅一下化学家们的书籍,就会看到实验的技术是多么要求有眼光,有想象,有智慧,有策略。留心地读一读这些书吧!因为如果一种迂回曲折的实验是可以用多少方式来学会的话,你就正是在这些书中学会的。如果由于缺乏天才,你需要一种专门的方法来引导你,那么你就在眼前放一张迄今人们在物质中所已认识的那些性质的表。在这些性质中看看哪些是可能适合你要拿来实验的物质的,证实一下它们确实是在那物质之中,然后就尽力来认识它的量。这种量几乎总是用一种仪器来衡量的,对于和这物质相似的一部分的衡量可以一律用到全体去,不要中断,也不要停止,直到把质完全穷尽为止。至于它们的存在,则将是以一些没有被提示出来的方法来证明的。但如果你一点也没有学到应该怎样去找,至少知道人家找的是什么,也就聊胜于无了。此外,有些人被迫对自己承认他们的徒劳无功,或者是由于充分证明了要发现任何东西的不可能,或者是由于他们对旁人的发现的一种暗地里的妒忌,他们将感觉到情不自禁的悲哀,以及他们喜欢用来分享其荣誉的那些小手段——这些人终将抛弃一种他们所研究的,对科学本身没有好处而对他们也没有光荣的科学。

四十二

当人们在头脑中形成了一种要求以实验来证实的系统时,应该既不要固执地抓住不放,也不要轻率地抛弃。当人们还没有用适合的方法来发现自己的猜测是真的时,他有时以为它们是假的。即使在这里,固执比起相反的另一极端来也还比较合适。由于多

---

① 指弗兰克林的《关于电的实验及观察》一书。——译者注

次的试验,即使人们没有碰到自己所找的,也可能会碰到更好的。用来探访自然的时间是从不会完全白费的。应该按相似的程度来决定持续多久。那些绝对荒诞不经的观念是只值得试第一次的。而对那些有点像是真的观念则应该多给它们一点;而对那些可望得到一种重要发现的观念,则应该只有在用尽一切方法时才放弃。在这上面似乎是丝毫用不着教条的。人们自然会依照从哪里得到的利益的多少而决定从事研究的程度。

四十三

尽管所说的这些系统只是依靠一些空泛的观念、轻率的猜想、骗人的类比,并且甚至(因为应该这样说)是依靠一些被热昏了的心灵很容易当作亲眼看见的东西的幻想,在没有先经过反证以前,也不应该放弃其中的任何一个。在纯粹理性的哲学中,真理每每总是与错误形成对立。同样地,在实验哲学中,产生了人所期待的现象的,也会并不是人所试作的实验,而是它的反面。应该把注意力主要放在相对立的两点上。因此,在我们的第二组猜测中①,在把带电的球的赤道盖起过之后,应该再把两极盖起来,而让赤道裸露着;而因为有必要使实验的球和自然的地球尽可能地最相似,用来遮盖两极的物质的选择也不是无关重要的。也许在这里还该用多量流体的东西,这在实施上是没有什么不可能的,而这还可能在实验中产生某种异常的,并且和人们想要摹仿者不同的新现象。

四十四

实验应该一再重复,以弄清各种情况的细节,并认识其界限。

---

① 这里狄德罗是指1753年的原版中第33节所讲的内容,在以后各版中被改过了。——译者注

应该把那些实验转旋之于各种不同的对象,使它们更复杂,并以一切可能的方式把它们联合起来。只要那些实验是散乱的,彼此孤立的,没有联系的,不能约简的,这"不能约简"本身就证明了还得再做。然后须专一地盯住对象,而可以说要逼得它直到我们已能这样地控制住现象,以致现象中有一个一经知道,所有其他的也就都是这样的了。首先我们致力于结果的约简,然后我们将想到原因的约简。从来只有靠把结果增多,它们才能被约简。在人们用来解释一个原因所能产生的一切的那些方法中,伟大的艺术就是能够很好地把那些有权期待它产生一个新现象的,和那些将只产生一个改头换面的现象的区别出来。无穷无尽地从事于这些改头换面的把戏,就是使自己筋疲力尽而并未前进一步。一切实验,凡没有把法则扩大到某种新的事例,或没有以某种例外限制了法则作用的范围,都是毫无意义的。要认识一个人的试验的价值,最简捷的方法就是把它作为一个二段论法的前提,而考查其结论。其结论如果和人家从另一试验中已经得出的恰好一样,那就什么也没有发现,充其量只是又重新印证了一个发现。很少实验物理学的大书,不能用如此简单的规则简化成很少几页,而有很多小书,用这规则一来就将变成没有了。

四十五

正如在数学中,在考查一条曲线的所有性质时,我们发现那只不过是表现在不同面貌下的同一性质。所以在自然界中,当实验物理学更加进步时,我们也将遇到一种现象,不论是关于重力的,弹性的,引力的,磁的或电的,都只是同一作用的不同面貌。但是,在人们归之于这些原因之一的那些已知的现象中,有多少中介的现象须待发现,以便形成联系,填满空隙及证明同一呢?这是不能完结的。也许有一个中心的现象将放射出光芒,不仅照在我们已有的那些现象上,而且还将照在久后使人发现的一切现象上,它把这些现象都联系起来,并将形成一个系统。但由于缺乏这一共同交往的中心,它们将仍旧彼此孤立;一切实验物理学上的发现将都只是插入其间并使它们接近,而从不能把它们联结起来;而当这些发现达到了可以把这些现象联结起来时,它们将形成诸现象的一个连续不断的环,其中我们将不能区别哪一个是头,哪一个是尾。实验物理学将用它的工作形成一个迷宫,理性物理学迷失了方向,将在这迷宫中转个不停。这一奇怪的情形,在自然中不是不可能的,正如在数学中已经是这样一样。我们在数学中,或用综合或用分析,经常发现一些把一条曲线的根本性质和它的最远的性质分开的介乎中间的命题。

四十六

有一些骗人的现象,第一眼看起来,似乎是推翻了一个系统,而经过更好地认识以后,结果是证实了这个系统。这些现象变成了哲学家最感头痛的东西,尤其是当他预感到自然哄骗了他,并以某种异常的及秘密的结构而逃过他的猜测时,更是如此。凡一个现象是好几个协同一致或互相对立的原因的结果时,这种麻烦的情形总是每次都会发生的。如果这些原因是协同一致的,我们将发现,这现象的量,对我们所作的假设来说是太大了。如果它们是互相对立的,则这种量将是太小了。有时甚至这量将变成零,这现象将会不见了,而我们不知道自然的这种任意的缄默当归因于什么。我们来猜一猜它的缘由吗?我们没有多少进展。必须致力于把这些原因分开,把它们的作用的结果拆开来,而把一个很复杂的现象还原为单纯的现象;或者至少是以某种新的实验来弄明白这些原因的复杂性,它们的协同一致或它们的互相对立;这种实验作起来常常是很细致的,有时是不可能的。于是这系统就动摇了,哲学家们就分化了:有些还仍旧抱着这系统;另外一些则为似乎和这系统相矛盾的实验所迷惑了。而人们就争论着,直到人们的聪明或者那种不断出现的而且比聪明更富有结果的机会解除了这个矛盾,恢复了那些几乎被抛弃了的观念的荣誉为止。

四十七

必须让实验有它的自由。如果只是显示它能证明的方面而掩盖起它抵触的方面,那就是把它当俘虏了。当人试做一个实验时,不适当的并不是心中存有一些观念,而是听任自己盲目地去做。人们只是当结果和系统相抵触时,才在他的考察中严格要求。这时他就丝毫不会忘记那能够改变现象的面貌或改变自然的语言的东西了。在相反的情形中,观察就很宽泛。他在各种情况上轻轻滑过,他一点也不想对自然提出反驳,他对它的第一句话就相信了。他丝毫不猜疑它有模棱两可之处,因此他将够得上听人家这样一句话:"你的职务是询问自然,而你却使自然撒谎,要不然就是怕使它作出解释。"

四十八

当人循着一条歪路走时,越走得快,就离得越远。而当他已跑遍了很大一块地方以后,用什么方法回到他的正路上来呢?耗尽力量是不行的,虚荣心在此阻挡着而人感觉不到。由于固执于他的原则,所有周围的事物上都散布了一种幻觉,使东西的面貌都改变了。他不再把它们看作它们原来的那样,而是看作他认为它们的那样。不是改变他的观念来适应事物,而似乎是致力于改变事物来适应他的观念了。这种僻好的支配,在一切哲学家中,没有比在那些"方法家"①之中更明显的了。一位方法家一旦在他的系统中把人放在四足动物之首,他就除了把人看作一个四足动物外,看不到他的天性中任何别的东西了。尽管他所赋有的高超的理性叫嚷着反对"动物"这个名称,他的构造也和"四足动物"这个名称相抵触,也是徒然;尽管自然已使他的眼光转而向天,也是徒然:这系统的成见已使他的身体屈曲向地了。照这种成见看来,理性也只是一种更完美的本能,它认真地以为,当人发现他的手被变成了两只脚时,人之失掉了脚的用处,只是由于习惯上的毛病。

四十九

可是有些方法家的辩证法实在太奇怪了,非拿个样子出来看看不可。林奈在他的《瑞典动物志》的序中说,人既不是一种石头,也不是一种植物,因此人是一种动物。人没有一只独脚,因此人不是一种虫。人不是一种昆虫,因为他没有触角。人没有鳍,因此不是一种鱼。人不是一种鸟,因为他没有羽毛。那么人是什么呢?他有四只脚;前面两只是给他触摸用的,后面两只则用来走路。因此人是一种四足动物。这位方法家又继续说:"诚然,按照我的博物学原则的推论,我从不知道怎样区别人和猴子,因为有些猴子比有些人的毛还少,这些猴子也用两只脚走路,并且它们用脚和用手都和人一样。此外,说话在我并不是一种表示区别的性质。照我的方法,我只承认那些依靠数目、形状、比例及位置的性质。"逻辑

---

① 毕丰称一切从事机械分类的博物学家为"方法家","方法"一词在17、18世纪的博物学中是指那种分类原则的。——译者注

说：那么你的方法是错误的。而博物学家说："那么人是一种有四条腿的动物。"

五十

要动摇一个假设，有时只要把它推到它所能达到的极端地步就行了。我们将把这方法在那位爱尔朗根的博士①的假设上来试一试。这位博士的作品，充满了奇怪的新观念，将给我们的哲学家们很大的麻烦。它的对象是人类理智能给自己提出的最大的对象，这就是自然的无所不包的系统。作者一开始就简括地叙述了一下他的前辈的意见，以及他们用于现象一般发展的原则的不足之处。有一些人只要求广袤和运动。另外一些人则认为在广袤上应该加上不可入性、可动性及惯性。对天体的观察，或更一般的关于大物体的物理学，已指明必须有一种力，凭着这种力，所有的各部分彼此照着某种法则伸张或压迫，而人们已承认引力和质量成正比，而和距离的平方成反比。化学上的最简单的实验操作，或关于小物体的基本物理学，已使人求援于一些遵循别的法则的引力；而因为用引力、惯性、可动性、不可入性、运动、物质或广袤不可能解释一个植物或一个动物的形成，所以哲学家包曼假定在自然中还有别的一些属性。他不满意于人们使之没有物质也没有理智而作出一切自然界的奇迹的可塑的东西，他不满意于以一种不可理解的方式作用于物质的低级理智的实体，他不满意于这些实体的创造和形成的同时性。这些实体仍然互相包含着，由于一个最初的奇迹的继续作用而在时间中发展着；他也不满意于实体的产生的临时性，这只是一串时时刻刻反复重演的奇迹；他曾想到，所有

---

① 爱尔朗根的博士，指包曼博士，亦即莫柏都依的化名。——译者注

这些很少哲学意义的系统也许根本不会产生，要不是有一种毫无根据的恐惧，怕把一些我们知道得很清楚的性质归之于一个存在，而这个存在的本性是我们所不知道的。而也许正因为这个缘故，并且不管我们的成见，这个存在是和这些性质很能相容的。可是这个存在是什么？这些性质是什么呢？要我来说吗？是啊，包曼博士回答说。有形体的东西就是这个存在，这些性质就是欲望、厌恶、记忆和理智。一句话，就是一切我们在动物中所看到的那些性质，就是古代人在"能感觉的灵魂"这个名称下所包括的那些性质。也就是包曼博士承认，保持着形状和质量的比例，在物质的最小的微粒和在最大的动物中都有的那些性质。他说，如果认为物质的分子有某种程度的理智是有危险的，那么假定在一只象或一只猴子中有理智或承认一粒沙中有理智，这危险将是一样大的。在这里，这位爱尔朗根学院的哲学家用尽了一切最后的努力，来避免人们对他产生一切无神论的猜疑。而显然他之所以某种热情支持他的假设，只是因为这假设在他看来可以满足解释最困难的现象，而不会得出一个唯物论的结论。要学习如何使最大胆的哲学观念和对宗教的最深的尊敬相调和，就得读一读他的作品。包曼博士说，上帝创造了世界，而如果可能的话，是要我们来找出他愿用来保持自己的法则和他决定了用来重新产生个体的方法。我们在这方面是有自由的园地的，我们可以提出我们的想法，而以下是这位博士的主要思想：

种子元素，从一个和它应当在有感觉和思想的动物体中形成的相似的部分中出来，将有某种它原先情况的记忆，因此就有物种的保存和与父母亲的相似。

可能发生这样的情况，就是在精液中有某些元素过多或缺少，以致这些元素由于遗失而不能互相结合或者是作了一些多余的元素的奇怪的结合。因此就有或者是不能生殖,或者是一切可能的奇怪生殖。

某些元素将必然会非常容易以同样方式经常互相结合。因此,如果这些元素是不同的,就有变化无穷的微生物的形成;因此,如果它们是相似的,就有那些珊瑚虫之类,我们可以把它比之于一群无限小的蜂,它们仅只对一种情况有生动的记忆,就会照着它们最熟悉的这一情况互相结合并且继续结合在一起。

当一种对现在情况的印象平衡或消灭了一种对过去情况的记忆,以致对于全部情况漠不关心,就会有不能生殖的情形;因此,骡子就不能生殖。

有谁会来禁止那些有理智而且能感觉的各本质部分无限地离开构成这物种的秩序呢?因此,就有无限的动物的种出于一个最初的动物,无限的存在物从一个最初的存在物流出,就有一个在自然界中唯一的行为。

但每一元素在互相聚集及互相组合中会失去它那很小程度的感觉和知觉吗?包曼博士说,根本不会的。这些性质是它的本质的东西。那么就会怎样呢?就会这样:从这些聚集并组合在一起的元素的知觉,就会得到一个唯一的知觉,和质量及结构成比例;而在这一知觉的系统中,每一元素将失去其本身的记忆而共同来形成全体的意识,这一知觉的系统就是动物的灵魂。"似乎是从一切聚集在一起的元素的知觉中,得到一个唯一的知觉,比任何一个元素的知觉都强有力得多,完美得多,而它对这些知觉的每一个的关系,也许和有机体对元素的关系是一样的。每一元素,在它和其他元素的结合中,把它的知觉和其他元素的知觉混合了起来,而失去了它本身的特殊的感觉,我们没有了诸元素对原始状态的记忆,而我们的本原对我们也应当完全丧失了。"①

就正是在这里,我们很惊奇,这位作者或者是没有觉察从他的假设中所得出的可怕的结论,或者是即使他已觉察这些结论,但没有放弃他的假设。现在就该用我们的方法来考查他的原则了。因此我将问他,这个宇宙或一切能感觉及能思想的分子的一般集合,究竟是形成一个整体还是不形成一个整体。如果他回答我说它根本不形成一个整体,则他由于在自然中引进了无秩序,用一句话就动摇了上帝的存在,也由于打断了联结一切事物的链条,就摧毁了哲学的基础。如果他承认这是一个整体,其中各个元素是有秩序地排列着,就正如各个部分或者是实在个别的,或者仅只是可理解的②,在一个元素中排列着,以及许多元素之在一个动物中排列着一样,这样他就得承认,由于这种普遍连锁的结果,这世界和一个大动物似的,也有一个灵魂。他得承认这世界既然可能是无限的,则这世界灵魂,我不说就是,可能是知觉的无限系统,而世界可能就是上帝。不论他想怎样抗议这些结论,它们总还是真的。并且不论这些卓越的观念能怎样阐明自然的奥妙,这些观念总还一样是使人恐怖的。只要把它们普遍化,就可以看出来了。这种普遍化的作法对于形而上学的假设,正如观察和一再重复的实验对于物理学的猜测一样。这些猜测是否正确呢?越做实验,这些猜测就越被证实。这些假设是否真呢?越把它们的结论推广,而它们

---

① 参看第52节及第78页的这一段;以及在前面几页和后面几页中同是这些原则对其他一些现象的很精细及很像真实的应用。(狄德罗原注)(译者按:此处所说的第52节和第78页,是指包曼的书而言的。)

② 所谓"可理解的",意即只是理智上可以把它们看作各部分,而不是实在分成各部分的。——译者注

越包含真理,这样它们就越得到证明和力量。反之,如果这些猜测和假设是脆弱的和没有什么根据的,则或者发现了一个事实,或者是达到了一个真理,在这面前它们就破产了。包曼博士的假设,如果我们愿意,将可阐明自然的最难理解的神秘,即动物的形成,或者更一般地说来,一切有机体的形成,而现象的普遍集合及上帝的存在则将是它的暗礁。虽然我们摈弃了爱尔朗根博士的这些思想,但如果我们不把它们看作是一种深思的结果,一种对于自然的普遍系统的大胆企图,一位大哲学家的尝试,我们将不能设想他要解释的现象的晦暗性,他的假设的丰富性,我们从这假设所能得出的惊人的结论,这些对于一个在一切时代都为第一流人物所从事的题目之新的猜测的价值,以及要胜利地攻击他的猜测的困难性。

五十一

关于一种感觉的冲动

如果包曼博士当时把他的系统限制在正确的界限之内,并且只把他的那些观念用在动物的形成上,而不扩充到灵魂的本性上(我认为从这里已经指明和他的意思相反,人家可以把那些思想一直推到上帝的存在问题上去),他就不会因把欲望、厌恶、感觉和思想归之于有机的分子而自陷于那种最诱惑人的唯物主义了。应该满足于只假定一种感受性,这种感受性比那全能上帝给予最接近死物质的动物的感受性还小一千倍。由于这种迟钝的感受性和形状的不同,对于任何一个有机分子都将只有一种一切情况中最适合的情况,有机分子将以一种自发的不安不断地寻找这种情况,就像有时候,那些动物在昏睡中,几乎它们所有的机能的作用都停止了时,就乱动着直到找到最适于休息的状态为止。只要这一原理,也许可能以一种相当简单而没有任何危险后果的方式,满足他所要解释的那些现象,以及那些使我们所有的昆虫观察者都如此惊愕的无数奇事;并且他还可以一般地给动物下个定义:一个各种不同的有机分子的系统,这些分子,由于一种和那曾创造一般的物质者所给予它们的一种迟钝而微弱的触觉相似的感觉的冲动,自行组合起来,直到每一分子都已遇到最适合它的形状和它的休息的地方为止。

五十二

关于仪器和度量

我们在别处已经指出,既然感觉是我们一切知识的来源,因此了解我们可以依靠感觉的证据到什么地步,是很重要的:这里我们要再指出,对我们感官的补助物或仪器的考查,也是一样必需的。这就是:实验的新的应用;漫长、辛劳而困难的观察的另一源泉。也许有一个使工作简化的方法,这就是掩耳不听——一种理性哲学的犹疑(因为理性哲学是有它的许多犹疑的),而在所有的量中很好地认识度量的精确性到什么地步是必需的。有多少技巧、劳力和时间白费在度量上啊!而这些本来是很可以用来发现新事物的。

五十三

无论在仪器的改进还是发明中,有一点要小心,这是对物理学家无论怎样叮嘱都不为过分的:这就是不要相信那些类比,绝不要从多的得出少的结论,也不要从少的得出多的结论,要对所用的物质的所有一切物理性质都考查到。如果他在这方面疏忽了,他将永不会成功。而当他已很好地作了他的一切度量以后,还有一个很小的障碍,也许是他没有预料到的,或者是他所不重视的障碍,就是自然的限制,在他业已认为完成了时,迫使他放弃他的工作,有多少次不发生这种情形呢?

五十四

关于对象的区别

既然心灵不能了解一切,想象力不能预见到一切,感官不能观察到一切,而记忆不能牢记着一切;既然伟大人物要隔这样远的时间才产生一个,而科学的进步又是这样经常为那些革命所中断,以致若干世纪的研究都只是耗费在恢复过去几世纪的知识上——因此,模糊地观察一切,乃是人类的失误。才能出众的人们,应该在他们的时间的利用上尊重他们自己和尊重后代。如果我们只能传给后代一部完全的昆虫学,或一厚册记述微生虫的历史,他们对我们会怎样想呢?给大的天才以大的对象,而把小的对象给小的天才。对这些小的天才来说,与其什么也不做,倒不如从事研究这些小的对象为好。

五十五

关于阻碍

因为光是向往一件事物是不够的,还得同时承受一切和你所向往的事物几乎不可分地联结在一起的东西,所以凡是决心献身于哲学研究的人,将不仅要等着属于他的研究对象的本性的物理上的阻碍,而且还要等着将出现在他面前的许多精神上的阻碍,正如呈现在一切在他之前的哲学家面前的一样。因此当他遇到阻碍、误解、诽谤、陷害、辱骂时,他应当知道对自己说:"难道只是在我这时代,只是对我有这些充满了无知和怨毒的人,这些为嫉妒所腐蚀的灵魂,这些为迷信所扰乱的头脑吗?"如果他有时认为须抱怨他的同胞们,他也应当知道对自己这样说:"我抱怨我的同胞们。但如果可能询问他们大家,并且问他们之中的每一个人,他将愿意作《新传道书》的作者还是作孟德斯鸠;愿意作《给美国人书》的作者,还是作毕丰①;其中会有一个有一点辨别力的人能对这选择有所犹豫吗?因此我一定有一天会得到那些仅有的、为我所重视的赞赏的,要是我幸而配得上这些赞赏的话。"

而你们这些取得了哲学家的头衔,或自命为聪明人,并且一点不耻于类似这些讨厌的虫豸,这些专以在人工作或休息时来骚扰他以度过它们朝生夕死的生命顷刻的虫豸的人,你们的目的究竟是什么?你们这样狠毒顽固,究竟是希望什么呢?当你们把那产生有名的作家和卓越的天才的民族中所余下的一点元气都斩丧殆尽以后,你们将做些什么来给它补偿呢?你们将拿什么奇妙的产品来补偿人类本来或可能得到的那些产品呢?……不管你们怎样,那些杜克洛们的名字,那些达朗贝们和卢梭们的名字,那些伏尔泰、莫柏都依们和孟德斯鸠们的名字,那些毕丰们和道彭顿们的名字,将在我们之中和我们的后裔那里享受荣誉。而如果有人有一天也会记起你们的名字的话,那么他将会说:"他们是他们那时代的第一流人物的迫害者。而如果说我们现在还保有《百科全书的序言》《路易十四时代的历史》《法律的精神》《自然的历史》,那是因为幸而那些人的力量有所不及,不能把它们从我们这里夺去。"

---

① 《新传道书》是当时冉森教派的一种刊物,在孟德斯鸠的《法律的精神》于 1748 年出版后,该刊物曾领头反对,后来这批人也反对"百科全书派"。孟德斯鸠曾予以反驳。《给美国人书》是李涅亚克修道院长反对毕丰的一种小册子,指控毕丰为不信神的人。——译者注

五十六

1. 关于原因

只是按照哲学的徒然猜测和我们理性的微弱光亮来看,我们也许会认为原因的链条没有过开始,而结果的链条将没有终结。假定一个分子被移动了一下,它总不是由它自己移动的,它的移动的原因又有另一个原因,这另一个原因又有另一个原因,依此类推,我们就不能在过去时间中找到原因的自然的界限。假定一个分子被移动了一下,这一移动将有一个结果。这结果又有另一个结果,依此类推,我们就不能在以后跟着来的时间中找到结果的自然的界限。心灵对于这种最微弱的原因和最轻微的结果至于无限的进程感到恐惧,就只是以一种偏见来拒绝这一假定以及其他同类的假定,这一偏见就是认为什么都不超出我们感官力所能及的范围,而在我们已再也看不到什么的地方,一切就都停止了。但自然的观察者和自然的解释者的主要区别之一就是:在感官和仪器抛弃了自然观察者的地方,正是自然解释者开始的地方。他凭着现在是什么来猜测还应该是什么,他从事物的秩序得出抽象而一般的结论,这些结论在他看来是显著的、特殊的真理的全部证据,他上升到秩序的本质本身。他看到一个有感觉和思想的东西和任何一条因果链条的单纯并存,他是不足以给它一个绝对的判断的,就停止于此,如果他再走一步,那他就会出乎自然的范围之外了。

2. 关于目的

我们是谁,要求解释自然的目的?难道我们就丝毫也不觉察,我们几乎总是牺牲自然的能力而来夸耀它的智慧,而我们从它的资力中剥夺掉的,比我们从来能许给它的目的的要多吗?这种解释自然的方式是很坏的,甚至在自然神学也是如此。这是以人的猜测来代替上帝的作品。这是把最重要的神学真理归之于一个假设的命运。但最通常的现象也将足以指明这些原因的探求是和真正的科学相反的。假定一位物理学家,当人家问他乳的性质时,他回答说这是一种食物,当雌的动物已怀孕时在它体内开始准备,并且是自然决定它作为将生的动物的养料。这一定义能使我懂得乳的形成吗？我知道曾有些男人使他们的乳房流出乳汁,上腹部及乳部的动脉的脉管接合①向我指明了就是乳汁使得胸部膨胀,女孩子们有时在接近月经来潮时也会感到胸部膨胀得不舒服。几乎没有一个女孩子,要是让小孩来吃她的奶,不会变成乳母的。而我曾亲眼看到一个女性,是属于这样地小的一种,以致找不到一个男性适合她的,她也没有被狎亵过,而她的乳头却胀满了乳汁,竟至于要求援于通常的办法来消解它——当我知道了这一切时,我对于人家所说的这种汁液的决定目的以及随之而来的其他一些生理学的观念将怎么想呢？听到有些解剖学家,把自然同样分布于我们身体上丝毫没有什么需要遮盖的地方的一种遮盖物,认真地归之于自然的廉耻,这是多么可笑。另外有些解剖学家为它假定的用途,比较不是表扬自然的廉耻了,但也更不是表扬他们的聪明。物理学家的职务是在教人而不是在熏陶人,因此将放弃"为何",而仅从事于"如何"。"如何"是从事物中取出来的,而"为何"则是从我们的智力中取出来的。它是属于我们的那些系统的,它有赖于我们的认识进展。在某些冒失地为目的辩护的人们竟敢于作来颂扬"造物主"的那些颂歌中,有多少荒谬的观念、错误的假定、怪诞

---

① 这一解剖学上的发现是属于柏尔丁的,这是我们这时代最好的发现之一。(狄德罗原注)柏尔丁(1712—1781)为一医生,以研究动脉、静脉、淋巴腺为著名。——译者注

的概念啊！他们没有"先知"的赞叹的狂喜，在夜间看到天上闪耀着无数星星时，高喊着"诸天述说上帝的荣耀"①，却自陷于迷信他们的猜测。他们不就自然事物本身来崇拜上帝的全能，却匍匐于他们所想象的魔影面前。如果有人拘于偏见而怀疑我的非难是否可靠，我就请他把伽仑②所写的关于人体各部分的用途的论著和波尔哈维③的"生理学"来比较一下。再把波尔哈维的生理学和哈勒④的"生理学"来比较一下，我请后代的人把哈勒生理学中所包含的系统化的临时观点和嗣后若干世纪将要变成的那种生理学来比较一下。人以他渺小的见解献功于永恒的上帝，而上帝从他宝座的上面听着他，知道他的意向，接受他愚蠢的颂扬，而且为他的虚荣而微笑。

五十七

关于某些偏见

无论在自然界的事实中，或在生活的环境中，没有一种不是一个张开着让我们落进去的陷阱。我以大部分的这些被人们看作各民族的健全常识的一般格言为证。人们说：天底下没有什么新的东西，这对于那坚持粗糙的表面现象的人是真的。但是这一格言，对于每日以抓住最难感觉的区别为事的哲学家，又如何呢？那肯定整棵树上没有两片同样绿叶子的人，对这格言又当怎样想法呢？

---

① 《旧约全书》"诗篇"第19篇第1节。——译者注
② 伽仑，公元2世纪时希腊的有名医生和逻辑家，其作品在很长时期曾作为医学的基础。——译者注
③ 波尔哈维（1668—1738），荷兰来顿大学医学教授，有一时期很出名。他把有机体看作只是一种机器。——译者注
④ 哈勒（1708—1777），瑞士生理学家，有丰富的知识，但缺乏唯物主义的观点。——译者注

有人考虑到要产生一种恰好这样颜色的浓淡,得有数目很多的原因,甚至已知的原因就有很多,因而主张,不必以为莱布尼茨的意见过分夸张,由于物体所在的空间点不同,再连同各种原因的数目之多,就已指明了在自然中也许从来没有过,并且也许将来也永远不会有两根绝对一样绿的草。这样主张的人对于这格言又会怎样想呢?如果事物是通过最不易察觉的微小差别而一个接一个地交替,那么永不停止的时间,在长时期中,就应当在那些太古曾存在的形式,现在存在的形式,和很远的多少世纪以后将存在的形式之间,放进最大的不同,而这"天下无新事"之说,则只是一种由于我们器官的软弱无力,我们仪器的不完善,和我们生命的短促而成的偏见。在道德方面人们又说:"人心不同,各如其面"①。其实这话反过来才正确,没有比面貌相同更普通的了,而同心的则真少见。在文学方面,人们又说:趣味是不能争论的:如果把这话理解为不应该对一个人争论他的趣味怎样,这是幼稚;如果对这话的理解是说在趣味中没有好坏,这是错误的。哲学家将严格地考查所有这些通俗智慧的格言。

五十八

问题

要成为同质,只有一种可能的方式。要成为异质,则有无数种不同的可能方式。在我看来,自然界的一切东西都由一种完全同质的物质产生出来,这就和用同一种颜色来表现一切东西一样不可能。我甚至认为可以窥测:现象的多种多样不可能是一种无拘

---

① 按原文 quot capita, tot sensus,直译当为"有多少头,就有多少意见"。下文原文也为"头"与"意见"。——译者注

无束的异质的结果。因此,我将把为自然现象的一般产生所必需的、各种不同的异质的物质称为元素;并且将把元素组合的一个现实的一般结果或许多一个接一个的一般结果称为自然。各元素应该有本质上的区别;否则既然一切都可能回到同质,一切就都可能是从同质中产生的了。有、曾经有或将有一种自然的组合或一种人为的组合,在这种组合中,一种元素是、曾经是或将是被弄成尽可能最大的分割。在这种最后分割状态中的一种元素的分子,是以一种绝对的不可分割性而不可分割的,因为这一分子的进一步分割既然是出乎自然的法则之外,并且出乎技术的能力之外,就仅是一种理智上可以理会的事情了。自然中或在技术上可能最后分割的状态,照全部现象看来,既然对本质上异质的各种物质并不是一样的,就由此可以得出结论:有一些本质上不同的分子彼此结合在一块,可是它们自己又是绝对地不能分割的。绝对异质的,或基本的物质有多少呢?我们不知道。我们看作绝对异质的或基本的那些物质的本质区别是什么呢?我们不知道。一种基本的物质,在技术的产品中或在自然的作品中,其分割能达到什么程度呢?我们不知道,如此等等。我曾在自然的组合之外加上了人工技术的组合,这是因为在我们现在不知道和将来也永不会知道的无数事实中,有一件对我们还要隐蔽的事实,这就是要知道:一种基本物质的分割,是否在某种技术操作中曾经是、现在是或将是比它在听凭自然本身所作的任何组合中曾经是、现在是和将是的分割状态更进一步。而从以下那些问题中的第一个,就将可看出,为什么我在我的某些命题中,加进了过去、现在和将来的概念,以及为什么我在给予自然的定义中插进了承续的观念。

1. 如果现象不是彼此联系着,就根本没有哲学。即使现象是全部联系着的,其中每一现象的状态也可能是没有持久不变性的。但如果事物的状态是在一种经常的变迁之中,如果自然还是在缔造过程中——则虽然有这链条把现象联系起来,也还是根本没有哲学。我们的全部自然科学就变得和这些字一样变动不停。我们把它当作自然的历史的,就仅仅是关于一个顷刻的很不完全的历史。因此我问:金属是否永远曾经是并且永远将是它们现在那样?植物是否永远曾经是并且永远将是它们现在那样?动物是否永远曾经是并且永远将是它们现在那样等。在对某些现象经过深刻的思考以后,怀疑论者们啊!人们或许将会原谅你们的一个怀疑,即世界并不是曾被创造出来的,而是像它曾经是并且将要是的那样存在的。

2. 在动物界和在植物界一样,一个个体可以说有开始、成长、延续、衰颓和消逝,那些整个的物种就不会也是一样吗?如果信仰不是告诉我们动物是如我们看见它们那样从造物主的手里出来的,如果可以允许对它们的开始和它们的终结不那样的不确定,则哲学家听凭他的猜测,岂不可能猜想:动物性在全部永恒时间中,包含它的那些特殊的元素,散布并且混合在物质大块中,曾经发生过这些元素自行结合起来的情形,因为这种情形的发生是可能的。由这些元素形成的胚胎曾经过无数的组织和发展;它由于继承而有运动、感觉、观念、思想、反省、意识、情感、情欲、记号、手势、声音、有节音、一种语言、法律、科学及技术。这些发展的每一阶段都经过了几百万年;它也许还经受过其他一些我们所不知道的发展,作过其他一些我们所不知道的增长。它曾有过或将有一个稳定的状态。它由于一种永恒的衰朽而脱离或将脱离这种稳定状态,当衰朽时,它的那些性能将从它之中出来,正如过去它们进入其中一样,它将永远从自然中消逝,或毋宁将继续存在于自然中,但其形式和性能将都和我们在这一时刻看到它所具有的完全两样,宗教使我们省去许多弯路和许多工作。如果宗教没有启迪我们世界的起源和事物的普遍系统,我们将会被引诱来作多少不同的假设来解释自然的秘密?这些假设既然全部是同样错误的,在我们看来就会显得几乎全都像是真的。"为何有某种东西存在"这一问题,是哲学能为自己提出的最麻烦的一个问题,而只有天启才能给这问题以回答。

3. 如果我们着眼于那些动物和它们所践踏的荒野的土地,着眼于那些有机的分子和它们在其中运动的液体,着眼于那些微生虫和产生这些微生虫并环绕着它们的物质,那么就很显然,一般的物质是分成死的物质和活的物质的。可是怎么能弄成物质不是一种,或者全部是活的,或者全部是死的呢?活的物质永远是活的吗?而死的物质就永远是真死的吗?活的物质就根本不死吗?死的物质就从不开始活起来吗?

4. 在死的物质和活的物质之间,除了有机组织以及运动的实在或表面的自发性之外,是否有其他可指明的区别呢?

5. 那被称为活的物质的,就不会仅仅是一种自发运动的物质吗?而那被称为死的物质的,就不会是一种为别的物质所推动的物质吗?

6. 如果活的物质就是一种自发运动的物质,那么它怎么能停止运动而不死去呢?

7. 如果有一种本身就是活的物质和一种本身就是死的物质,这两个原则,是否就足以一般地产生一切形式和一切现象呢?

8. 在几何学上,一个实数加在一个虚数上,结果得出的和是一个虚数;在自然中,如果一个活的物质的分子黏附在一个死的物质的分子上,则其全体将是活的,还是死的呢?

9. 如果集合体可能是活的或者是死的,那么什么时候以及为什么它将是活的?什么时候以及为什么它将是死的呢?

10. 不论是死的还是活的,它总是在一种形式之下存在。不论它在什么形式之下存在,其原则究竟是什么?

11. 那些模型是形式的原则吗?什么是一个模型呢?它是一个实在的预先存在的东西呢?还是只是一个和死的或活的物质相结合的活分子的理智上的界限,亦即一切方向的、能对一切方向产生抵抗力的关系所决定的那些界限呢?如果这是一个实在的和预先存在的东西,那么它是怎么形成的呢?

12. 一个活的分子的能是自己会变化,还是仅只照着它与之结合的死的或活的物质的量、质及形式而变化呢?

13. 是有一些活的物质和另一些活的物质有种类上的区别呢?还是全部活的物质本质上只是一种并且适合于一切的呢?关于死的物质,我也提出同样的问题。

14. 活的物质是和活的物质相组合吗?这种组合是如何造成的?其结果如何?关于死的物质我也提出同样的问题。

15. 如果我们可以假定全部物质都是活的,或者全部物质都是死的,则除了死的物质之外,或除了活的物质之外,还会有别的东西吗?还是活的分子在失去生命以后就不能再取得生命以致再失去,并依此类推,以至于无限呢?

当我把眼光转向人的工作,而看到许多城市到处被建立起来了,一切元素都被利用了,各种语言固定了,各族人民开化了,许多港口建筑起来了,海洋被渡过了,地和天都被测量了;这时世界对我显得已很古老了。而当我发现人们对于医药和农业的主要原则、对于一些最普遍的物质属性、对他们所患的疾病的知识、对树木的修整、对犁的形式都还不能确定时,则据我看来地球似乎还只是昨天才有人住的。而如果人们是明智的,他们毕竟将献身于有关他们福利的研究,而最早也将在一千年以后才来回答我的这些无聊的问题;或许甚至因为不停地考虑到他们在空间和时间中所占的范围的狭小,他们将永远不愿回答这些问题。

(陈修斋　译)

哲学思想录

(1746)

> 谁读这个？
>
> ——柏尔修讽刺诗第一首第二行

我写到上帝，我不打算有多少读者，而只切望有几个人赞成。如果这些"思想"使任何人都不喜欢，它们就只能是坏的；可是如果它们使所有的人都喜欢，我就认为它们是可憎的了。

一

人们无穷无尽地痛斥情感，人们把人的一切痛苦都归罪于情感，而忘记了情感也是一切快乐的源泉。因此，情感就其本身性质来说，是一种既不能说得太好也不能说得太坏的因素。但使我感到不平的是人们总是从坏的方面来看情感。如果有人说了一句话对理性的敌人有利，人们就以为伤害理性了。可是只有情感，而且只有大的情感，才能使灵魂达到伟大的成就。如果没有情感，则无论道德文章就都不足观了，美术就回到幼稚状态，道德也就式微了。

二

情感淡泊使人平庸。如果当问题在于保卫祖国的时候，我去抵抗敌人,我就只是一个通常的公民。如果一位朋友的死亡使我眼看着自己的死亡,我的友谊就只是一种瞻前顾后的友谊。生命对我如果比情妇更宝贵,我就只是一个和别人一样的情人。

三

情感衰退使杰出的人失色。一勉强就消减了自然的伟大和力量。你看这棵树,全靠它的枝叶茂密,你才得到它的清凉宽广的浓荫,你可以一直享受到冬天来到,它的绿叶凋尽。当你完成了使气质衰老的工作时,诗歌、绘画、音乐中就再没有出色之处了。

四

会有人对我说,那么有强烈的情感倒是一种幸福了。是的,如果一切情感都和谐一致,当然是这样的。要在它们之间建立起一种允当的和谐,而又不要顾虑凌乱。如果希望为恐惧所制约,好体面为爱生命所制约,贪图快乐为关心健康所制约,你就既看不到放荡的人,也看不到冒失鬼,也看不到懦夫了。

五

有意摧残情感,是绝顶的蠢事。一个像疯子一样折磨自己的虔诚者,打算什么也不指望,什么也不爱,什么也不感受,如果真做到这样的话,结果将变成一个真正的怪物才算完事,这才是好打算!

六

一种品质,在一个人身上成为我尊重的对象,能不能在另一个人身上成为我轻视的对象呢?当然不能。不以我的一时之见为转移的真理,应该是我的判断的准则。我决不会把我在那个人身上当作一种德性景仰的品质看成这个人身上的一种罪恶。我会不会认为,虽然自然与宗教应该一视同仁地管理一切的人,却只有某些人可以从事完美无疵的行业呢?更加不会。因为他们这种专有的特权是从哪里得来的呢?如果巴柯谟①和人类断绝交往而把自己埋在孤独之中是对的,就不能禁止我模仿他。我一模仿他,就应当算是和他一样有道德的,我看不出为什么成百的人就不能有同我一样的权利。可是这样就会出现一种多么奇怪的现象:整个省份的人,因为害怕社会的危险,就散居在森林之中。居民们都为了修成圣者而过着野兽一样的生活,在各种社会情爱的废墟上竖起了千百根圆柱,出现了一个柱居人②的新民族,为宗教剥夺了自己的自然感情,不再做人而装成塑像,以便做真正的基督徒。

七

什么样的声音!什么样的叫喊!什么样的呻吟叹息啊!是谁把这些痛哭流涕的死尸都关在这些牢狱中的呢?这些不幸的人都犯了什么罪呢?有一些用石块捶打着自己的胸部,另外一些用铁爪子撕裂着自己的身体,大家眼睛里都有着悔恨、痛苦和死亡的神情。是谁罚他们受这些苦的呢?……是他们触犯了的上帝……那么这上帝是什么样的呢?是一位充满了善心的上帝……一位充满了善心的上帝竟会喜欢把自己浸在眼泪里!这些恐怖不会伤害他的仁慈吗?如果有些罪犯必须使一个暴君的狂怒平息,他们还能再多做些什么呢?

---

① 巴柯谟,4世纪初时隐修士清规的创立者。——译者注
② 柱居人即住在圆柱上的人。古时有些隐修士,为了与世隔绝,就独自住在一根圆柱顶上修行。——译者注

八

有一些人,不应当说他们敬畏上帝,但是很可以说他们是害怕上帝的。

九

就人们为我描绘出的最高实体的形象看来,就他易怒的倾向看来,就他报复的严酷看来,就表示他任其覆灭与肯加救援的人数比例的某些对比看来,最正直的人是会倾向于愿他不存在的。如果人能得到相当的保证在另一个世界里没有什么可怕的,那么人在这个世界上是会相当平静的。认为上帝不存在的思想,从不曾使任何人感觉恐怖,但是认为有一个像人们为我描绘的那样上帝存在的那种思想则大为不然。

十

不应该把上帝想象得太好,也不应该把他想象得太坏。公道存在于过分的仁慈与残酷之间,有限的受罪也同样存在于免罪与永恒的受罪之间。

十一

我知道,对那些迷信的阴暗观念,一般是赞成的多而遵从的少。有一些信徒就并不认为要热爱上帝就必须痛恨自己,要虔信宗教就必须在绝望中过活。他们的虔信是愉快的,他们的智慧是非常有人性的。可是俯伏在同一祭台脚下的人们之间的这种感情上的差别,是从哪里产生的呢?难道虔诚也遵从这该死的气质的法则吗?啊!怎么能否认气质呢?气质在一信徒身上的影响只是表现得太明显了。他照着他的心情，或者看到一个爱报复的上帝，或者看到一个慈悲的上帝，或者看到地狱，或者看到敞开的天堂。他或者怕得发抖，或者燃烧着爱，这是一种大冷大热的冷热病。

十二

是的，我是主张迷信比无神论对上帝更有害的。普鲁泰克说："我宁愿人们认为世界上从来没有普鲁泰克存在过，也不愿人们认为普鲁泰克是不公正的，易怒的，反复无常的，妒忌的，爱报复的，并且是那样使人不快的。"

十三

只有自然神论者可以和无神论者对抗。迷信者是无能为力的。他的上帝只是一个想象的东西。除了关于物质的困难之外，他还要碰到由他的概念的错误而产生的一切困难。对一个万尼尼来说，一个柯某，一个莎某，将比世界上所有的尼古拉们和巴斯噶们更麻烦一千倍[①]。

十四

巴斯噶有正确之处，但是他胆小而且轻信。他是有才华的作家和深刻的理论家，如果不是天意把他交给了那些由于自己的怨毒而牺牲了他的才能的人，他一定可以阐明这个宇宙。如果他能

---

① 万尼尼(1585—1619)，意大利无神论哲学家，以"无神论罪"于1619年被烧死。此处的柯某和莎某系指英国的自然神论者柯特华兹和莎夫兹柏利。尼古拉(1625或1628—1695)，道德家及神学家，有名的"道德论"的作者。巴斯噶(1623—1662)，有名的法国数学家、物理学家、哲学家，著有为基督教作辩护的"思想录"。——译者注

让当时的神学家们去负责解决他们的争端,如果他能充分利用他从上帝得来的智能献身于追求真理,毫无保留并且不怕冒犯上帝,尤其是如果他能拒绝认那些其实不配做他学生的人做他们的老师,那该多好!天才的拉·莫德说拉·丰丹的话也很可以用在巴斯噶身上。认为亚尔诺、德·沙西和尼古拉比他好是相当愚蠢的。

十五

"我告诉你上帝是没有的;上帝创造世界是一种妄想。世界的永恒性并不比一个心灵的永恒性更不合适。因为我不能设想,运动虽然这样好地具有着守恒的品性,却如何产生出宇宙来,而为了要解除这一困难,就来假设一个我更不能设想的东西的存在,这是可笑的。如果物理世界范围内所表现出的那些奇事显得有某种智慧,那么在道德世界范围内统治着的无秩序就把全部的天意化为乌有了。我告诉你,如果一切都是一个上帝的作品,那么一切就都应该是不可能更好的。因为如果一切不是不可能更好的,那就是上帝无能或有恶意了。那么,我对他的存在不甚明了,也就是最好的了。既是这样,我又要你们这些启迪干什么呢?如果也同样证明了整个的恶也不失为一种善的源泉,证明了布利丹尼古斯这个最好的王子死了是好的,而尼隆这个最坏的人统治国家也是好的①,那么怎么样可以证明不用同样的方法就不可能达到同样的目的呢?容许罪恶以便显示德性的光芒,这样只有一点微不足道的好处,而弊病却是很实在的。"无神论者说,这就是我对你们的反驳,你们将如何回答呢?……"因为我是个大罪人,因为我如果丝

---

① 布利丹尼古斯是罗马皇帝格老地的儿子;尼隆是格老地的养子,继他的位做罗马皇帝。布利丹尼古斯是被尼隆毒死的。——译者注

毫没有要畏惧上帝的地方,我就不会打击他的存在。"这话让夸夸其谈的人去说吧,这话可能触犯真理,礼貌也不容这样说,并且这话显得缺乏仁爱。因为一个人犯了不信上帝的错误,难道我们就有理由伤害他吗?只有当缺乏证明的时候,才求援于詈骂。在两个辩论者中间,要是100人都打赌说某一个人错了,那个可能错了的人也会动怒的。曼尼普①曾对尤比德说:"你不回答而大发雷霆,那么你是错了吗?"

十六

有一天,有人问一个人是否有过真正的无神论者。他回答道:你相信有过真正的基督徒吗?

十七

全部形而上学的胡扯,都抵不过一个"即以其人之道还治其人之身"的论证。要服人,有时只要唤醒身体上或精神上的感觉就行了。有人就曾用一根棍子,为庞罗派的人证明他否认自己的存在是错了。加尔都士②手里拿着手枪,就可以给霍布士一个同样的教训:"不拿钱来就拿命来,这里只有咱们俩,我比你强,咱们之间不是什么公道问题。"

十八

无神论者所受到的巨大打击,并不是出于形而上学者之手的。要动摇唯物主义,马尔布朗士和笛卡儿的那些卓越的沉思,还不如

---

① 曼尼普,希腊哲学家,公元前3世纪时人,犬儒派。——译者注
② 加尔都士,18世纪时法国著名的盗魁。——译者注

马尔丕基①的一个观察适当。如果说唯物主义这一危险的假设在我们今天已经摇摇欲坠，那么荣誉是应该属于实验物理学的。只是在牛顿、穆申勃洛克②、哈特措克③和纽文蒂特④的作品中，人们才找到关于一个具有最高智慧的实体存在的充足证据。多亏这些伟大人物的工作，世界才不再是一个神，而是一架机器，有它的齿轮、缆索、滑车、弹簧和悬摆。

十九

本体论的那些精细推论，至多只是使人成为怀疑论者。只有对自然的认识，才使人成为真正的自然神论者。单单细菌的发现，就消解了无神论的一个最有力的反驳。不管运动是物质的本性，还是物质的偶然性质，我现在已深信它的结果最后在于发展。一切的观察都向我指明，单单腐烂是不会产生任何有机物的。我可以承认，最卑微的昆虫的机构是和人的机构一样奇异的，我也不怕人们由此推论说分子的一种内部活动既然产生昆虫，似乎也就产生了人。如果有一位无神论者在 200 年前提出一个看法，认为也许有一天会看到一些人完全成形地从地心中冒出来，就像我们看到一群虫子从一块发臭的肉中孵化出来一样，我倒很想知道一个形而上学者是如何回答他的。⑤

---

① 马尔丕基（1628—1694），杰出的意大利生物学家和解剖学家。——译者注
② 穆申勃洛克（1692—1761），荷兰数学家。——译者注
③ 哈特措克（1656—1725），荷兰哲学家和光学家。——译者注
④ 纽文蒂特（1654—1718），荷兰数学家。——译者注
⑤ 这里狄德罗是指勒地关于昆虫的生殖的实验，正如前一条中的意思一样，他在这里是想谈由于望远镜和显微镜这两种奇异的仪器的发明而获得的那些发现。（全集编者原注）

二十

　　我曾试用经院学派的繁琐推论去反对一个无神论者,结果是徒然。他甚至就从这些推论的弱点中取得了一个相当有力的反驳理由。他说:"人们已为我把许许多多无用的真理证明得无可争辩了,但上帝的存在,道德上的善和恶的实在性,灵魂的不死,在我还依旧是问题。怎么!让我弄清楚这些题目,比起让我相信三角形三内角的和等于两直角来,难道不重要些吗?"当他以巧妙的雄辩家的神气让我一口一口慢慢喝尽了这一杯思想的苦酒时,我又提出一个问题,重掀起这场战斗。这个问题在一个正踌躇满志于最初胜利的人看来,应该显得奇怪……我问他,你是一个有思想的东西吗?……他以一种自满的神气回答道:"你难道能怀疑这一点吗?"……为什么不能呢?我对那个制服了我的对方觉察到了些什么呢?……一些声音和一些运动吗?……可是哲学家在一个被他剥夺了思想机能的动物身上也同样看到这些,为什么我要承认你具有笛卡儿不承认蚂蚁具有的那种东西呢?你在外表上做出了一些动作,相当于哄骗我你有思想,我是被引得相信你实际上在思想的了。但是理性不让我立刻下判断。它对我说:"在外表行动和思想之间,毫无本质的联系。可能你的对手和他的表一样没有思想:是不是应当把人习惯于和它谈话的第一个动物当作一个有思想的东西呢?有谁告诉过你所有的人就不是像鹦鹉一样,在你不知道的时候被教会说话的呢?……"他答复我说:"这个比喻至多只是很巧妙而已,我们不应当根据运动和声音,而应当根据观念的连贯,各个命题之间的前后一致,以及各个推论之间的联系,来断定一个东西在思想:如果有一只鹦鹉对什么话都能回答,我将毫不动摇地宣布这是一个有思想的东西……可是这个问题和上帝的存在有什么共同之点呢？难道你一给我指明了我认为最有智能的人也许只是一个自动机械,我就会比较倾向于承认自然中有一个心智吗？……"我又说,这是我的事,可是你得同意,否认你的同类有思想能力将是发疯。"当然,可是由此就会得出什么结论来呢？……"由此可见,如果这个宇宙,我说什么宇宙！如果一只蝴蝶的翅膀给予我一个心智的一些迹象,而这些迹象比起你仅仅从你的同类赋有思想能力这一点得到的那些征象要明显 1 000 倍,那么,否认有一位上帝存在,比起否认你的同类有思想来,也要狂妄 1 000 倍。然而,尽管如此,我还是诉诸你的灵明、你的意识。你有没有注意到,任何一个人的推理、活动及行为,都比一个昆虫的机构有更多的心智、条理、灵敏和一贯性呢？神性印在一个小虫的眼睛中,不是和思想能力印在伟大的牛顿的作品中一样明显吗？怎么！实际世界难道不如理论世界更能证明有一个心智存在吗？……这是什么样的主张！……你答辩说："可是,我像承认我自己在思想一样,甘愿承认旁人也有思想能力啊……"好,我同意这一点,自负我是没有的,可是我不是以我的证明比你的高明而得到了补偿吗？由自然的作品证明自然中有一个最高实体的心智,不是比由哲学家的著作证明一个哲学家有思想能力更清楚吗？那么你再想一想,我还只是以一个蝴蝶的翅膀,以一条虫子的眼睛来反驳呢！而我本来是可以用整个宇宙的重量把你压倒的。要么就是我自己大错特错,要么就是这证明比人家在学校里教导的证明好得多。就是根据这一推论及若干其他同样简明的推论,我才承认有一位上帝存在,而并不是根据那些枯燥的形而上学的观念组织,这套组织是不适于揭露真理的,而只能给真理一种谬妄的气氛。

二十一

我打开一位有名的教授①的笔记本,读到这样的话:"无神论者们,我同意你们所说的运动是物质所固有的,从这里你们得出什么结论呢?……是说世界是原子的偶然投掷所造成的结果吗?我也同样宁愿你们告诉我说,荷马的'依利亚德'或伏尔泰的'亨利亚德'是许多字的偶然投掷所造成的结果。"我要留心把这个推论说给一个无神论者听去,这个比喻会给他一个很重的打击。他会告诉我说,根据分析掷骰子的规律,如果一件事是可能的,对它的发生我就不应该感到惊奇,至于这件事的难于发生,将从投掷的次数得到补偿。同时以十万颗骰子,要掷出十万个六来,我是有很多次数可以赢的。人家提议让我用来偶然产生"依利亚德"的字母,不论是怎样一个有限的数目,也总有这样一个数目的投掷次数,可以使这一提议对我有利。要是约定的投掷次数是无限的话,我的好处甚至也是无限的。他又将继续说:你愿同意我,物质是永恒存在的,而运动是为它本性固有的。为了报答你这好意,我将跟你假定世界是没有界限的,原子之多是无限的,而这使你惊讶的秩序是毫无悖谬之处的。而从这彼此的同意中,不能得出别的结论,只能是偶然产生这宇宙的可能性是很小的,但投掷次数的量是无限的。这就是说,事情的困难,是绰有余裕地为投掷次数之多所补偿了。那么,如果说有什么当为理性所不能接受的话,就是这样的假定,就是说物质既然是永恒运动的,并且在无数次的可能的组合中,既然也许有无数令人赞叹的安排,而在它连续出现的无限多次的安排中,竟不会

---

① 据布利叶版所说,这大概是指李伐尔,他当时正在讲授哲学。但以下的推论是在一切教授的笔记本中都基本上可找得到的。(全集编者原注)

碰到一次这种令人赞叹的安排。因此,心灵与其对于这宇宙的实在产生感到惊奇,倒不如更应该对这种假设的混沌之持久感到惊奇。

二十二

我把无神论者分为三类。有一些是干脆地告诉你说上帝是没有的,并且也是这样想的:这是真正的无神论者。有相当多的人是只知道想这问题,并且很情愿决定这个或正或反的问题的:这是怀疑论的无神论者。更多的人是愿意没有上帝的,他们做得好像深信这一点的样子,并且好像他们是无神论者那样生活:这些是吹牛皮的家伙。我讨厌这些吹牛皮的家伙,他们是虚伪的;我可怜那些真正的无神论者,我似乎觉得对于他们一切安慰都死绝了;而我为那些怀疑派祈求上帝,他们缺乏光明。

二十三

自然神论者肯定有一位上帝存在,肯定灵魂不死和它的后果。怀疑论者对这些问题都不加确定,无神论者则否定它们。因此,要成为有道德的人,怀疑论者就比无神论者多一种理由,而比自然神论者少某种理由。若没有对立法者的恐惧,没有性情上的倾向及对于道德的实际好处的认识,则无神论者的正直将缺乏基础,而怀疑论者的正直则将是基于一个"或许"之上的。

二十四

怀疑论是不适合于一切人的。它得有一个前提,就是一种深刻的并且不计利害的考查:那种因为不知道可信的理由所以怀疑的人,只是一个无知的人。真正的怀疑论者是思考并且权衡过这些理由的。但权衡推理并不是一件小事。我们有谁确切地知道这种推理的价值呢？对于同一真理,拿出一百条证明来,任何一条都不会没有赞同的人的。每一个心灵都有它的望远镜。在你眼里根本不存在的一个反驳,在我眼里却如一个巨像屹立着。一个理由在你觉得轻如鸿毛,在我却重如泰山。如果我们对本身固有的价值看法是如此分歧,我们又将如何对相对的分量取得一致呢？请告诉我,究竟需要多少道德上的证明才能与一个形而上学的结论相平衡呢？究竟是我的这副眼镜不准还是你的不准呢？那么,既然权衡理由是这样困难,既然没有一个问题不是有人赞成或有人反对,并且几乎总是同等的分量,为什么我们要决断得这样快呢？我们这种如此断然的口气是从哪里来的呢？那种独断的自满,总是事与愿违,这种情形我们不是碰到过千百次吗？"试笔"的作者曾说(第3卷,第11章):"当人家对我把那些似乎是真的东西确定为必然无误时,就使我对那些东西觉得讨厌。我喜欢这些使我们的命题的冒险性减弱或缓和的字眼,如偶然、任何、某种、据说、我想以及诸如此类的字,而且如果要我去教育儿童的话,我将让他们口中常带着这种探询的而不是决断的答话的口气,如:'这怎么说''我不懂''可能是''真的吗'之类,使他们毋宁到六十岁也保持着学徒的样子,而不是像他们现在那样,才十岁就俨然像老博士了。"

二十五

什么是上帝？这问题是对小孩就提出的,而哲学家对它也很难回答。

人家都知道一个小孩到什么年龄应该学写字,学唱歌,学跳舞,学拉丁文,学几何。独独在宗教这件事情上就丝毫不管他力所能及的程度了。他刚有一点懂事,人家就问他:什么是上帝？就在同一时刻,从同一张嘴里,他学到有小鬼,有精灵,有"狼妖巫",还有一个上帝。人家以这样一种方式再三叮嘱他一条最重要的真理,这种方式就使他有一天可以在他理性的裁判所前面贬抑这条真理。如果到了二十岁,他发现上帝的存在在他头脑里是和一大堆可笑的偏见混在一起,因此就来否认它,并且也像我们的审判官处理一个偶然和一群恶棍搅在一起的好人一样来处理它,这又有什么令人奇怪的呢?

二十六

人们对我们谈上帝是谈得太早了,另一缺点是人们又不够坚持上帝的在场。人们已把上帝从他们之中驱逐出去了,他们把他禁闭在一个圣殿中。寺院的围墙挡住了他的视线,在这外面他就不存在了。你们是多么傻啊!把这些拘束你们观念的藩篱摧毁,把上帝扩大,看到他到处都在,或者就说他根本不存在。如果有一个小孩要我来教育的话,我就要使上帝成为他一个如此实在的伴侣,使他觉得成为一个无神论者比起和上帝分开也许更不值得。我将不引一个他有时认为比他更坏的旁人做榜样,而直截了当地告诉他:上帝听着你,而你说谎。年轻人是喜欢能感觉到的东西的。因此我将在他周围增加许多表示上帝在场的记号。例如,假若在我家里要有一个聚会,我就要为上帝指定一个座位,而我将使我的学生习惯于说:我们是四个,上帝,我的朋友,我的师傅和我。

二十七

无知和好奇是两个很软的枕头,但要觉得它们确是这样软,必须有生得和蒙田一样好的头①。

---

① "啊!无知和好奇,是一个多么柔软并且良好的枕头,来安置一个生得很好的头。"见蒙田《试笔》,第3卷,第13章。——译者注

二十八

有沸腾的心灵和热烈的想象的人们,是和怀疑论者的迟钝不相容的。他们宁愿匆忙地作一选择而不愿不作任何选择;宁愿陷于错误也不愿过不确定的生活:或者因为不相信自己的胳膊,或者因为怕那水深,总之人家看到他们永远挂在那树枝上,他们完全感觉到那树枝是很软的,而他们宁愿挂在那里,不愿投身在激流中。他们肯定一切,虽然他们丝毫也没有留心地考查过;他们对什么也不怀疑,因为他们既无这种耐心,也无这种勇气。受着那决定他们的微光的支配,如果凑巧他们也碰到真理,这并不是由于摸索,而是突然的,并且好像是由于天启。他们就是在独断主义者中间所谓信徒中的自称得天启的幻想者。我曾经见过这不安定的一类中的一些个人,他们就不能设想人如何能把心灵的平安和犹豫不决结合起来。"不知道自己是谁,自己从哪里来,到哪里去,和为什么来了,竟是幸福生活的方法!"怀疑论者冷冷地回答道,我自夸不知道这一切,而并不更不幸些,如果当我问到我自己的境况时,我发现我的理性哑口无言,这丝毫不是我的过错。整个一生我将不知道那些我不可能知道的,而并没有什么忧愁。对于那些我不可能给自己的知识,并且我既然被剥夺了这种知识,它们对我大概也不是十分必要的,我为什么要因为没有它们而觉得遗憾呢?我们这时代第一流的天才之一[①]曾说过:这样我将也一样喜欢为没有四只眼睛、四只脚和两只翅膀而认真发愁了。

---

① 指伏尔泰。——译者注

二十九

人家应该要求我追求真理,但不能要求我一定找到真理。一个诡辩就不能比一个可靠的证明更深地打动我吗?我被迫同意把假的当作真的,而把真的当作假的来加以抛弃。但是,如果我是无辜地弄错了,我又怕什么呢?人并没有因为在这个世界中曾有智能而在另一世界中得到报偿。那么就会因为在这个世界中缺乏智能而在另一世界中受到惩罚吗?因为一个人不善推理就罚他,这是忘了他是一个傻子而把他当作一个坏人一样来处理了。

三十

什么是怀疑论者?这就是一个哲学家,他曾怀疑过他所相信的一切东西,而相信他的理性和感觉的合法应用给他指明为真的东西。你还要什么更确切些的定义吗?如果庇罗派人认真起来,你就会看到怀疑论者了。

三十一

凡是从来没有被当作问题的,都是丝毫没有经过证明的。凡是未经毫无成见地考查过的,就是从来未经很好地考查过的。因此,怀疑论是走向真理的第一步。它应该是一般的,因为它是真理的试金石。如果哲学家为了确定上帝的存在,是从怀疑其存在开始,那么还有什么命题能逃脱这种证明呢?

三十二

不信有时是傻子的毛病,而轻信则是聪明人的缺点。聪明人对广阔的可能看得很远;傻子则几乎只把实际存在的东西看作可能的。也许就是这一点使得一个很怯懦而另一个很冒失。

三十三

相信得太多和相信得太少同样是冒险。做一个多神论者比做一个无神论者,其危险既不多些也不少些;而只有怀疑论能同样保证在任何时候任何地方都不趋于这相反的两极端。

三十四

一种半怀疑论是一个心灵软弱者的标志。他显得是一个怯懦的推论者,让推论出来的结论把自己吓倒。他是一个迷信者,以为束缚他的理性就是尊崇了他的上帝。他是一个无信仰者,怕对自己撕破假面具:因为如果像半怀疑论者所深信的那样,真理在考查中丝毫不会失去什么,那么对那些他怕加以探测的,像放在一个他不敢接近的圣殿里那样放在他脑子的一个角上的有特权的概念里,他的灵魂深处究竟怎样想的呢?

三十五

我听到到处都在喊不信神。基督教徒在亚洲是不信神的,伊斯兰教徒在欧洲,罗马天主教徒在伦敦,加尔文教徒在巴黎,冉森教徒在圣雅各路以上,莫利那教派在圣美达郊区以下都是不信神的人。那么究竟什么是不信神的人呢?所有的人都是,还是没有人是不信神的呢?

三十六

当那些虔诚的人对怀疑论大发脾气时,我觉得他们是不大了解自己的利益的,或者他们是自相矛盾的。如果确实一种真的宗教信仰之为人采取,和一种假的宗教信仰之为人抛弃,是只要很好地认识就够了,那么一种普遍的怀疑散布于全球将很有希望,一切民族都愿把他们的宗教的真理当作问题来探讨一番。我们的传教士将发现他们的事业的一大半已经完成了。

三十七

凡是经过选择而没有保持他因教育而接受的宗教信仰的人,是不能以是一个基督教徒或伊斯兰教徒自负的,正如不能以生来不是瞎子或跛子自负一样。这是一种幸运,而不是一种功劳。

三十八

一个人若为一种他认为虚伪的宗教信仰而死,他将是一个疯狂的人。一个人为一个虚伪的、但他信以为真的宗教信仰而死,或为一种真的、而他并没有证明的宗教信仰而死,则他是一个热狂的盲从者。

真正的殉道者是为一种真正的、并且其真理已为他证明了的宗教信仰而死的人。

三十九

真正的殉道者是等待着死亡;狂信者则奔向死亡。

四十

一个人在麦加,若跑去侮辱了穆罕默德的遗骸,推翻了他的祭台,扰乱了整个清真寺,他一定会被处以长棍贯体的刑罚,也许不会被封为圣者。这种热心已不再行时了。玻利欧克德在我们今天将只是一个疯子。

四十一

那种天启、奇迹、非常的使命之类的时代是过去了。基督教已不再需要这种胡诌了。一个人若在我们之间想来充当约拿那样的角色,跑到街上去大喊说:"再过三天,巴黎就要没有了;巴黎人啊!赎罪吧!用麻袋和灰把自己盖起来吧!否则再过三天你们就要死了!"他将马上被抓住,并且被拖到一个法官面前去,法官也就一定会把他送进疯人院。他将很可能说:"人民啊!上帝爱你们就不如爱尼尼微人吗?你们就比尼尼微人罪少些吗?"人们也不会有那样的兴致去回答他,而把他当作一个幻想者,人们也不会等他预言的期限。

以利亚高兴时可能从另一世界回来,人们就是这样,他将会做出一些伟大的奇迹,要是他在这世界里受到很好的接待的话。

四十二

当有人向人民宣告一种与占统治地位的宗教相冲突的教条,或某种违反公共治安的事时,就算他用一些奇迹证明了他是负有上帝的使命,政府还是有权惩治他,而人民也有权喊着:"把他钉上十字架!"把人心交给一个骗子的诱惑,或交给一个幻想者的梦想,有什么危险不会发生呢?如果说耶稣基督的血曾喊着对犹太人复仇,那是因为当他们使他流血时,他们塞住耳朵不听摩西和先知们宣告他是弥赛亚的声音。就算一位天使刚从天上下来,就算他用许多奇迹来支持他的理论,如果他的说教违反耶稣基督的法律,保罗还是愿人家把他斥为异端而予以弃绝。因此要判断一个人的使命,应该不是凭那些奇迹,而是要看他的教义是否符合他自称被差遣到他们中间的人民的教义,尤其是当这人民的教义已被证明为真的时候。

四十三

在一个政府之中,一切革新都是可怕的。即使最健康最温和的宗教,就像基督教,它的巩固下来也不是没有引起某些麻烦的。基督教会的最初儿女,是不止一次地背弃了为他们规定的节制和忍耐。请允许我在这里引几段朱里安帝的一篇敕令中的片断,它们将非常清楚地表现出这位哲学家君主的天才和他那时的虔诚者的脾气。

朱里安说:"我曾想象,那些加利利人的首领们将感觉到我的办法和我的前任的办法是多么不同,而他们将会对我有些满意。他们在他统治之下曾遭受到放逐和囚禁,并且人家曾把他们之中称为异端的人杀害了许多……在我的统治之下,则召回了被放逐的人,释放了被囚禁的人,并且发还了被剥夺的财产。但是这一类的人是如此不安和狂暴,以致他们一旦失去了彼此互相吞噬和对无论信从他们的教条或尊奉法律许可的宗教的人加以迫害的特权,就不惜任何手段,不放过任何机会来激起叛乱。这些人是毫不顾真正的虔诚,并且毫不尊重我们的法度的……可是我们并不要人们把他们拖到我们的祭台脚下,也并不要人们对他们施以残暴……至于这个下贱民族,似乎是他们的首领激起了他们的叛逆精神。这些首领对我们加在他们权力上的限制极为愤怒。因为我们曾禁止他们进入我们的法庭,而他们也不再有处理遗嘱、谋夺合法继承人的位置和侵占遗产的方便了……因此,我们禁止这一民族聚众骚动,以及在其煽动叛变的祭司处结党谋反……我们的官吏已不止一次受那些暴民的伤害,并有被投石打死的危险,愿此敕令使我们的官员得保平安……让这些暴民平静地到他们的首领那里去,让他们在那里祈祷,在那里受训诲,在那里举行他们所接受的宗教仪式。我们允许他们这样,但是让他们放弃一切作乱的计划……如果这些集会被他们用作叛乱的机会,那是他们以身试法,将自取其咎。特此谕知……你们这些无信仰的百姓,应当太太平平地生活……而仍忠诚于你们本国的宗教和你们祖先的神的人们,不要迫害你们的邻人,不要迫害你们的同胞,比起他们的邪恶应当受谴责,他们的无知是更当受怜悯的……要使人归依真理,应凭理性而不是凭残暴。因此我晓谕你们,我忠诚的臣民,让那些加利利人过平安日子。"

这就是这位君主的感情,对于他,人家可以责备他是异教,但不能责备他背教。其幼年是在各个不同的师傅手下,并且是在各个不同的学校中度过的。而到了较大时,他作了一个不幸的选择,他不幸地决定尊奉他祖先的宗教和信他本国的那些神。

四十四

有一件事使我惊奇,这位有学问的皇帝的作品居然一直传到了我们手中。这些作品中包含着一些文辞,固然丝毫无碍于基督教的真理,但对于他当时的某些基督徒是相当不利的,足可引起教父们所具有的那种要消灭他们敌人作品的特殊注意。大圣格里哥利显然是从他的先辈们那里继承了那种未开化人的热忱,使他热衷于反对文学和艺术。如果一直是这位教皇那样,那我们将也和回教徒的情形一样了,他们全部可读的书就只限于他们的可兰经。因为,那些古代的作家,如果到了一个对宗教原则上欠通的人手中,他以为遵守文法规则也就是使耶稣基督从属于杜那[①],并且确

---

① 杜那,拉丁文法学家,直到17世纪一直占古典教学的独占地位。"杜那"是最早印成的书籍之一。——译者注

实自以为必须把古代的废墟加以修葺,那么这些作家的命运将会是怎样呢?

四十五

可是,那些圣书上的上帝,并不是一个这样清楚地印在它们之中的文字,以致那些圣史家的权威,是绝对地独立不依于世俗作者的证据的。如果必须在我们那种形式的圣经中找出上帝的意旨,我们将是到了何等田地啊!那拉丁文的译文,有多少不是蹩脚可怜的?即使圣经的原文也都不是文章中的杰作。那些先知、使徒和传福音者都是照他们所了解那样写的。如果能容许我们把希伯来民族的历史看作是一种简单的人类心智的产物,那么摩西和他的那些后继者是不会胜过底德李维、萨鲁斯德、恺撒和约瑟的,所有这几位,人家一定都不会猜想他们是凭灵感而写的。人家不会认为宁爱耶稣会士贝吕叶而不爱摩西吗?在我们的教堂中保存着一些图画,据说是天使和上帝自己画的。如果这些画是出于勒·秀欧或勒·布伦之手,我对这不可记忆的传统能有什么可反对的呢?也许根本就没有了。但当我来观察这些"天上的"作品,而看到不论在构图或落笔方面,每一步都违反了绘画的规则,艺术的真实到处被弃置不顾时,我只能猜想作者是个无知之徒,因而必须揭露这传统是怪诞不经的。如果我不是知道《圣经》中所包含的东西说得好或坏是多么无关紧要,我怎么会不拿这些图画来和《圣经》作比附呢?那些先知都自诩他说的是真话,而并不自诩说得好。那些使徒岂不都只是为他们所说或所写东西的真实性而死,而并不是为别的东西而死的吗?回到我所讨论之点来,保存那些世俗作家的作品,关系岂不重大?这些世俗作家,至少在关于耶稣基督的存在和奇迹、关于彼拉多的气质和性格,以及关于最初的基督徒的行为和殉道等方面,是不能不和这些圣史家一致的。

四十六

你将对我说,整整一个民族都是这事实的证人,你敢否认它吗?是的,只要没有某一位不属于你们一派的权威再对我证实,并且我也不知道这位某人是不会狂热和诱骗的,我就将敢于否认。还有,就算有一位公认为大公无私的作者对我说:有一个城中裂开了一个深坑,为这事去问了神,神的回答是说,如果人们把自己所有的最宝贵的东西丢进去,这坑就会合拢。有一位勇敢的骑士自己投入了这深坑,神的话果然应验了,我也不大相信。他若只是简单地说,某地裂开了一个深坑,人们花了相当大的时间和劳力把它填平了,我还要相信得多些。一个事实越不像,则历史的证据就越失去分量。即使只有一个老实人告诉我说,"皇帝陛下正对同盟军获得了一次全胜",我可以毫不犹豫地相信。但即使全巴黎都对我保证说,在巴西有一个死人刚刚复活了,我也丝毫不会相信。一个历史家欺骗了我们,或者是整个民族都错了,这并不是什么奇怪的事。

四十七

塔尔昆计划要在罗慕洛斯所建立起来的军队中增加一些新的骑兵队。有一个卜者对他说,如果没有神的授权,在这军队中作任何改革都是渎神的。塔尔昆为这教士的放肆所激怒,决定要给他一个难堪,并亲自使那妨碍他的权威的技艺失灵,就让人把这卜者叫到公共场所来,对他说:"卜者,我所想的事是可能的吗?如果你的学问确如你所吹嘘的那样,就应该使你能够回答。"这卜者毫不惊慌,问了那些卜鸟,就回答说:"是的,大王,你所想的是可以做的。"于是,塔尔昆就从他袍子底下抽出一把剃刀,并且手里拿了一块石头,对卜者说:"近前来,为我用这剃刀来切开这石头,因为我想这是可能的。"纳维乌斯,这就是这卜者的名字,转向人群,确有把握地说:"让人用这剃刀来切石头吧,如果它不马上分开,就让人把我拖到刑场去。"果然,完全出人意料,人们看到石头的坚硬在剃刀的切割下让步了!它的各部分很快地自行分开,以致剃刀割到了塔尔昆的手,并且在他手上割出了血。惊奇的人民大声欢呼,塔尔昆就放弃了他的计划,并宣布自己为那些卜者的保护人。人们把那剃刀和石头的碎片封存在一个祭坛下面,人们为这卜者立了塑像。这塑像到奥古斯丁在位时都还存在,而不论世俗界和宗教界的古人,在拉克当斯、哈利加纳斯的德尼和圣奥古斯丁的作品中都为我们证明这事是真实的。

你已经听到了历史的记载了,现在请听一听迷信的说法。迷信的昆都斯对他的兄弟西塞罗说:"对于这,你如何回答?你必须自陷于一种可怖的庀罗主义,把那些人民和历史家都当作蠢人,并且把历史书都烧了!否则就得承认这事实。你宁愿否认一切,也不肯承认众神参加我们的事务吗?"

"我在这里不能任意使用哲学家的证据,因为这些证据可能是真的,可能是假的,也可能是虚构出来的。我们需要的证据和理由,就是对经常遇到的事情,尤其是对那些使我不能相信的事情应当指出的理由……抛开罗慕洛斯的占卜杖吧,你说最热的火也不能燃烧它,阿图斯·纳维乌斯的矿石也不能磨损它吗?神话在哲学中是应该没有地位的。你以一个哲学家的身份,首先应当详细考察迷信的本质,其次考察迷信的起源,再次考察迷信的持续……伊特鲁斯康人有那个从土里掘出来的孩子制定了他们的法度。我们有谁呢?阿图斯·纳维乌斯吗?……你认为那些没有知识的人建立了神的学问吗?"①但这是那些国王、那些民众、那些民族和全世界的信仰。"好像世界上最普遍不过的事莫过于庸俗无知,或者好像自己下判断必须接受庸俗群众的意见似的!"以上就是这位哲学家的答复。就让人为我引证一个唯一的奇迹,这答复是不适用的吧!那些教父们,大概是看到了利用西塞罗的原则有很大不便,就宁可更喜欢承认塔尔昆的事件,而把纳维乌斯的技术归之于魔鬼。这魔鬼真是一副好机器啊!

四十八

一切民族都有这一类的事实,这种事,为了要奇异怪诞,所缺的就是真实。人们用这些事来推证一切,但丝毫也不能证明什么。不是不信神的人就不敢否认它,而不是傻瓜也就不能相信它。

四十九

罗慕洛斯受了雷击,或者是被那些元老暗杀了,总之是从罗马人中失踪了。人民和兵士为此而窃窃私语。国家的秩序都乱了,而新生的罗马内部陷于分裂,外面又有敌人环视,正处于覆灭的边缘,于是有一位普洛居莱庄严地起来并且说:"罗马人,你们所怀念的这位君主,他根本没有死,他已经上天去了,他在天上就坐在尤比德的右边。他曾对我说,去吧,叫你的同胞们安静,告诉他们罗慕洛斯是在众神之中;向他们保证我一定保佑他们;让他们知道敌人的力量永远不会胜过他们。命运要他们有一天成为世界的主人,只要让他们把这预言一代一代传下去,一直传到最远的后代。"这是欺骗的好机会,而如果我们考查一下当时罗马的事态,我们当

---

① 西塞罗的《论迷信》第2卷,第80、81章。

然会承认普洛居莱是个有头脑的人,并承认他能够抓住时机。他在人们心中引进了一个成见,这对于他祖国未来的伟大,不是无用的……那个宣传信仰这件事的人感到新奇。人民对于罗慕洛斯的那种希望,对不朽的信仰,使人愉快起来了。那个人的赞美和当时的恐惧使这件事传播出去了,以后由于有些人赞美上帝、崇奉上帝的缘故,人们便祈请罗慕洛斯来拯救世界。这就是说,让人民相信这一显灵的事件,让那些元老也装作相信它,并且让罗慕洛斯有享祭的祭坛。但事情不会就止于此的。不久,罗慕洛斯就根本不是向简单的一个特殊的个人显现了。他有一天向一千多人显现了。他根本不是受雷击,那些元老根本没有趁暴风雨的时机干掉他,而是整个民族眼看着他在电光雷声中升上天空的。而这一事件,随着时间的推移,就匿迹在这样许许多多的文件中,以致到了下一世纪,坚决不信神的人对它也要感到很困惑了。

五十

仅仅一个理论上的证明,要比五十件事实更能打动我。多谢我对理性的极端信任,我的信仰绝不是听凭第一个碰到的江湖卖艺的人摆布的。穆罕默德的大祭司,你使跛子能正常地走路,使哑巴说话,使瞎子复明,使瘫子痊愈,使死者复活,甚至施行那远没有试过的奇迹,使残废者所缺的手足再长出来,使你大吃一惊,我的信仰将丝毫不因此而动摇。你愿我变做你的新信徒吗?那么把所有这些幻术都收起来,让我们来讲理吧。我对我的判断比我的眼睛更靠得住。

如果你对我宣传的宗教是真的,那么它的真理就能够被揭示出来,并且能用颠扑不破的理由来加以证明。把这些理由找出来吧。当你只需要一个三段论就可以说服我时,为什么要用一些奇迹来窘我呢？怎么！那么使一个跛子能正常走路,在你竟比给我讲明道理还容易些吗？

五十一

一个人躺在地上,没有感觉,没有声音,不热,也不动。人家把他翻过来,又翻过去,摇他,用火烧他,什么都弄不动他,连热的火也试不出他有什么生命的征象,人家认为他是死了。他是死了吗？不。这是加拉谟教士的替身。"当他高兴的时候,就模仿一种痛哭的人的声音,随即失去知觉,躺在那里像个死人一样,不但揪他捏他毫无感觉,就是用火烧他,他也全无痛苦之感,除非后来由于受了伤,他才觉得痛,等等。"① 如果某些人在我们今天碰到这样一件事,他们倒可以因此大获其利了。人家将会让我们来看一个死尸在一个受天命者的遗骸上复苏。那位冉森派大员的集子②中将充满了关于一次复活事件的记载,而那位立宪党人也许要觉得被搅糊涂了。

五十二

波尔特—罗亚尔的逻辑家③说,必须承认圣奥古斯丁与柏拉图一致的主张,即对真理的判断和关于辨别的规则是不属于感觉而属于心智的。在感觉中没有真理性的判断。甚至于那种可以从感觉得到的确定性,也是扩展得不很远的。并且有好些事物,人们以为是凭感觉的媒介知道的,因而对它们根本没有一种充分的信

---

① 圣奥古斯丁的《神城论》第14卷,第24章。
② 指议政院议员蒙日隆献给国王的一部记载奇迹的作品。——译者注
③ 波尔特—罗亚尔是著名的冉森派修道院,编了许多教科书,其中就有《波尔特—罗亚尔逻辑学》。逻辑家指亚尔诺和尼古拉。——译者注

心。因此,既然感觉的证据和理性的权威相冲突,或根本不能和理性的权威相对等,这就根本没有什么可抉择的。在好的逻辑中,就必须坚持理性。

五十三

一个郊区①响彻了欢呼声,有一个受天命者②的遗骸在那里一天之中就创造了比耶稣基督一生还多的奇迹。人们向那里跑着,都拥到那地方去,我也随着人群去了。我还没有走到那里,就听到喊:奇迹!奇迹!我走到近处,仔细看了一看,只见一个小跛子由三四个善男信女扶着在走来走去。人们为此大为惊叹,老是重复喊着:"奇迹!奇迹!"奇迹究竟在哪里呢?你们这些傻瓜!你们看不见这骗局无非是换了几根拐杖吗?这里面有奇迹,就正如永远有鬼怪一样。我可以打赌,凡是那些看见了鬼怪的人,都是事先就怕鬼怪的,而这些在那里看到奇迹的人,也都是事先就打算定了要看到奇迹的。

五十四

可是,关于这些所谓奇迹,我们却有一部厚厚的集子记载,简直可以向最坚决地不信的人挑战。作者是一个参议员,是一个严肃的人,曾讲过一种唯物主义,其实是相当于一知半解的,但也没料到会有改变信仰的遭遇。他是所记述的那些事实亲眼目睹的证人,而对于这些事他是能够毫无私见、毫无利害关系地加以判断的,他的证据还有千百个旁人一起可以作证。所有的人都说他们

---

① 圣马赛尔郊区,为圣美达尔教堂所在地。——译者注
② 助祭教士巴利,冉森派的狂热者都到他的坟上去求治病,蒙日隆把那些事迹都搜集记载成一个集子。——译者注

是看见了,而且他们的见证是要多可靠就有多可靠的。原始的证明书都保存在公共的档案里。对此如何回答呢?只要关于他的想法问题没有解决,这些奇迹就是丝毫不能有所证明的。

五十五

一切推理,凡是对两方面都能证明的,就不论对这一方面或那一方面都不能证明。如果狂热主义有它的殉道者,就像真正的宗教有殉道者一样,如果在那些为真正的宗教而死的人之中,也曾有一些狂热者,那么,我们要是可能的话,就来数一数死者的数目,然后相信,否则我们就去寻求别的可信的缘由。

五十六

使人坚决不信宗教的,无过于那些虚伪的皈依宗教的缘由了。人们总是对那些不信教的人说:你是什么人?竟敢攻击一种为保罗们、台尔杜良们、阿塔纳细亚们、克立索斯顿们、奥古斯丁们、居卜良们①以及许许多多其他有名的人物这样勇敢地保卫过的宗教?你大概一定是觉察到了这些绝顶的天才所没有觉察到的某种困难,那么你就向我们表明你比他们知道得还多吧!否则,如果你承认他们比你知道得多,你就为他们的决定牺牲你的怀疑吧!这是浅薄的推论。教士们的灵明根本不是一种宗教真理的证据。还有什么宗教崇拜比埃及人的宗教崇拜更荒谬的?可是又有什么教士比埃及的教士更开明的?……不,我不能崇拜这根葱。它比别的蔬菜有什么特权呢?我若把我的敬礼滥施之于本来给我吃的东

---

① 保罗、台尔杜良、阿塔纳细亚、克立索斯顿、奥古斯丁、居卜良,这些是最初的基督教的奠基者、保卫者和传播者。——译者注

西,才是大傻瓜呢!一棵我所浇灌、在我们菜园子里生长并死亡的植物,竟是可笑的神灵啊!……"住口!可怜的人,你的渎神的话真使我发抖,这难道是给你去推理的!你在这个问题上知道得比那神圣的红衣主教团还多吗?你是什么人?竟敢攻击你的神灵,并且给他们的教士来上课?你难道比这些全世界都来求教的神谕更明白道理吗?不论你怎么回答,我将真的佩服你的傲慢或你的冒昧……"基督徒永远不会感觉到他们的全部力量,并且不会把这些不幸的诡辩让给那些以诡辩为唯一手段的人去作吗?"我们不要去理那些一般的从两方面都可以说而其实从两方面都不能说的东西。"①榜样、奇迹和权威可以造成一些受骗者或伪善者,只有理性才能造成信仰者。

五十七

人们同意:最重要的是只用坚实可靠的理由来保卫一种宗教;可是人们又很高兴迫害那些致力于揭穿坏理由的人。那么,做基督徒还不够,还一定要因那些很坏的理由而做基督徒才行吗?虔信的人们,我告诉你们,我并不是因为圣奥古斯丁是基督徒才做基督徒,而是因为做基督徒是合理的,所以才做基督徒的。

五十八

我知道那些虔诚的人,他们是很容易惊慌的。如果他们一旦断定这一作品包含着某种和他们的观念相反的东西,我就等着受那些为他们散布过的、牵涉千百个比我好的人的一切诽谤吧!如果我只是一个自然神论者和一个大罪人,那我倒不会吃多大亏。

---

① 引自圣奥古斯丁的《神城论》。——译者注

很久以来,他们就谴责过笛卡儿、蒙田、洛克和贝尔,我希望他们还会谴责许许多多别的人。可是我向他们宣布,我并不自诩比这些哲学家中大部分的人更诚实,也不自诩是更好的基督徒。我生在罗马的、使徒的天主教会之中,并且我以我全部的力量服从它的决定。我愿意死在我祖先们的宗教之中,并且我相信它对任何一个从来没有和上帝有过任何直接交往、并且从来没有见过任何奇迹的人是不能再好的。这就是我的信仰的告白,我几乎可以确定他们对这是会不满意的,虽然也许在他们之中没有一个能够作出一个更好的告白。

五十九

我有时也曾读过阿巴第、于埃①及其他人的作品。我充分认识我的宗教的那些证明,并且我承认它们是伟大的。但即使它们再伟大一百倍,基督教对我也还是没有证明的。那么为什么要强迫我像相信三角形三内角之和等于两直角一样坚定地相信在上帝中有三位呢?一切证明对我应该能产生和它的力量的程度成比例的一种确信,而几何学的、道德的、物理学的证明在我心中的作用应该是不同的,否则这种区别就没有什么意义。

六十

你给一个不信教的人摊开一本书,你想要借着它对他证明神性。但在开始考查你的那些证据之前,他不会不问你一些关于这本集子的问题。他将问你,这集子永远是一样的吗?为什么它的

---

① 阿巴第的《论基督教的真理》,1729 年。于埃的《关于人类精神的弱点的哲学论文》,1728 年。——译者注

篇幅没有几世纪以前那样大了呢？人家有什么权利把别的教派所尊敬的这个或那个作品去掉，又把别的教派所摈弃的这个或那个作品保留着呢？你偏偏取中这一稿本，究竟是根据什么呢？是谁引导你在这许多不同的抄本中作选择呢？有这许多不同的抄本，正是这些神圣作家的作品，并不是按照它们最初的、纯粹的原本传到你们手中的明显证据。但如果正如你必须承认的那样，由于抄写者的无知或由于异端的恶意，已把这些抄本弄坏了，那么在证明神性以前，你就必须先把这些抄本还它个本来面目。因为你的证据总不会落在一本被割裂了的作品集子上，我也不会靠这样的集子来建立我的信仰的。可是，你将要谁来作这种修改呢？教会。但是要我承认教会必然无误，只有给我证明了《圣经》上的神性才行。因此，你看，我就必须陷于怀疑论之中了。

要克服这一困难，只有承认信仰的最初基础纯粹是人性的，承认稿本的选择，各段文字的订正，最后那集子的编成是照批评的规则行事的。而我也根本不拒绝按照这些规则的可靠性的大小，对这些圣书上的神性增加某种程度的信仰。

六十一

正是在寻找证明时，我发现了一些困难。这些包含着让我信仰的缘由的书本，同时也给了我不信的理由。这是些公共的军械库。在那里，我看到了自然神论者武装起来反对无神论者；自然神论者和无神论者又和犹太人作斗争；无神论者、自然神论者和犹太人又联合起来反对基督徒；基督徒、犹太人、自然神论者和无神论者又跟伊斯兰教徒打架；无神论者、自然神论者、犹太人、伊斯兰教徒和基督教中的许多教派，又对基督徒群起而攻之，而怀疑论者又单独反对着所有这一切。我是这些争斗的评判者，我拿着天平在这些争斗者之中衡量，天平的两臂随着加在它们上面的重量而上升或下降。经过长久的摇摆之后，它倾向于基督徒这一边了。但它的重量比相反方向的抵抗力，仅超过了一点点。我自己是我的公正性的证人。这超过的分量在我看来不很大，原因并不在我。我是真心诚意地在证明上帝的。

六十二

这种意见分歧曾使自然神论者想到一种推论，这种推论与其说是坚实可靠的，也许更可以说是奇怪的。西塞罗在要证明罗马人是世界上最好战的民族时，就巧妙地从罗马人的敌人口中取得了这种供认。高卢人，如果你们在勇敢方面还要让人一筹，你们让谁呢？让罗马人。巴尔特人，次于你们，什么人是最勇敢的呢？罗马人。阿非利加人，如果你们要怕什么人的话，你们怕谁呢？罗马人。自然神论者对你说，让我们照他一样来问问其余的宗教信徒吧。中国人，如果不是你们的宗教最好，那么是什么宗教最好呢？自然宗教。伊斯兰教徒，如果你们要背弃穆罕默德的话，你们将采取一种什么样的宗教崇拜呢？自然教。基督教徒们，如果真正的宗教不是基督教，是什么宗教？犹太人的宗教。可是你们，犹太人，如果犹太教是假的，那么什么教是真的？自然教。可是，西塞罗又接下去说，那些被人一致公认为居第二位、而自己又不把第一位让与任何人的人们，无可争辩地是应当居第一位的。

（陈修斋　译）

哲学思想录增补

（1770）

一

在宗教问题上，怀疑不是不敬神的行为，而应当被看作好事情。因为怀疑是由于一个人谦卑地认识到自己的无知，并且是由于害怕误用理性得罪上帝而产生的。

二

承认在人的理性和永恒的理性，即上帝之间有某种符合，而又认为上帝要求牺牲人类的理性，这就是确定上帝同时又愿意又不愿意。

三

如果说我们是从上帝取得理性的，而上帝又要求牺牲理性，这就像一个弄幻术的人，把他给你们的东西弄个遮眼法又偷回去了。

四

如果我舍弃了理性，我就再没有引导者了。我将盲目地接受一种第二性的原则，并且假定那是正成问题的东西。

五

如果理性是天所赋予的东西,而对信仰也同样可以这样说,那么,天就给了我们两种不相容的、而且彼此矛盾的礼物。

六

要解除这一困难,就得说信仰是一个幻想出来的原则,在自然中是根本不存在的。

七

巴斯噶、尼古拉以及一些别的人曾说:"说一位上帝,因为一个有罪的父亲的错误就以永恒的刑罚惩罚所有无辜的孩子们,这是一个杰出的并且和理性不冲突的命题。"可是,如果明明白白地宣告渎神的命题都是和理性不冲突的,那么,什么是一个和理性冲突的命题呢?

八

我在夜间迷失在一个大森林里,只有一点很小的光来引导我。忽然来了一个不认识的人,对我说:"我的朋友,把你的烛光吹灭,以便更好地找到你的路。"这不认识的人就是一个神学家。

九

如果我的理性是从天上来的,那么通过它对我说的就是天上的声音,我就必须听它。

十

功与过是不能归之于理性的运用的,因为世界上的全部善意也不能帮助一个瞎子辨别颜色。我不得不在有明显证据的地方看到明显证据,而在没有明显证据的地方看到缺乏明显证据,除非我是一个傻子,可是傻是一种不幸,而并不是一种罪过。

十一

自然的造物主,既不会因为我曾是一个聪明人而给我报偿,也不会因为我曾是一个傻子而给我惩罚。

十二

而他,甚至也不会因为你曾是一个坏人而惩罚你。怎么!你曾是一个坏人难道还不够不幸吗?

十三

一切道德的行为都伴随着内心的满足,一切罪恶的行为则伴随着懊悔。而心灵是毫不羞耻也毫不懊悔地承认它反对这样那样的一些命题,因此不论相信它们或摒弃它们,都既无所谓道德也无所谓罪恶。

十四

如果要做好事还必须一种神恩,那么耶稣基督的死又有什么用呢?

十五

如果有十万人受罪使一个人得救,那么魔鬼总是占便宜,没有让他的儿子去死。

十六

基督徒的上帝是一个很看重他的苹果、而很不看重他的孩子们的父亲。

十七

除去了一个基督徒对于地狱的恐惧,你就将除去了他的信仰。

十八

一种在一切时间、一切地方使一切人都感兴趣的真的宗教,应该是永恒的、普遍的并且显明的。任何一种宗教也没有这三种性质,因此一切宗教都三倍地被证明是假的。

十九

只有几个人能作证的事情,是不足以证明一种宗教应该为所有人同等地相信的。

二十

人们用来支持宗教的那些事情是古老而且奇异的,这就是说,是最可疑不过的事情,用来证明最不可信的东西。

二十一

用一个奇迹来证明福音,就是用一个违反自然的东西来证明一个荒谬的东西。

二十二

可是上帝对那些没有听说过他的儿子[①]的人将怎么办呢?他

---

① 指耶稣。——译者注

将惩罚那些没有听见的聋子吗?

二十三

他对那些听见讲过他的宗教而没有能够理会的人又将怎么办呢?他将惩罚那些不会大踏步前进的侏儒吗?

二十四

为什么耶稣基督的那些奇迹是真的,而厄斯居拉伯、地亚那的亚波罗纽斯①和穆罕默德的那些奇迹就是假的呢?

二十五

可是,所有当时在耶路撒冷的犹太人都因为看了耶稣基督的奇迹而公然皈依了吗?根本没有。他们绝不是相信他,而是把他钉上了十字架。必须承认这些犹太人真是一些绝无仅有的人。人们到处都看到许多民族被仅仅一个假的奇迹引诱去了,而耶稣基督虽有无数真的奇迹却对犹太民族丝毫无能为力。

二十六

应当加以重视的,正是犹太人的不信的奇迹,而并不是他的复活的奇迹。

二十七

恺撒曾经存在,是和二加二等于四一样可靠的;耶稣基督曾经

---

① 厄斯居拉伯是希腊医神,地亚那的亚波罗纽斯是一个毕泰戈拉派的显圣者。——译者注

存在,也是和恺撒一样可靠的。因此,耶稣基督复活了,也和他或恺撒曾经存在是一样可靠的。这是什么逻辑啊!耶稣基督和恺撒的存在可并不是一个奇迹。

二十八

我们在《居兰先生传》中读到,说在一间屋子里起了火,"圣体"一到场,这火灾立刻就止住了。就算是这样吧。可是我们同样也在历史中读到,一个修道士在一块圣饼上放了毒,一个德国皇帝吞下它立刻就死了。

二十九

在那圣饼上面除了面包和酒这些表面现象之外,还有别的东西,否则就得说毒已进入耶稣基督的身体和血液了。

三十

这身体发霉了,这血液变酸了。这上帝就在他的祭坛上被蠹虫吞吃掉了。盲目的人民,愚蠢的埃及人,张开眼睛看一看吧!

三十一

耶稣基督的宗教,被一些无知的人宣传着,曾造成了那些最初的基督徒。这同一个宗教,为一些学者和博士宣讲着,在今日却只造成了一些不信的人。

三十二

有人说对一种立法的权威的服从是不容抗辩的,这说法遭到人们反对。可是,在这个世界上,哪里有一种宗教是没有一种同样的权威的呢?

三十三

是儿童时的教育禁止一个伊斯兰教徒去受洗礼;是儿童时的教育禁止一个基督徒去受割礼;是人的理性使人同样地看不起洗礼和割礼。

三十四

路加福音中说,上帝圣父是比上帝圣子更大的,"父比我大"。可是,教会看不起这样明确的一段经文,却痛斥那些按照字面坚持他的父所立约书的字句的谨慎信徒。

三十五

如果教会当局可以任意处理像这样全部《圣经》中再明确不过的一段话的意义,那么也就没有一段我们能自诩完全了解,没有一段教会不能在将来把它弄得全部合乎自己的心意。

三十六

"你是彼得,我要把我的教会建造在这磐石上。"①这究竟是一位上帝说的话,还是配得上"阿高老爷"的"乱弹"的东西呢②?

三十七

"In dolore paries"(创世纪)。"你生产儿女必多受苦楚",上帝

---

① 见《马太福音》第16章第18节。这里是玩弄字眼,因为"彼得"(Petrus)原义就是"石头"或"磐石"。——译者注
② 塔布洛的《阿高大人的乱弹与杂感及高拉尔君的嘉言钞》初版于1572年,是一部充满了笑谈、同时又有很多真实的科学知识的集子。——译者注

对那不尽责任的女人这样说。而那些雌的动物又对他有什么冒犯之处,却在生产时也一样多受苦楚呢?

三十八

如果须照字面来了解"父比我大",则耶稣基督就不是上帝。如果须照字面来了解"这是我的身体",则耶稣就当是亲手把自己给了他的使徒们。这和说圣德尼在人家把他的头砍下来以后还吻自己的头是一样荒谬的。

三十九

据说耶稣曾退隐到橄榄山,并在那里祈祷。而他向谁祈祷呢?他自己向自己祈祷。

四十

"这位上帝,他使上帝死了以慰上帝",这是那位翁当子爵①说的很出色的一句话。写出来拥护或反对基督教的一百厚册对开本的书,也不如这两行笑谈更明白。

四十一

说人是一种力量与软弱、光明与盲目、渺小与伟大的复合物,这并不是责难人,而是为人下定义。

四十二

人是像上帝或自然把他造成的那样的;而上帝或自然是不作

---

① 翁当子爵,格斯高涅的绅士,旅行家,生活于17世纪。——译者注

任何恶的东西的。

四十三

那我们称之为"原罪"(le péché originel)的,尼侬·德·朗克洛①称之为"元罪"(le péché original)②。

四十四

引证几个传福音者之间的符合一致,真是无耻绝伦,因为有一些在这几部福音中很重要的事实,在另外几部福音中就一字未提。

四十五

柏拉图曾就三个方面来考虑"神性",即仁慈、圣智和能力。要在这里不看到基督教的"三位一体",就得闭起眼睛。将近三千年前,雅典的哲学家就已把我们叫作"圣言"的叫作"道"($\lambda o \gamma o \delta$)了③。

四十六

"三位一体"中的三位,或者是三种偶然属性,或者是三种本体。中间的是绝没有的。如果这是三种偶然属性,我们就是无神

---

① 尼侬·德·朗克洛(1620—1705),生于巴黎,是以机智和美貌出名的女子,她的沙龙里常聚集着当时有名的作家及大人物。——译者注

② 这里是在玩弄字眼,法文 original 一词除了有与 originel 一词相近的"原始""本原"等意义之外,尚包含有"新奇""古怪的""特别的"等意义,因此这里包含有对基督教"原罪"说的嘲弄之意。——译者注

③ "圣言"就是"圣子",是"三位一体"中第二位。"道"或译音作"逻戈斯"。——译者注

论者或自然神论者。如果这是三种本体,我们就是异端。

四十七

圣父判断人是须受他永恒的报复的;圣子判断人是配受他无限的仁爱的;圣灵则守中立。如何能把这种天主教的废话和上帝意志的统一性弄成一致呢?

四十八

很久以来人们就曾请神学家们把关于永罪的教条和上帝的无限仁慈调和一致,而它们迄今还仍旧那样。

四十九

如果从对一个罪人的惩罚中,已不能得到任何好处,为什么还要惩罚他呢?

五十

如果就仅仅是为他本身而惩罚他,那就是很残酷而且很恶劣的了。

五十一

没有一个好父亲愿意像我们这个天上的父的。

五十二

在冒犯者和被冒犯者之间有着怎样的比例?在冒犯和惩罚之间有着怎样的比例?真是一大堆的野蛮和凶残!

五十三

而这上帝,为什么要这样大发雷霆呢?人们岂不是会说,我也能做点什么来维护或反对他的光荣、维护或反对他的平静、维护或反对他的幸福吗?

五十四

人们但愿上帝使那丝毫不能反对他的恶人在一种绵延无尽的火中受焚烧;而人们却几乎不能允许一个父亲给一个累及他的生命、他的荣誉和财产的儿子一种暂时的死亡!

五十五

基督徒们啊!那么你们对于善和恶、对于真理和谎言都是有两种不同的观念的。那么你们是最荒谬的独断主义者,或最过分的庇罗派。

五十六

人所能犯的全部罪恶并不是全部可能的罪恶,而只有能犯全部可能的罪恶的人,才能够受一种永恒的惩罚。为了使上帝成为一个无限地爱报复的东西,你们就把一抔泥土变成为一个有无限能力的东西了。

五十七

听了一个神学家夸大着一个被上帝造得淫荡好色,而和被上帝造得很讨人喜欢很漂亮的女邻人睡了觉的人的行为,人们岂不是要说,在宇宙的四角都已放了火吗?喂!我的朋友,听一听马可·奥略勒,你就会知道你是由于两段肠子不正当而淫荡的摩擦而使你的上帝发怒。

五十八

这些凶恶的基督徒译作"永恒"的这个字,在希伯来文原来只是表示"可经久"的意思。是由于一个希伯来语言学者的无知及一个解释者的残酷的脾气,才有了那关于受罪的永恒性的教条。

五十九

巴斯噶曾说:"如果你的宗教是假的,而你相信它是真的,则丝毫不冒什么危险;如果它是真的,而你相信它是假的,则须冒一切危险。"一个回教教士可以和巴斯噶有完全一样的说法。

六十

说作为上帝的耶稣基督曾受魔鬼的引诱,这是一个配收入"天方夜谭"的故事。

六十一

我但愿一个基督徒,尤其是一个冉森教派的人能使我感觉到上帝降生成人"对人有什么好处"。但如果要想稍稍利用这教条,还是应该不把打入地狱的人数扩大到无限。

六十二

一个年轻女孩子过着独居的生活,有一天她接受了一个带着一只鸟的年轻男人的拜访,她的肚子变大了,而人家就问是谁造成这个孩子的?问得好!这是那鸟呀!

哲学思想录增补

六十三

可是为什么莉达的天鹅及加斯多和波鲁斯的小火焰①使我们发笑,而我们不笑福音中所说的鸽子和火舌呢?

六十四

在最初几世纪,有 60 种福音差不多是同样地被人相信的。其中 56 种已因其幼稚和拙劣而被人们加以摈弃了,在那依旧被保存着的几种之中就一点也没有幼稚和拙劣的东西了吗?

六十五

上帝给了人们一个最初的法律;他然后又取消了这一法律。这种行为岂不是有点像一个立法者,自己弄错了,而经过一段时间又承认自己弄错了吗?一个至善的神难道应当变卦吗?

六十六

世界上有多少种宗教,就有多少种信仰。

六十七

世界上一切教派的信徒都只是一些异端的自然神论者。

六十八

如果人不生而有罪就是不幸的,那他岂不是命定了要来享受

---

① 按希腊神话,莉达为斯巴达王丁达尔之妻,为主神尤比德所爱,尤比德化为天鹅以取悦莉达。加斯多和波鲁斯为莉达与尤比德的双生子。——译者注

一种永恒的幸福,而凭他的天性又永远不能使自己有资格享这种幸福的吗?

六十九

以上就是我对基督教教条的一些想法:关于这种教条的教训,我将只说一句话:对一个天主教家庭的父亲来说,要是深信,必须逐字逐句地照着福音书中的格言来行事,否则就会受到所谓地狱的处罚;期待着极度的困难来达到以人的软弱决不能及的完善程度,对他的孩子而言,我看不出除了一脚把他踏在地上踩个稀烂,或生下来就把他扼死以外,还有什么好办法。用这种办法可以使他免于下地狱的危险,并可以保证他得永福。我主张这种行为绝非有罪,而应当被看作是无限可嘉许的,因为它是基于父亲的爱的动机,这种爱要求一切好的父亲要为他的子女做一切可能做的好事。

七十

既然把无辜者杀死是保证他们得享无限的幸福,而让他们活着则几乎一定是把他们奉献给一种永恒的不幸,那么宗教的训诫和社会的法律禁止杀害无辜,岂非实际上是很荒谬并且很残酷的吗?

七十一

怎么,拉·贡达民先生,为他的儿子种牛痘以保证他不出天花是可以允许的,而把他杀了以保证他不入地狱就不能允许?你真是开玩笑。

七十二

"如果真理在少数人中间获得了充分的胜利,而这少数人是优秀的,那就应当予以接受;因为真理的本性并不在于使多数人喜爱。"

[全集编者按语] 我们在这里放进两段以前未经发表的"思想",原是载在"隐修院"图书馆所藏狄德罗的手稿上的。它们确是与前面相联系的,而其中一段,即第二段,在手稿头上还有标记:"哲学思想"。

古时候,在推尔纳特岛上,是对任何人,甚至连祭司在内,都不许谈论宗教的。在那里只有一个唯一的寺院;有一条法律明文禁止有两个寺院。在那里既没有祭坛,也没有塑像,也没有神像。一百个祭司,有一笔相当可观的收入,为这寺院服役。他们既不唱,也不说,而只是无比沉默地用手指指着一座金字塔,塔上面写着这样几个字:"已死的凡人们,崇拜上帝,爱你们的兄弟并且使你们自己对祖国有用。"

一个人已为他的子女、妻子和朋友所辜负,不忠的伙伴已弄得他倾家荡产并使他陷入困苦之中。满怀着对人类的彻骨憎恨和深刻的轻蔑,他离开了社会而独自隐居在一个岩洞中。在那里,他双拳靠在眼睛上,沉思着一种能和他的愤恨相称的复仇方法,他说:"这些坏东西,我将做些什么来惩罚他们的不义,并且使他们全都罹受他们所当受的不幸呢?啊!要是能够想出办法……使他们都怀抱着一个巨大的怪诞的妄想,使他们把这妄想看得比他们的生命还重要,而对于它,他们永远不能懂得!……"他立刻从洞中窜了出来,大喊着:"上帝!上帝!……"无数的回声在他周围重复着:"上帝!上帝!"这可怕的名字就被从地的一极传到另一极,而人们到处都惊愕地听到这名字了。首先人们匍匐下拜,然后他们起来,彼此询问、争论、怒恼、痛斥、仇恨、互相扼杀,而这个愤世者的凤愿就满足了。因为一个永远同等地重要而不可理解的东西的历史,在过去就是这样的,在将来还是这样。

(陈修斋 译)

荆棘林荫道①

什么苦恼使他头脑昏乱？
是由于对诸神的恐惧。

——贺拉斯 《讽刺诗》

一

我没有到秘鲁收集金粉，或是到拉伯尼寻找黑貂。我觉得这样做是浪费国家的钱财。因此，我不会遭人嫉妒，遭人控告。金路易驱使着那些人去核实牛顿的计算结果，用哹②来确定地球的轮廓。我没有和他们一起溯托尔诺河而上，也没有与他们一道沿亚马逊河而下。因此，阿里斯特，我亲爱的，我没办法和你谈论在寒带的北方或炎热的南方沙漠中的奇遇。这样，在两三千年以后，地理学、航海学和天文学也就不能指望靠发掘我的象限仪③和优质望远镜而获得什么成果了。我已确定了更崇高的目标、更切实的任务，这就是通过对一种普通漫步的叙述来启迪和完善人类的理

---

① 选译于《关于宗教、哲学和社交生活的谈话》。
② 尺度，合六英尺。——译者注
③ 测量天体高度的仪器。——译者注

性。智者是不需要通过穿过海洋去详细记载那蛮族的姓氏和野人的纵欲去启迪、教育文明民族的。其实,我们周围的一切都是观察的对象,是教育的史料。那最熟悉的事情可能就是奇迹,这要靠眼力。如果对事物不经意,就容易上当受骗;如果遇事明察秋毫,深思熟虑,就会接近真理。

二

你熟悉人世间吗?那么,请你告诉我,我要向你描述的小地区在哪一条经线上?我曾经把自己看成是个地理学家跑遍这个地区。前不久,我又把自己看成是一位哲学家,对这个地区作了仔细观察。我将向你描述居住在这里的不同民族、不同风俗和习性,你可要留心着给这些民族加上适当的名称。如果你发现你自己就生活在他们当中,可不要惊讶呵。这个奇特的民族分为不同的阶级,你可能不知道自己也许就属于这个民族。如果你不知自己是什么人,那么,你会表现出窘态;如果你发现自己就混在这些白痴当中,那你就会感到耻辱。但是无论怎么样,这都会引起我对你的嘲弄。

三

我对你谈论的这个基督教会由一位君主①统治,他的臣民大多数都认可他的这个称号。可是,他是否确确实实地存在着却众说纷纭。因为谁也没有看见过他,他的某些宠臣叙说与他谈过话。他们谈到他时,给他蒙上了一层分辨不清的色彩,并且把他变成了一个奇特的矛盾体。这就使这个民族的一部分人竭力构造体系,以便揭开这个谜底,或者为使这位君主的观点占上风而相互残杀;

---

① 狄德罗在这本文中用了大量隐喻,这里的君主指上帝。——译者注

另一部分人对这些说法始终持怀疑态度；还有些人却什么都不相信。

四

人们设想他光彩照人、智慧无穷，他对臣民饱含慈爱。他也一直对人而言高不可及，但是，大概是由于传说的原因，他已失去往日的尊严，他所追寻的既定法则和表明意志的道路，总使人感到十分暧昧。人们曾发现那些自称得到过他启示的人，不过是些幻想家或者老骗子。人们不得不断定这些幻想家或骗子现在是、将来是、永远会是过去的那个老样子。那厚厚的两卷书①足以表明他的意志，书中充满奇谈和敕令——时而怪诞，时而合乎情理。这两卷书是用一种变幻无常的方式写就的，致使我们觉得他并没有充分注意到对秘书的选用，或者是人们习以为常地滥用了君主的信任。第一卷内有一些特殊规定，并有证实这些规定的一系列奇闻；第二卷废除了这些最初的特权，重新规定了也同样是以奇闻为依据的另一些特权。因此，特权者之间便发生了纠纷。新特权者说自己比旧特权者有绝对恩惠，他们把旧特权者当作盲人来看待，而旧特权者则把新特权者当作僭越者和篡权者加以诽谤。以后，我将向你更详细地介绍这个两面性法典的内容。下面，我们还是再来谈谈君主吧！

五

据说，他居住在一个富丽豪华的美丽的地方。人们对这个地方的描述就像对他的想象那样是那么的不同，人们都向往着去那

---

① 指《圣经》。——译者注

个地方。君主的圣殿是人们要去的总目标。据说,人们在路上的善恶表现,将会得到奖励或惩罚。

六

我们这些人天生就是士兵。但是,应征入伍的方式我们大家都不一样。当时,大家都睡得很熟,以至现在任何人都不记得那时是醒的还是睡着的。这时,有人把两位证人安插到我们身边,并问我们是否愿意应征。证人同意了,在契约上签了字,我们就当了士兵。

七

军事政府都会为每个参战士兵做某些标记。如果士兵中有人不服从命令或擅自离队,就会被当作逃兵处罚。在罗马人那里,新兵身上都有一个印记,要求他坚持服役,违者处以死刑。在我们这里也有同样严格的规定。法典的第一卷就有这样的规定,要在所有士兵身上标出某种男性标记的特征①。但是,也许是后来的君主改变了主意,也许是一直抗议我们有优先权的女士们自以为与我们一样能胜任战斗,并请求应征,因此,这种弊病在法典的第二卷就把这一内容给删除了。短裤的上端不再能作为区分部队的标志,出现了一些穿衬裙的队伍。国王的部队由穿着同一种军服的英雄和骑士组成。这种军服由国防大臣规定:一块包头带②,白色女式短上衣或一件长袍,这就是军服。可以明显感到这比原来的军服更能区别两性的差异。至少,这是增加部队人数的好方法。

---

① 指犹太人的割礼。——译者注
② 作者用包头带暗喻基督教的清规戒律。——译者注

为了表示对女性的敬意,我为此要说,能像女士们那样会扎包头带的男士毕竟太少。

八

扎好包头带是士兵的义务,这是保护长袍不被沾污的好方法。但是日子长了,包头带就加厚或者磨损了。有人把它当作厚厚的一条床单;有人则把它当作一块随时可以撕毁的薄纱。没有两块同样厚的包头带和不沾染污点的长袍。如果长袍弄脏了,你就会被视为懦夫;如果你的包头带偶然掉下来或者被撕破,你就会被视作逃兵。至于我的长袍,是没有什么可以对你说的。因为,以赞扬的口吻谈论它是对它的亵渎;以轻蔑的口吻谈论它会使人怀疑它已经脏了。至于我的包头带,也许是由于不结实,也许是由于我太使劲,它早就脱落下来了。

九

我们的君主具有无与伦比的智慧,人们要我们相信。可是,这个法典就是他的杰作,再晦涩不过的了。你会发现,法典关于长袍的规定有多么合理,那么,关于包头带的条文就多么可笑。例如,人们声称,如果这块纱布的用料优良,它就遮不住视线,你可以看到以往单凭眼睛看不到的东西。可以说包头带可以替代一种多面体的镜片,可以从不同角度同时观察一种东西。人们用许多荒唐的论据来强化种种荒谬性,几个逃兵怀疑那些小人把他们的想法轻率地透露给了我们的立法者,于是,在新法典中增添了我未知的许多幼稚的想法,这在旧法典中是根本没有的。但是,使你吃惊的是,他们还说,要进入我们君主的宫廷,就要了解这些荒诞的东西。你大概会问我这些人在新法典颁布前的情况,我的确一无所知……那些声称了解秘密的人,为了替君主申辩,说是君主已经把这些情况作为夜间巡逻令披露给了他从前的普通官员。但是,他们并不能证明君主开除擅自离队的丘八是有理的。当这些士兵进入宫廷时,发现自己由于不懂从来不曾知道的东西而遭受莫大的污辱,一定是很吃惊的。

十

军队驻扎在鲜为人知的外省。人们都说,在君主的宫廷①里,是丰衣足食的。其实这种宣传是徒劳无益的,实际情况是很糟的。因为,来招募我们的人也不能肯定什么确切的东西,只是使用了一般的字眼,他们也害怕去那些地方,并且尽可能晚一点出发。

十一

道路有三条是可以通向那里的。左边一条路安全,但难走,这是一条细长的、崎岖的、布满碎石和荆棘的小路。人们没有别的什么路可走,只能沿着它走,但总是想离开它。

十二

在人们面前延伸着的第二条路则宽阔、畅达、鲜花盛开、芳香四溢、坡度平缓。沿着它走自然会感到心旷神怡。而且,这还是一条近路,假如它远点儿,人们也乐意走。但是,如果旅行者是个小心谨慎的人,如果他仔细看这条路,就会发现它弯弯曲曲、高低不平。鲜花下面是悬崖,随时都有失足摔下去的可能。于是,他会本能地远离这条路,但心里是不情愿的。走着走着,他就会又走回到

---

① 意指天国。——译者注

这第二条路上来。因为，谁也免不了有时会忘乎所以。

十三

右边有一条林荫小路，它幽暗、宁静。路的两旁是沙滩、栗树。这条路比起荆棘小路来，要舒坦些，但不如鲜花林荫道招人喜欢。这条路比荆棘小路和鲜花林荫道都来得安全，但是，当它上面的沙都变成流沙的时候，沿着它走到头是很困难的。

十四

在荆棘林荫道上行走，人们会发现苦行者的粗毛衬衣、苦衣、苦鞭、假面具、虔诚的幻想集、神秘的装饰品、保护长袍不染污点或是消除污点的秘诀，以及我不知道的许多关于裹紧包头带的训令。这些训令对白痴来说是多余的，但对智者们来说则没有一条是合适的。

十五

鲜花林荫道上满地是纸牌、金钱、骰子、宝石、装饰品、神话传说和各种传奇故事，这就是所谓的绿荫之床。在那里，仙女的美貌或许被忽略了，或许还起作用，反正没有一点残忍的迹象。

十六

在幽静的栗树林荫道里，可以找到地球仪、水晶石、望远镜和书籍。

十七

曾经在沉睡中被招募的人们，醒来了，发现自己处在一条荆棘小路上,身着白色外套,头裹包头带,怪模怪样的。你这时可以想象,在荆棘和荨麻丛中散步是多么不自在。然而,那些士兵在感谢上帝让他们走在这条路上,他们虔诚地忍受着不断划伤的痛苦,自我抑制那种去扯下或撕毁包头带的欲望;他们深信,越是看不清的路就越能笔直地前进,他们离会合的日子不会很远了。他们认为,越少用眼睛,越只注意长袍,君主就越奖赏他们。

十八

这些疯子说他们是幸福的,谁会相信呢?失去了一个器官,难道他们一点也不遗憾吗?要么他们不知道这个器官的价值,他们视包头带为珍贵的装饰品,宁愿为之流尽最后一滴血,也不想摘掉包头带。他们对于长袍白色的猜疑,习惯使他们对荆棘失去知觉。为了迎接国王,他们边走边唱,他们唱着很古老的曲子,但还算好听。

十九

让他们囿于偏见吧!我们要去说服他们就是一种冒险的行为,也许,他们有德行就是因为他们什么都视而不见。如果把他们的包头带硬拉扯下来的话,谁知道他们是不是还能保证他们的长袍不受玷污呢?在荆棘林荫道中享有盛誉的东西,在鲜花林荫道或栗树林荫道中大概会遭到鞭笞;同样,在鲜花林荫道或栗树林荫道中闪光的东西,在荆棘林荫道中可能会被抨击。

二十

这条阴森森、黑洞洞的小径被那些对它熟悉的人所占领。这些人自鸣得意,他们熟悉这条路,他们向过路人指路,但是,他们自己却不沿着这条路走。

二十一

我想,这是我所见过的最恶劣的种族了。他们傲慢、贪婪、虚伪、狡猾、记仇,而且特别好战。他们从让·德昂多莫尔兄弟那里掌握了用军旗杆打死敌人的窍门,他们会因一句话而相互厮杀。我真不明白他们到底使用了什么伎俩竟使新兵相信,他们有消除长袍污迹的独特天赋,所以新兵是绝对不会离开他们的。这些新兵眼睛完全被蒙住,当人们说他们的长袍脏了,他们就轻易地相信了。

二十二

白天,这些征服者在荆棘林荫道中忙碌、散步;夜晚,他们来到鲜花林荫道里过夜。他们自称在君主的法律中曾读到过君主不允许他们有自己的妻子,但是,他们绝对不会在法律中读到君主禁止他们去触犯别人的妻子。因此,他们去亲近旅行者的妻子,去勾引他们同胞的妻子,然后,小心谨慎地摘掉假面具。成功了——这是常有的事,他们在鲜花林荫道中放声大笑,在荆棘林荫道中虔诚地悲叹,他们使用诡计,夺走了我们的几个臣民,那么,他们的滑稽可笑便能使我们得到补偿。因为,就人类的耻辱而言,他们惧怕讥讽胜过惧怕推论。

二十三

为了使你对此事有一个更确切的认识,应该与你说明了,这些由众多向导组成的部队建立了一个参谋部,其职位有高有低,根据官衔、肤色和军服发给或多或少的军饷。这一切几乎永远在不停地变化着。

二十四

谁会相信,一个总督因为害怕走路会磨伤自己娇嫩的脚底,而让人用车子载着他走,或让人用轿子抬着他走,可他口中却彬彬有礼地宣称自己是大家的卑贱仆人。但事实上,他又安然听凭他的仆人们宣扬所有人都是他的奴隶。由于他说的遍数多了,居然使白痴们都相信了。后来,越来越多的人都信以为真了。老实说,在荆棘林荫道的某些地方,有些新兵的包头带开始磨损。他们抗议总督的专制,并用写着全国三级会议决议的旧羊皮纸来对抗君主。对此,君主的反应是首先写信给他们,说他们这样做是不对的。然后,君主又和他的宠臣们达成一些协议,如果谁否决这个决议,就缩减谁的军饷和日用品,减少宿营,并扣除谁的抚恤金,有时还要让他们忍受莫大的凌辱。有些斗牛士就是被他当作孩子来鞭打的。靠着这些人,君主经营着一个颇具规模的庄园。这个庄园的牛皮纸和肥皂是主要贸易,鉴于他在财物上宽容地行使一种绝对特权,因此,他成了世界上第一个揩油者。他的前辈们在荆棘林荫道上艰难地前行,而有些后裔则在鲜花林荫道上迷失了方向,有的已经来到栗树下散步。

二十五

行省的总督和副总督都是这位首领的下属,从这位首领的眼神可以看出他的自命不凡,并且他头戴的那顶无边软帽是一个套着一个地戴着的。因此,你会误把他当作阿尔美尼的唐·雅费。一些人苍白消瘦,另一些人轻浮而风流,还有的人红光满面。他们规定了一个荣誉勋位,以乌鸦喙状的长手杖和像库柏勒①的祭司们那样的帽子为标志,而在其他方面,他们就一点也不像这些祭司了。他们的行为就是有力的证据。他们自称是君主的宠臣,而总督却把他们当作仆人。他们也开了肥皂商店,但是,他们的肥皂不精细,不如总督的肥皂,但价格便宜些。他们掌握着香脂的秘诀,就像吹牛大王的秘密一样神奇。

二十六

在他们后来的部队是由各个卫队的受勋者组成的人数众多的部队,就像土耳其的骑兵一样,他们每人都能拥有一块肥沃的封地或租田,这就决定了他们中有些人骑马,有些人坐马车,大部分人要步行。他们的任务就是训练新兵、募兵和哄骗新兵。他们向新兵强调必须扎好包头带,必须保持长袍的圣洁。然而,好像由于过分忙于缝补别人的包头带、洗涤别人的长袍,他们对自己的包头带和长袍却颇为忽视了。而这本来也是他们的一项义务。

二十七

噢!我差点儿忘了,有一支单独的小部队,他们都戴着无边软帽,上面插有牡丹花,手里拿着猫皮弹盾。这就是那些自称是君主授权的保卫者。但是,他们中的大部分人都不承认君主的存在。不久前,这支部队有一个空缺的重要职位,就有三个竞争者参与竞争。他们分别是:一个白痴,一个懦夫,一个逃兵。好像我是在对你谈一个无知者、一个纵欲者、一个无神论者,最后逃兵取得了胜利。他们用不文明的语言争论法典,以此消遣,并且随心所欲地评

---

① 希腊神话中的众神之母,相当于瑞亚。——译者注

论和解释法典,由此可见,他们并不把法典放在眼里。现在,你该相信了吧!当王子对他父亲的臣民进行清点时,他们的一位上校表示他可以变作一头小牛(蠢人)①,也可以变作人形。这支队伍中的老年人真会唠叨,以致说他们一生中没做过别的事情。年轻人已开始厌烦他们的包头带。对他们来说,包头带是一块上等细麻布或者是无足轻重的东西。他们自由自在地在鲜花林荫道中散步,在栗树下与我们交往,但这只是在傍晚秘密进行的。

二十八

上校们指挥的辅助部队是最后走来的。这是强盗兵,他们从旅游者那里夺取战利品,靠战利品生活。听说,他们曾经把一些人带到卫队驻地,巧掠了这些人的所有财物,他们从这个人这里夺取一幢别墅,又从那个人那里获得一片农庄、一片树林或一个池塘。他们就是用这种方式在荆棘林荫道和鲜花林荫道之间新辟了一个宽阔的新营地。一些老兵靠挨门挨户伸手乞求,或靠拦路抢劫过路人过日子。这些无耻的部队分成兵团,他们各自都有自己的军旗、军服和十分怪诞的法律。你别指望我描述他们那些大小不同的盔甲了,几乎每个人都有一个活动的天窗形或圆锥状的帽子作为头盔,戴在头上,不一会儿就滑到了肩上。他们留着撒克逊人的小胡子,穿着罗马人的高帮皮鞋。荆棘林荫道某些地区的宪兵司令、下级警务人员、军队的刽子手都是从这支队伍中走出来的。这个部队的军事法庭很严厉,它下令把旅游者中拒绝扎包头带的和解开包头带的逃兵统统活活烧

---

① 亚历山大问:"他能成为一头小牛吗?"并且回答:"是的,他能成为一头小牛。"——译者注

死,而这一切都是按照所谓仁慈的原则进行的。还是从这里,特别是从邪恶的大部队中,一批批募兵者产生了[①]。他们宣称自己受命于君主,负责在外国招兵买马,在他人领土上募兵,说服其他君主的臣民离开自己的住地,把从君主那儿接受的帽徽、无边软帽和包头带摘掉,穿上荆棘林荫道的军服。当这些募兵者被抓住后,就会被他们活活绞死,除非他们自己叛变。通常他们是更愿做叛徒而不愿被绞死。

二十九

不是所有人都那么敢闯,也不是所有人都愿去那野蛮、遥远的国家冒险。因地域的限制,有些人只得根据自己的才能和首领的任命去从事不同的工作。首领们擅长于量才录用。如:某人[②]记性天生就好,又拥有一副好嗓子,加上那厚颜无耻的嘴脸,能不停地向过路人喊叫,说他们迷路了,但他却不给他们指出一条正路。他的才能只限于重复千百个与他同样孤陋寡闻的人所说过的话,但是,他却要获取很高的报酬。某人[③]头脑灵活,他便在包厢中毫无休止地闲扯,策划私通的阴谋。他把自己大半生的时间用来打听一些虚假的、毫无意义但总是有利可图的隐私。在这些隐居地,笼罩着的是反感和忧郁的气氛,虽然,有时也可能见到隐藏的乔装改扮的多情者,他们能使初学修士者动心。有时也可以看到他们把年轻女香客引入鲜花林荫道,谎说是帮助他们练习在荆棘小路中更自如地行走。然而在那里,一切都暴露得很彻底:隐私、贪财、纠纷、献媚、私通、嫉妒,一切都与利益息息相关,咨询也不会是

[①] 指传教士。——译者注
[②] 指牧师。——译者注
[③] 指领忏神父。——译者注

免费的。这些人既无想象力,又无天赋,却沉迷于数字科学,去抄写别人思考过的文字。另一个人则耗费眼力,通过一块生锈的青铜器弄清楚1 000年前就已无人问津的一个城市的起源,或者是用了近10年时间绞尽脑汁把一个幸福中诞生的孩子变成傻子。他的目的有时可能会达到。有些人使用毛笔、铁锹、锉刀或刨子,更多的人干脆什么都不用,什么也不干,一味地夸耀自己的权势。只要谁了解这些人,谁就会怕他们,会躲避他们。有些人认为自己了解他们,但深入了解他们的人却少得可怜。

三十

人们对处在陡壁之间的人是如此信赖和殷勤,这简直不可思议。他们声称掌握着一种能治愈所有病症的药方,这就像对一个好嫉妒、疑心很重的丈夫说,他妻子不是卖弄风情的女人,或者说,尽管如此,他也应该爱她。对一个风流倜傥的妻子说,她应该守着那个人,哪怕是六七十岁的男人;对一个大臣说,他应该廉洁;对一个商人说,放高利贷是不对的;对一个不信教的人说,他最好是信教如此等等,不一而足。"你想治好病吗?"江湖医生对病人说;"是的,我想治好。"病人回答。"好啦,你痊愈了。"善良的人们满意地走了。其实,应该说他们的身体本来就是好的。

三十一

不久前,在向导当中产生了一个由严肃刻苦的人组成的人数众多的宗派。这些人的长袍雪白耀眼,使旅游者们望而生畏。但是,这些人却认为这是圣洁的白色,是必不可少的。他们到大街上和房顶上、店铺和寺院中高喊:最小的污点也是一个难以除去的污迹。总督和王室高级官员们的肥皂不值钱,应该直接从君主的商店提取肥皂,并浸泡在泪水中;君主免费分发少量肥皂,可是谁也不愿意要;好像这条路上不是布满荆棘,而是由这些狂人撒满铁蒺藜,使人难以通行。旅游者们感到很绝望,从四面八方都传来呻吟和喊叫声。他们觉得,再沿着这条艰难的道路走下去是不可能了。当人们准备涌向鲜花林荫道或转入我们的栗树下时,那群邪恶的人发明了一些绒毛拖鞋和丝绒独指手套,这种办法防止了普遍开小差。

三十二

到处都可以见到一些精巧剔透的鸟笼,关在里面的都是些色彩斑斓的雌鸟。这里,一些虔诚的雌鹦鹉说多情话时略带鼻音,唱着它们并不理解的莫名其妙的歌;那里,一些小斑鸠悲叹自己失去了自由;在另一个地方,一些朱顶雀飞来飞去,絮絮叨叨地自行排遣。向导们隔着笼子吹口哨给它们听,以此取乐。习惯到鲜花林荫道去的那些向导巡回,从那里给它们带来铃兰和玫瑰。这些俘虏的痛苦就是听见旅游者们走过而不能尾随他们,不能以他们为伍。然而,它们的笼子毕竟是整洁宽敞的,并能给它们提供足够的黍米和糖果的。

三十三

现在,你一定了解这支军队和它的将领们了吧!下面,我们谈谈军事法典。

三十四

这是拼凑的一部著作。它由100来个风格不同的作者的一段段文字组合而成,你可以评判这样是否恰当。

三十五

　　这部法典一共两卷。第一卷①由一个老牧羊人精心执笔。这个老牧羊人是魔术师,擅长挥舞两截棍棒,很快就远近闻名。后来被教区领主知道了,他不肯减轻或免去老牧羊人的徭役,对其亲属也是这样。在弓箭手们的追捕下,老牧羊人被迫离开了这个地区,隐匿在一个农场主家里,并为这个农场主放了40年羊。他在一个沙漠中练魔术,他以诚实人的信义保证:有一天,国王没在跟前,他却见到了国王。国王封他为带指挥棒的将军头衔,他很高兴地带着这个头衔回到了故乡。他召集了许多亲朋好友,提出要他们跟他到一个地方去。还声称,这个地方属于他们的祖先,而且,他们的祖先曾到那里游玩过。就这样,一群叛逃团体就这样成立了。他们的首领便向教区领主宣布了他的计划:领主不允许他们走,还把他们当作叛逃分子。老牧羊人喃喃自语后不久,那个男爵先生的池塘里就有了毒。第二天,魔术师对母羊和马施了魔法,又一天,领主和他的亲属都生了疥疮和腹泻病……他使用多种花招后,还觉得不够尽兴,又用煤气熏死了全村的男青年,连领主的长子也没能幸免。领主无可奈何之下决定让他们走。但是,临走前,他们抢劫了居民,搬走了领主别墅中的家具。贵族们终于被这最后的举动震怒了,骑上快马,带着仆人连夜去追赶他们。我们的强盗侥幸过了一条河,更为侥幸的是他们从前的主人不大熟悉这条河,结果,全部人马几乎都淹死在这条河里了。

三十六

　　这群人长途跋涉、又饥又渴,终于在茫茫沙漠中迷了路。魔术

---

① 以下谈的是《旧约圣经》的故事。(原编者注)

师长时间控制着他们,致使他们在沙漠中全部丧生。就在这期间,他解闷消遣,编了他的民族的历史,写了法典的第一部分。

三十七

老牧羊人编的历史是以爷爷们在壁炉旁给孩子们讲述的故事为主要内容的,而这些爷爷所讲的故事又是回忆他们自己的爷爷的口述故事。依此类推,一直可追溯到第一个爷爷的口述故事。但愿可靠的秘密一点也不篡改事实真相!

三十八

他声称,我们的君主确立了他的帝国属地后,拿一块淤泥,往上那么一吹,它活了,诞生了第一个士兵。他谈到君主赐给这位士兵的女人,这个女人怎样做了一顿粗劣的饭给他们食用,并在她的孩子和所有后代身上都打上了一块黑记。这使君主对他们很厌恶。他谈到军队是怎样增员的,士兵们怎样变得不服从命令,以致君主把他们全部淹死,只留下了首领同寝室的士兵。他谈到这位首领有了孩子们,才使世界重新有了人,而这些人又怎样分布在地球的各个地方。我们的君主怎样不偏袒任何人,然而却偏爱地把他当作自己民族的人。他使这个民族诞生于一个不能再生育的女人,诞生于一个精力旺盛、充沛,常常和女仆睡在一起的老人。准确地说,我曾对你谈到的最初特权者就是由此产生的。老牧羊人还详细地介绍了他们的后代及其奇遇。

三十九

例如,他谈到这样一个故事。有一天,君主下令他掐死自己的亲生儿子,父亲正要从命。只见门开了,一个跟班进来了,带来了特赦令。他谈到另一个故事。他的君主在饮马时,不经意发现了他的美丽绝顶的情妇,他谈到君主时说,他欺骗了自己的父亲和长兄,后又骗了他的岳父。他说他的儿子是通过猜谜语而发迹,当上了一个领主的管家,使自己的家族成为这个地区的首富。他说到的所有的人几乎都有美妙的幻想,他们在午夜看到天上的星星,遇到妖精,勇敢、淘气地与小妖精斗争……。这就是老牧羊人向后裔讲述的故事的主要内容。

四十

至于法典,这些就是它的主要条文。我说过,黑迹使君主对我们大家很厌恶。你猜猜,为重新得到那莫明其妙而失去的君主的宠爱,他们到底做了些什么呢?他们竟然在所有孩子身上割去一德拉克马和1/12盎司的肉①。这简直不可思议,我已对你谈过这种做法,人们被罚的方法是:每年家里都要吃无油的蒲公英色拉和没有黄油和盐的硬饼干。人们被罚的另一种方法是:每星期受一次惩罚,那就是整整一天把手捆在背后。每个人都要备有包头带和白长袍,用羔羊的鲜血和清水洗长袍,违者必处以死刑。因此,部队中出现了屠户和码头工人组成的队伍。10行短短的字包含着君主的全部命令。叛逃者们的向导把他们公布出来,然后,又把他们锁在一个黄檀木保险箱中。为了产生神谕,这位向导在德勒夫②女巫的祭台面前丝毫不退让。剩下的就是一大堆专断性的规定,涉及制服上装和大衣的样式,每顿饭酒的质量,上菜次序,关于肉的消化方面的知识,散步、睡觉和其他在不睡觉时所做事情的时间。

---

① 德拉克马是古希腊重量单位,合 3.24 克,1 盎司合 33.63 克,所以,割肉总计约 7 克。——译者注
② 希腊旧都名。——译者注

四十一

老牧羊人授予他一个兄弟一个重要的特权——即家中继承人。在这个兄弟的协助下,他强迫他的同伴们执行他制定的全部规定。人们不满了,议论立即展开,大家抗议他的武断。他为了报复,在反叛者的阵地下面埋了一个大地雷,炸垮了他们的队伍,就这样,他才维持了统治权。而人们却视这一事件为天的报应。得意至极的老牧羊人守口如瓶,没敢向任何人说出实情。

四十二

在经历了多次历险以后,他们接近了要占领的地盘。首领不愿向他的士兵担保胜利,他只是隔岸观火,对士兵们千叮咛、万嘱咐,不能向敌人求饶,我们要成为大高利贷者。然后,日子一天天过去,他就在一个洞穴中活活饿死了。士兵们出色地实行了他的两个嘱托。

四十三

我不想跟着他们到他们的占领城区去,也不会到他们的各个反叛地点和新帝国机关去。这些应该在法典中去寻找的。如果你可以这样做,你就会找到一些历史学家、小说家、音乐家、诗人以及宣布我们君主儿子的到来和修改法典的那些公开喊叫的人们。

四十四[①]

果然,他出现了,没带与他身份相称的辎重部队,连随从也没

---

① 以下谈的是《新约圣经》和基督教。——译者注

带一个,倒像个山道间偶然可以见到的冒险家。这些冒险家带着一小群勇敢而果断的人就可以占领或建立一些帝国,这是过去的习尚。他的同乡一直没把他当作自己人。但是,有一次,他们惊讶地听到了他成功的演说,他废除旧法典的权力,他窃取了君主儿子的名义,除了其中所包含的那 10 行字之外,其余部分由另一部法典来取代。他的品行和演说没有什么特别,他重新规定了包头带和白长袍的用途,违者判以死刑。他对长袍的规定是受人们称赞的,但付诸实践就很困难了。对于包头带,他滔滔不绝地讲了许多怪诞的箴言。对此,我已向你谈了一些,下面是其余部分。例如,当人们用包头带把眼睛完全蒙住的时候,要求他们像没蒙眼睛时那样清晰地看清君主——他父亲、他、同时是他兄弟和儿子的第三个人物。这三者如此完美地融合在了一起,以致成为同一整体,而且是唯一的。你大概会以为在这里又看到了古代的革律翁①。而我可以原谅你为理解这一奇迹不得不求助于寓言。可是,不幸的是,你并不知道什么是绕着走。你也许从来也没有听说过这种美妙的舞蹈,三位君主永远彼此围绕着你散步一样。他补充说,有一天,他会变成一个大阔佬,他的周围是十分好客的使者。预言实现了,最初有幸获得这一称号的人大操大办盛宴,大家举杯痛饮,祝他健康长寿。然而,他们的后继者却很懂得勤俭。我不明白他们什么时候发现了他们主人的小秘密,就是用面包把自己包起来,在同一时刻,让他的许多朋友把自己全部吞吃掉。尽管他足有 5 尺 6 寸高,但没有发现任何一位朋友吃下去后消化不良。他们又下令:夜宵要改成吃干的。这样,几个士兵口渴了,便开始嘟嘟囔

---

① 革律翁:希腊神话中的巨人之一。他有三个身体,三头六臂和六只脚,没有一个人类的子孙敢与之作战,后被赫拉克勒斯用箭射死。——译者注

嚷。他们鞭打和辱骂这几个士兵,于是鲜血流淌。这一分裂又派生出了另外两种分裂。因此,荆棘林荫道在失去它全部居民以前,首先就已减少了一半人。我现在只是向你揭示了新立法者带给他父亲的王国原本概貌之一斑,对于他的其他设想,我就不一一说了。这些设想是由他的秘书们构思的,其中主要有两位人物,一位是海货商,另一位过去是绅士,现在当鞋匠。

四十五

他向他的所有朋友说,这位天生爱唠叨的鞋匠详细叙述了君主设置的看不见的手杖的奇妙功能,这是人们闻所未闻的事情。从此,向导们就开始猜测并确定这根棍子的特性、本质和力量,并且为此相互诽谤,需要几卷书才能向你详述完整。有些人声称,没有这根手杖就寸步难行;另一些人则认为,这根手杖是可有可无的,只要你有健全的双腿,又不怕走路,这就足够了。这些人断言,这根手杖是硬是软、是长是短、是结实的还是脆弱的,这一切都取决于人们手的能力和道路的艰难程度,只有人们自己的过错才会失去它。那些人认为,君主没有承诺把手杖授予谁,他曾拒绝了好几个人,有时,他还把已授出去的手杖又收了回来。所有的这些说法,都以关于手杖的一种主要论述为基础,这一论述是由一位修辞学教授撰写的,这是一位资历颇深的教授。他以此作为对海货商那一章关于手杖重要性的评述。

四十六

另一条新的内容同样也引起了他们的分歧,这就是我们君主的宽厚仁慈。这位雄辩术教授声称,由于这种宽厚仁慈产生了一种可以预料但无法改变的结果,那就是君主要把下面这些人从他的宫廷中统统驱除出去,投入牢狱,没有任何赦免的可能。这些人是：一直未被招募的人；没听说过他、也不可能听说过他的不计其数的老百姓；还有许多其他的人。有的是没经过他允许便用一只可爱的眼睛看东西的人，有的则是因为他们祖父的反叛而永远失去了他的宠爱的人。然而，可以这样说，他却偏袒其他同等罪犯，使他们免遭殴打和折磨的命运。这位向导发现了他的设想是荒谬的，可是，天晓得他后来是怎样摆脱了自己设置的可怕境地。当他不能自圆其说时，他就高喊道："注意烂摊子！"而那些认为我们的君主既野蛮又任性的人便跟着他重复："注意烂摊子！"这一切和许多其他有同样强制力的事情，在荆棘林荫道中都是受到尊重的。沿着这条路行进的人们对这一切都信以为真，甚至有人认为，假如有一件事是假的，那么，一切都是假的了。

四十七

旧法典的捍卫者们起义去反抗君主的儿子，要他拿出证据和家谱来。君主的儿子傲慢地回答他们说："我的血统归属是我自己的事情，与别人无关。"然而，这一干脆的回答只迎合少数贵族。人们都说，他破坏了老牧羊人死后的名声，就以这个为借口，屠户和码头工人的部队设想了一个对付他的阴谋，这支部队就是他企图撤销、并要以洗染工和缩绒工部队代替的部队。这些人收买了他的财物官。他被捕后被判处死刑了，死刑真的执行了。他的朋友们宣布：他死了，他又没死，他三天之后又出现在人们面前了，但是过去的经历却永远留在了他父亲的宫廷中。以后，人们再也没有看见过他。临走时，他委托他的朋友们公布，实施了他的法律。

四十八

其实，无声的法律可以任意解释，因此，必然会产生各种不同的说法。某些人说它过于宽容,有一些人则认为它过于严厉,还有几个人指责它的荒谬性。随着新部队的形成和发展,开始出现内部分歧和外部障碍。反叛者们绝不愿意屈服于他们的同伴,所有的人都没有办法去征服他们共同的敌人。然而,时间、偏见、教育和对被禁止的新事物的某种迷恋却使狂热者的数量不断递增。没多久,他们竟然聚集在一起,虐待起他们的主人来了。开始,人们把他们当作幻想者,后来,又把他们当作叛乱者加以惩罚。但是,大部分人相信,他们不过是为了一些自己并不希求的东西而不顾耻辱和痛苦的折磨,任人宰割,为的是博得君主的欢心。于是,叛乱者或白痴便成了英雄,这是向导们雄辩术的伟大功绩。就这样,荆棘林荫道中的人越来越少了。那儿曾经是杳无人烟的,只是在我们的君主死后很长时间,他的儿子聚集人马,开到那儿,才使这个地方喧闹起来。

四十九

我已向你谈了许多了,以至于你可以断言从来也没有人做过这样伟大的事情。而你要清楚,从来也没有人乐意这样默默无闻地活着。我还要向你介绍这位非凡的人物,但是,我想先和你谈谈栗树林荫道的一位老居民和荆棘林荫道的几个种植者的那次谈话。我是从这位作家口中获悉其对话内容的,他毫无保留地向我讲叙了当年所发生的事情。他告诉我,栗树林荫道老居民首先向我们君主的"儿子"的同伙询问。他们回答他说,君主的儿子刚组织起一个幻想派。他们以一个骗子来替换上帝的儿子和使者,这个骗子就是叛逃者,后来法官让人把他钉在十字架上。后来,梅尼波——这是栗树林荫道老居民的名字——去询问在荆棘林荫道上耕耘的那些人。他们对他说:"是的,我们的首领被当作叛逃者钉死在十字架上了,但他是一位神,他的一切行动都是奇迹:他能使魔鬼附身的人重新获得自由,使跛子行走自如,使瞎子复明,使死者复活。他自己后来也复活了,他升入了天堂,我们当中的大部分人都见过他,整个地区的人都知道他的生活和奇迹。"

五十

"这太有意思了。"梅尼波说:"看到了那么多奇迹的人们大概都加入了部队,这个地区的所有居民大概都穿着白外套,戴着包头带……""唉!不,"那些人回答道:"跟随他的人并不多。这些人长了眼睛看不见,有了耳朵听不到……"梅尼波现在已不那么吃惊了,他说:"呵!我看就是这样,我承认你们民族的那些人习以为常的魔力。但是,请你们坦率地告诉我,这些事情真的像你们所说的那样发生的吗?你们首领的伟大奇迹真的公布于众了吗?""当然如此!"他们坚定地回答,"这些伟大举动在全省人面前公布后放射出了奇异光彩。曾有一个病人见他走过时,摸了一下他衣服的下摆,病就好了。他还曾经用只够五个人吃的食品供养了五六千个义勇兵。还有许多其他数不清的奇迹,一天,他使一个入葬于土中四天的死人复生。"

五十一

"我相信,看到这最后一个奇迹的人们会对他顶礼膜拜,把他视为上帝来崇奉……"梅尼波说。那些人回答他说:"的确,有些人信了,并且加入了他的部队。但是,大部分人却跑到他的反面——跑到屠户和码头工人那里,向他们叙述所见到、听到的一切,并挑唆他们反对他。他的其他壮举所产生的后果几乎也是如此。如果有几个证人为他作证,那是因为他命令他们永远跟随他的军旗。

他甚至还使出一种奇特的招数,那就是击鼓鸣啰——即在他估计不会有人支持他的地方击鼓鸣啰,以震其威。"

五十二

"的确,"梅尼波说:"你们头脑太简单了,你们的对手过于愚蠢。我很容易设想(是你们的奇遇迫使我这样想),一些颇有些傻气的人相遇,想象他们见到了奇迹,而实际上,他们没有见到过。大概不会有人认为那些蠢人会拒绝或相信与你们所说的奇迹一样骇人听闻的事。应该说,你们那里造就了一些与地球上其他人类完全不同的人。在别处根本见不到的东西,在你们这里可以见到。"

五十三

梅尼波感到奇怪,这些老实人怎么就这么容易轻信。在他看来,他们是第一流的狂热崇拜者。但是,为了充分满足他们的好奇心,他用一种似乎是否认自己最后几句话的口吻补充说:"我觉得,我刚刚听说的那些事情是那么奇特、新颖、绝妙,所以我非常乐意进一步了解你们首领的一切情况。你们能让我知道这一切吗? 一个如此神秘兮兮的人物,他生活中哪怕再微小的行踪也应该让全世界都知道……"

五十四

马可是荆棘林荫道最初的移民之一,他自以为自己是梅尼波的士兵,便立刻开始详细地讲述了他们首领的全部壮举:他怎样由一个处女生下,占星术士和牧师怎样在襁褓中就惊异地发现了他的神性,还有他童年时代和最后几年的奇迹,他的生活、死亡和复活,无一疏漏。马可并没有仅限于讲述人的儿子(有时,他的主人就是这样屈尊地被称呼,特别是当使用讲究的称号有危险时)的行踪,他还详细叙述了他主人的演说词、训词和箴言,最后,还谈到了他在历史和法律方面的全部训诫。

五十五

梅尼波平静地听着,没敢打断他。话音一落,梅尼波用一种表示本人不想支持的口吻说:"我对你们首领的箴言很感兴趣。我认为,他的这些箴言与他之前400多年地球上出现的所有智者的箴言相符合。你们把他的箴言当作新闻来传播,对于一个痴笨而粗野的民族来说,大概可以算是新闻,但是,对于其他民族来说,就不过是老生常谈了。然而,这些箴言却使我产生了一种想法,我应该把它告诉你,令人吃惊的是宣讲这些箴言的人的行动并不比这位首领更使人信服。我不能想象,你们那具有正统道德观点的首领真的创造出了那么多奇迹吗?"

五十六

梅尼波接着说:"其实,我对他的德性并不感到新奇,但我承认,我很震惊。他的这些奇迹对我来说是特别新奇的,尽管这对我和对任何人来说都不应如此。以前,你们的首领还活着,所有年岁较大的人都是他的同代人。你们想想,在一个像约旦那样熙熙攘攘的帝国行省内,发生了如此离奇的事情,在以后三四年间不可能丝毫不为人所知。在耶路撒冷,我们有一个人数众多的卫队和一个总督,我们的国内到处都有罗马人,从罗马到若贝的贸易从未间断过,但我们始终不知道有你们首领的存在。他的部下都有凭自己的好恶看见或看不见奇迹的本事,但是,其他人通常看到的是眼前发生的事情，不过如此。你们告诉我，你们的士兵能证明在他死时和复活时发生的奇迹。大地震动，三小时内，阴森森的黑暗笼罩了太阳，还有其他奇闻。但是，当你们向我描述一见到智人显现，从天而降，搬开密封他墓穴的石头，这些士兵就感到害怕、疲惫不堪和精力分散时，当你们确认，还是这些士兵，为了一种低廉的利益而否认这些使他们如此惊愕、几乎被吓死的奇迹时，你们别忘了，这些士兵是人，至少是你们把他们完全改变成了伊杜梅安人。也许是你们那里的气氛把外来人迷惑了，从而头昏脑涨。你们想想，如果你们的首领哪怕创造了一点点你们赋予他的那些奇迹，那么，皇帝、元老院、整个罗马，甚至全世界都会知道的。这位神人会成为我们普遍敬仰的对象与谈话的永久的主题。然而，他并不为人所知。全省人都把他看作骗子，除一小部分居民外。马可，你至少要设想一下，应该有一个比你们首领的所有奇迹更大的奇迹，以便扼杀一个与他同样辉煌灿烂、尽人皆知的绝妙的存在。你们承认自己误入歧途吧，放弃空想的念头吧，因为他的所有奇迹终究不过是你们的想象，你们用这些奇迹美化了他的历史。"

五十七

马可没有对梅尼波的谈话作出反应，只是停了一会儿。然而，他最终还是用狂热崇拜者的口吻喊道："我们的首领是全知全能者的儿子，他是我们的基督、我们的救星、我们的君主。我们知道他去世了，也知道他又复活了。见到他并相信他的人是有福的。但是，没见到他而相信他的人更有福。罗马，别再怀疑了，高傲的巴比伦，以补赎来拯救自己吧，以苦行赎罪吧，快点，时间是短暂的，你为期不远的是衰落，你的帝国已临近末日。我说什么，你的帝国?其实,整个世界都要改变面貌。上帝的儿子将出现在云天,审判生者和死者。在门口,他来了。生活着的人们将要看到这一切的实现。"

五十八

马可的反驳,梅尼波没去理睬,他向部队告辞了,离开了荆棘林荫道。任凭狂热崇拜者随意为荆棘林荫道招兵买马,对新兵发表演说。

五十九

"阿里斯特,你觉得这次谈话怎么样?我要听听你的意见。"你会对我说:"我承认,这些伊杜梅安人可能都是大傻瓜。"但是,一个民族不可能没有某个有头脑的人。底比斯人在希腊人数最多,他们有一个埃帕米农达斯,一个佩洛庇达斯,一个班达尔。听说梅尼波与历史学家约瑟夫或哲学家菲洛的观点一致,我感到很高兴,就如同听说他与福音传教士马可的观点相同一样。一群白痴相信为数不多的几个智人不屑接受的东西,这是可能的。一些人的愚蠢驯服决不会削弱另一些人的真知灼识。那么,你回答我:"菲洛对荆棘林荫道的首领说些什么?""唉!什么也没说。""约瑟夫对此想些什么?""唉!什么也没想。""底比斯的朱斯特对此说过什么?""什么也没说过。"你怎么想让梅尼波与一些知识渊博、但从未听说过这些人行踪的人谈论他们的行踪呢?这些人既没有忘记"加利利"(这个巴勒斯坦地区名)的犹太,也没有忘记狂热崇拜者若纳达斯和反叛者特达斯。但是,一涉及你们君主的儿子,他们就缄口不语。怎么,难道他们会把他和在约旦相继出现时隐时现的大群骗子混淆在一起吗?

六十

荆棘林荫道的居民们深深地理解这种缄默,它使和他们首领同时代的历史学家们感到耻辱。同时,荆棘林荫道的居民们更相信栗树林荫道的老居民们对他们的部队抱着轻蔑态度。在这种通过破坏其原因来消灭其结果的强制状况下,他们会怎么想呢?你会对我说:"什么?破坏原因!我真不能理解你的意思。他们不是使约瑟夫在死后几年开口说话了?⋯⋯"你真的提到了他,太绝妙了!他们把对他们首领的颂扬编入了他的历史。但是,你看他们有多笨拙!他们既没有证实他们编造的那段内容,也没能选择一个适当的位置把它加进去。一切都表明是伪造。他们让约瑟夫,让犹太的一位历史学家,让他那民族的一位高级教长,让一个小心翼翼对他顶礼膜拜的人宣读他们一位向导的演讲,他们怎么理解这个演讲呢?他们完全违背和破坏了作者的意图。向我介绍梅尼波和马可谈话的作家说:"骗子们总是搞不清他们的利益所在。因为他们企求甚多,往往会一无所获。倒是在别处被巧妙划掉的两行字对他们很有利。他只字未提屠杀贝特莱安的孩子们一事,实际上,这一事件是对埃罗德残暴行为的补充。"与埃罗德不友好的犹太历史学家已对这些残暴行为作出了准确的描述。

六十一

为此,你会陷入沉思。但你还是和我一起回到荆棘林荫道吧!

六十二

在那里艰难行进的人们,有的用双手扶着包头带,好像包头带要滑落下来似的,又好像在抗拒。你可以辨认出用这个标记装饰着的所有脑袋,你随时都可以发现,由于包头带太窄,不合适,总需要在前额上不停地摆弄。那么,包头带的抗拒结果必然是:两者必居其一。或者是胳膊累了,包头带滑落下来;或者是还坚持扶住包头带,经过长时间,终于战胜了它的抗拒。有些人胳膊累了,这时,他们突然处于天生盲瞽的状态,当他们翻开眼皮,一切自然现象都以完全不同的形式出现在人们眼前。这些光明异端派转入了我们的林荫道,在我们的栗树下憩息,呼吸着那里甜润的空气,顿时,他们感到多么快活呵!看到自己造成的严重伤痕一天天愈合,他们又是何等高兴呵!对留在荆棘林荫道中不幸者的命运,他们发出了多少怜悯的悲叹呵!但是,他们不敢把手伸向他们,他们不能这样坚持下去,他们害怕由于自己的重量或者由于向导们的作用,会被重新拖入更茂密的荆棘中。这些叛逃者几乎都不愿意离开我们。在林荫树下,他们老了,但是,当他们快要到达总约会地点时,遇到了许多向导。因为他们有时会呆傻,这些向导们便利用他们迟钝的时机,再为他们整理一下包头带,用小棒拍打他们的长袍,向导们自以为这样就给他们帮了大忙。我们当中这些聆听向导们劝说的人,任凭向导们这样做。这些向导这样做是要人们相信,包头带要用肥皂洗涤,扎好了包头带后再出现在君主面前,显得很体面。对有教养的人来讲,这就是合乎礼仪地结束旅行,因为注重礼仪是我们时代的象征。

六十三

我来到鲜花林荫道,在那里,做了短时期的逗留,便来到栗树荫下。直到最后,我也不能自以为在那里享受到了什么而夸大其词。我会像别人一样摸索着走完这条道路。尽管如此,我现在仍然确信,我们的至高无上的善良君主,他会更注意我的长袍而不是包头带。他知道,我们一般是懦弱胜于恶毒。而且,他为我们制定的法律是非常明智的,谁要是背离它,谁就会受到惩罚。如果事情真是像我在荆棘林荫道中听到的那样(因为,尽管在那里发号施令的人生活艰难,但是,他们有时也能提出高明的建议),如果我们的道德水平真是我们目前幸福的确切标准,那么,这位君主不会去冤枉任何人,而是会把我们全部消灭。不过,我要向你声明,这不是我的意见。我愿意继续生存,不愿意自我毁灭,我相信自己会长久安好。我认为,我们君主的智慧不亚于他的善良,他从来不做得不到利益的事情。然而,他能从坏士兵的痛苦中获得什么利益呢?是他自身的满足吗?我禁不住这样认为,而我会把他想得比我更恶毒,我会粗鲁地辱骂他。这是善良人们的辱骂吗?对他们来说,这大概是一种与他们的德性不相容的报复心理。我们的君主从来不效仿别人的任性,他对这种报复心理根本不会介意。不能说他将杀一儆百,因为肉刑吓不了任何人。如果我们的君主们施以刑罚,这是因为他们希望使那些试图仿效罪犯的人害怕。

六十四

在走出荆棘林荫道之前,你还应该知道,沿着这条路行进的那些人都容易产生一种奇妙的幻象,这就是自己好像被一个与世界同龄的狡猾魔术师纠缠着。这个魔术师如同幽灵般在四处游荡,是君主和臣民们的死敌。他竭力想使他们开小差,不断地教唆他们甩掉棍子,把长袍弄脏,把包头带撕毁,转入鲜花林荫道或栗树下。当他们感到魔术师干扰过度时,就求助于用右手做的一个象征性动作。特别是如果他们将手指尖浸入可能是向导们准备的某种水中,魔术师就被赶跑了。

六十五

关于这种水的特性,这个信号的力量和效果怎么样,我似乎从来也没有去考察过。魔术师的历史有数千卷,所有这些书都极力要表明我们的君主与他相比不过是个傻瓜,他多次巧妙地捉弄君主,他能从君主手中夺走他的臣民,因为他比君主精明一千倍。但是,由于我害怕遭受米奥图所遭受的指责,因此,这个令人憎恶的魔术师没有成为我著作中的英雄。当然,人们也许会断定这个魔术师就是这部著作的作者。我只能这样告诉你,人们几乎是以这种丑恶形象来介绍他的,这就是在色尔旺特令人乏味的杰作续篇中、梅克多公爵家里的福雷托巫师的形象。人们认为,在荆棘小径中跟随他的人,将在未来的时代中,在火的深渊中,为他分担他注定要承受的命运。如果是这样,那儿,人们大概从来也不会见过众多诚实人与众多骗子们居然聚集在那个肮脏的兵营之中。

(晓　玲　译)

栗树林荫道

> 人们胡言乱语,似乎习以为常。
>
> ——贺拉斯《讽刺诗》

一

看上去栗树林荫道很像希腊的柏拉图学园。那里到处是幽静的别墅和郁郁葱葱的小树林,充满安宁和谐的气氛。那里的居民与生俱来就严肃认真,但不呆板寡言。职业诡辩者喜欢交谈,甚至争论,但并不像有些人高谈阔论时那样固执和尖刻。在那里,观点的分歧各自毫不隐瞒,各抒己见,丝毫不会破坏友好的交往,也决不会影响道德水平的提高。人们会毫不留情地攻击对手但并不结仇,相互理文往来但并非吹牛取胜。在那里,你可以看到沙地上画着一些圆形三角形和其他数学图形。人们在那里构造体系,并写些诗歌。我想,《天文经典》就诞生在鲜花林荫道的托卡依葡萄酒和香槟酒之间。

二

在这条路上看到步行的大部分是战士。他们无声无息悄然行进,如果不是时常受到荆棘林荫道向导们的纠缠和干扰,他们的旅行是很平静的。荆棘林荫道的向导们把他们当作最危险的敌人来对待。我告诉你,那里人很少很少,如果你想找一个打算沿着这条路一直走到尽头的人,大概很难。对于辎重部队来说,这条路并不像鲜花林荫道那样舒适,它根本就不是为那些离开手杖就不能行进的人们准备的。

三

有个重要问题需要弄清楚,这就是要了解这部分人是否组成了一支部队,是否能形成一个整体。因为这里根本没有庙宇、祭坛、祭品和向导,没有统一的军旗。人们根本不知道他们的规则,他们分成人数或多或少的一群一伙,他们嫉妒独立自主的人。他们似乎生活在古老的政体中。在那里,每个省都有一些具有同等权利的省议会议员。当我描述了这些士兵的性格后,你也会由此得出这样的结论。

四

第一支部队的诞生得追溯到上古时代,组成这支部队的人会告诉你,没有林荫道,没有树林,也就没有旅游者。人们看到的一切很可能是某种东西,也很可能什么都不是。人们说,他们在战斗中战绩卓著,这是因为他们摆脱了防守的顾忌,而只注意进攻。他们既没有头盔也没有盾牌和铁甲,只有一支双刃短剑在手中灵巧地耍弄着。他们好斗,向一切人进攻,甚至还进攻自己的同伴。当他们使你受了重伤,或者是他们自己伤痕累累时,他们却无动于衷地说,这是一种游戏。既然他们根本就没有剑,你也根本没有身体,因此,他们就无法避免伤害你。总之,他们很可能搞错了,但是对于他们和你来说,最好的办法还是考察一下他们是不是真有武装,你所抱怨的这次交锋会不会是他们表示友谊的方法。人们谈到他们的第一个上尉,说他在林荫道上散步时,没有明确方向,有时低着头,经常是倒着走。他常常僵硬地撞到过路人身上和树上,跌入洞穴中,把自己扭伤。有些人主动提出为他引路,他回答他们说,他从未离开过自己的位置,他身体状况很好。在每一次交谈中,他总是含糊其词,出尔反尔,他用一只手打你耳光,又用另一只手爱抚你。最后,他对你说:"惊吓了您吗?"他就是这样结束了他的全部恶作剧。这支部队原来根本没有军旗,大约是在200年前,它的一位杰出人物设想了一面军旗,这是一个用金、银、羊毛和丝刺绣成的天平,题铭是这几个字:"我知道什么?"它的那位东拉西扯拼凑起来的幻想作品不断招来新信徒,这些士兵会出谋划策并擅长埋伏。

五

另一支部队,尽管相比之下人数不多,却同样具有悠久的历史。它是由先前那支部队的叛逃者组成的。他们承认自己的存在,承认有一些树林和一条林荫道。但是,他们声称,兵团和驻地的概念是很可笑的。他们甚至认为,君主不过是一种空想;包头带表示盲目的崇拜,这是傻瓜的行为,人们只是由于害怕受到惩罚,才使他们的长袍不沾染污点。他们无所畏惧,向着林荫道尽头走去。他们料想,在那里,沙漠将在他们脚下融化,他们将被沙漠吞没,他们将远离世界,一切都与他们毫无关系。

六

沿着这条路前行的那些人想法则完全不同了。他们相信驻地的存在,认为君主具有无穷的智慧,绝不会让他们一无所知。理智是他们从君主那里获得的礼物,理智足以调节他们的步履:应该尊敬君主,受君主款待或虐待要根据他们在路上服役的好坏而定。而且,君主的严厉一点也不过分,他的惩罚是有界限的,一旦到达约会地点,他们就不会再从那里出来了。他们要服从社会的法律,认识和修养德行,诅咒罪恶,把严格节制情欲看作是幸福的保证。尽管他们性格上是温和的,但在荆棘林荫道中他们仍然被人厌恶。这是因为他们根本没有包头带,他们确信两只好眼睛足以引路,他们认为,应该以可靠的理由说明军事法典真是君主的著作,因为他们在法典中发现了一些人与人们所想象的君主的智慧和善良不相容的条文。他们说:"我们的君主真是太公正了,他不会指责我们的好奇心。如果不是为了了解他的意愿,那么,我们在寻找什么呢?人们把一封以他的名义写成的信介绍给我们,我们手中有一部以他的方式写成的著作,二者比较的结果,使我们难于理解一位如此伟大的创造者竟然是一个糟糕透顶的作家。这个矛盾是很尖锐的,以致人们完全可以明白我们对此表现出的惊奇。"

七

第四群人会对你说:"林荫道建在我们君主的背上。"这是比古代诗人阿特拉斯的想象更荒谬的想象。阿特拉斯断定,天空在他的肩上。谎言可以美化错误。现在人们编造理由和一些模棱两可的说法,为了暗示君主是可见世界的一部分,宇宙和他融为一体,我们本身是他宽阔身体的组成部分。这些幻想者的首领就是经常袭击荆棘林荫道、在那里扰乱人心的一些信徒。

八

在这群人附近,有一些更奇特的斗士无秩序、无规则地行进着,他们每个人都认为自己是世界上唯一的存在者。他们承认唯一存在者的存在。但是,这个在思想着的存在者,就是他们自己。由于在我们身上所发现的一切都不过是一种感受,因此,他们否认除了他们和这些感受外,还会有其他东西。这样,他们可以同时是父亲和孩子、情夫和情妇、花床和睡在上面的人。前几天,我曾遇到他们中的一位,他让我相信他是维吉尔,我对他说:"你由于神圣的《埃涅阿斯纪》而不朽,你是多么幸福啊!""谁?我!"他说,"在这方面,我并不比你幸福。""你怎么这样想!"我接着说,"如果你真是这位拉丁语诗人(是你还是另一个人,情况都一样),那么,真的应承认,你由于想象了那么多大事,理应受到人们的尊重。你的作品是多么热情!多么和谐!多么富有风格!描写多么出色!思绪多么井井有条!""你说井井有条吗?"他打断我的话说,"现在谈这部著作根本就不是井井有条,这是一系列无稽之谈。如果我要庆幸自己用了11年功夫一共拼凑了一万行诗,那么,我要说这是我唯一的高招,也是极力可以恭维自己的地方。靠着这种本事,我得以流放、奴役臣民,在当了祖国的暴君后,却以祖国的父亲和保卫者的名誉而自豪。"听了这些混乱难懂的话,我睁大了眼睛,极力想使如此不一致的观点协调起来。我的维吉尔觉察到他的话使我感到费解,便接着说:"你可能难以理解我的意思,这样,我同时是维吉尔和奥古斯特,同时是奥古斯特和西娜,而且不仅如此;今天,我愿意是谁就是谁,我要向你表明,我可能是你本身,你什么都不是。或者,我升入云天;或者,我降入深渊。我根本没有超出我自己,这向来就是我所意识到的自己的思想。"他对我夸口说。这时,他的话被一支队伍的嘈杂声打断,林荫道中的喧闹声都来自这支部队。

九

这些疯子都很年轻。他们在鲜花林荫道中走了相当长时间后,转到我们的林荫道;他们的行为冒冒失失,以至人们把他们当作醉汉。他们喊道:既没有君主,也没有驻地。在林荫道尽头,他们就会快乐地被全部消灭;但是,在所有这些想象中,没有一个确切的证据,没有一个连贯的推理。他们很像这样一些人,这些人夜间在街上唱着歌行进,为了使他们自己相信,更是为了使别人相信,他们一点也不害怕。他们以大声喧哗为满足,如果他们一旦停止了喊叫,就是为了想听别人的演讲,能抓住其中的一些片断,把这些内容作为他们自己的东西来重复,同时,再添加一些恶劣的无稽之谈。

十

这些冒失者使智者们感到十分厌恶,但他们还是自以为是地行进着。他们从不停步,从一条林荫道,他们让人带入荆棘林荫道,这时,滴状物滴到他们身上;当它刚一掉,他们就涌向鲜花林荫道,从那里,新香槟再次把他们引到我们这里。但是,这时间并不长。不久,如果药的刺激使他们重新感到头晕,他们就准备逃出向导们的手心;然后,就会在向导们面前发誓弃绝在我们这里所接受的一切。但这一切的逻辑都取决于他们的身体状况。

十一

当我在考察这些假勇士时,我的幻想者早已消失了。我以观察其他幻想者作为消遣。由于这些幻想者自己没有任何感觉,也想不到别人能产生合理的感觉。因此,他们嘲笑所有旅行者。他们不明白自己从哪儿来，到哪儿去。他们很少关心知识，他们战斗的口号是：一切都是空虚的。

十二

在这些队伍中，有一支战斗的队伍，他们时常以小分队形式进行战斗。有时，他们会带回几个叛变者或俘虏。荆棘林荫道是他们入侵的地方，他们利用一个隘口，借助一片树林、一片荆棘或者其他有利于秘密行进的伪装，神不知、鬼不觉地溜入荆棘林荫道，遇到盲人，他们像虎豹般扑过去，摆脱他们的向导，散发一些反对君主的宣言或者是对总督的讽刺诗。他们夺走拐杖，抢走包头带，然后撤退。当你看到那些没有拐棍站在那里的盲人，一定会觉得很可笑，他们不再知道应把脚踏到哪里，应走哪一条道。他们摸索着前进，东奔西窜，绝望地叫喊，不停地问路，一步步地远离此路。他们犹豫不决，怎么走也总是要走到大路，而习惯又把他们拦了回去。

十三

当制造混乱者被逮捕后，军事法庭把他们当作未经允许和没有任何外国权贵委托而闯入的强盗来处置。其办法与我们完全不同。在栗树下，我们安静地听着荆棘林荫道首领们的讲话，等待着他们的惩罚，并反唇相讥，把一个个首领们吓得呆若木鸡，哑口无言。一遇到机会，我们就开导这些首领，或者至少要指责他们的盲目性。我们待人态度友好温和，他们对人却粗暴狂怒；我们依靠证据，他们却拼凑无稽之谈；他们一味宣讲着爱，但却散发着血腥味。他们把我们的君主描绘成一个残忍的暴君，只是为了给他们的情欲寻找借口。

十四

我可以从荆棘林荫道的一位居民和我们的一个同伴进行的一番谈话证明这一点。这位居民一直用布条蒙着眼睛走路。他走进一间绿荫覆盖的小屋,在屋内,我们的同伴正在做梦。他们两个人中间只隔着一堵繁茂的绿篱,这绿篱相当厚,以致他们不能会合,但却无法阻隔他们相互听到对方的声音。我们的同伴经过一系列推理后,便像自认为是唯一存在者的那些人一样高声喊道:"不,根本没有君主,没有任何东西能确切地证明他的存在。"这番话使盲人感到混乱,他把对方当成自己的同类,气喘吁吁地问道:"兄弟,我真的没迷路吗?我真的走上了这条路吗?你认为我们还有很长一段路要走吗?"

十五

"唉!"另一位接着说,"失去理智是多么不幸,你划伤自己,鲜血淋漓,却一无所获。可怜的人,你这是受了某种幻想和引路人的蒙骗,你费了很大的劲拼命赶路,但却是徒劳的,你永远不能到达他们指给你的地方。如果你根本不迷恋这种破衣,那么,你就会像我们一样看到,再没有任何东西能比他们用以哄骗你的一系列怪异想法更加卑劣了。因为,最终你要告诉我:你为什么要相信君主的存在?你对他的相信是来自你的沉思和智慧,还是由于偏见和你的首领们的宣讲呢?你承认,和他们在一起,你什么也看不见,你勇敢地决定一切,然而,你至少要先仔细观察,权衡理由,以便做出更明智的判断。要是能把你从迷宫中解救出来,我该多么快活啊!靠近点,让我把你的包头带扯掉。"盲人却回答道:"不!根据君主的旨意,我根本不能这样做。"同时向后退了三步,并警惕起来。"如果我到达时没蒙住双眼,没有扎包头带,他会说什么?我将怎样?当然,如果你愿意,我们可以交谈,你可能使我醒悟;相反,如果我能说服你,我们就将结伴而行;由于我们共同分担了路上的危险,我们也将共享会合的快乐。开始吧,我听你说。"

十六

"好吧!"栗树林荫道的居民回答道,"你想一想 30 年前当你带着重重忧虑走完了这条该诅咒的道路,你是否就获得了更大的收获?你现在已进入过那套房子、或者是你的君主居住的宫殿楼阁,清楚明白了这是什么回事,你发觉他在行使某种王权吗?你永远也不会靠近他,因此,你应该承认,你走上这条路并没有充分的根据,除了你的前辈、朋友和同伴们如此缺少根据以外,没有其他动力。他们中的任何人都没有给你带来这个美丽地区的消息,而你却打算有一天到那里去居住。一个商人相信了某个骗子或无知者的话,离开了家乡,经历了重重危险,穿过陌生的被暴风雨袭击的海洋和干燥的沙漠,到某个地区去寻找财宝。他对这个地方的认识只是根据另一个与他同样受骗或同样对此不了解的旅行者的推测。难道你不认为这个商人应该被送进精神病院吗?这个商人就是你自己。你沿着一条陌生的道路,穿过荆棘,使自己被划伤。你对自己所寻找的东西几乎没有任何了解,在这条路上,你不是照亮自己的行程,而是为自己设立了这样的法规:盲目前进,用包头带蒙住眼睛。但是,你回答我,如果你的君主通情达理、善良、明智,那么,你生活在深沉的黑暗中,他会怎么想呢?如果这个君主一旦出现在你的面前,你又蒙着双眼,这怎么能认出他来呢?蔑视,还是怜悯?但是,如果他不存在,那么,你所遭受的一切损伤又有什么用呢?如果人死后有感觉的话,你将永远会被内疚所折磨。这是因为在本来应该是享受自己生存权利的短暂时期内,你却残害自己。还因为你曾想象你君主的残酷,整天沉溺于鲜血、叫喊和恐怖之中。"

十七

盲人激动地回答:"这简直是太可怕了!你怎么敢怀疑其至否定君主的存在?你是口出恶语。想一想吧,你内心和身外所发生的一切,难道不会使你承认他的存在吗?世界在你眼前显示着他的存在,理性在你头脑中宣告了他的存在,罪恶在你心中预示着他的到来。的确,我在寻找从未见过的珍宝,但是,你去哪里?你在走向毁灭,多好的结局!你没有任何希望,恐怖把你引向了绝望。50年来,我被擦伤,那又怎样?在这期间,你很舒服,但是,当你出现在君主面前,没扎包头带、没穿长袍、没拄拐杖的话,你会不会被处以比我那时所忍受的不适更为严厉、更难以承受的惩罚呢?我乐意冒点儿险,这样,能获得许多东西;而你呢?不乐意冒任何危险,就有可能失去一切。"

十八

栗树林荫道居民说:"冷静点,朋友,君主和宫廷的存在,某种军服的必不可少以及保留包头带、穿不带污点的长袍之重要性,其实都是你想象出的重要性。然而,请你允许我否认你所说的这一切;如果它们都是假的,那么,你从中得出的结论自然就不真实。如果物质是永恒的,运动安排了物质,使物质一开始就具备我们今天所见到的它所具有的一切形式,那么,我还需要你们君主干什么呢?"

"如果你称作灵魂的东西仅仅是机体的作用,那么,机体是自个儿在运动的。机体的各器官协调,我们就能思想;部分器官损坏了,我们就会胡言乱语。想一想器官毁灭,灵魂又怎样呢?谁对你说摆脱了身体,灵魂还能感觉、思想和想象? 现在,来看看你的那些规则,它们被建立在一些随意的协定上,它们出自你最初的那些向导之手,而不是理性思考的结果。因为理性是每个人所共有的,所以它随时随地都会向每个人指出同样的道路,规定同样的义务并且禁止同样的行动。为什么理性更有利于人们对某些思辨真理的认识,而不是对道德真理的认识呢? 因为每个人都会承认思辨真理的确定性。至于道德真理,从河的一岸到达另一岸,从山前到山后,从这个界标到那个界标,越过精确线,人们的观点会截然相反。因此,如果你想使我看清楚,就要首先驱散这些云雾。"

十九

盲人当即回答:"可以,当然可以。但是,我经常要求助于法典的威力。你了解这个法典吗?这是一部神的著作。它所提出的问题都以超自然力的事实为依据,因此,它是建立在比理性所能提供的证据不知确切多少倍的证据之上。"

二十

"呵!别提你的法典了,"这位居民说,"我们交战应该用同样的武器才行。我不戴盔甲,善意出战,而你却全副武装。这实际上是妨碍和毁灭法典的制订者,而不是保卫他。我占了你这个便宜会感到耻辱的。你想过吗?你是从哪里发现你们的法典是神的作品的呢?甚至在你们的林荫道上,人们都真诚地相信吗?你们的一位向导以攻击贺拉斯和维吉尔为借口……你能明白我的意思,我实在看不起你们的向导,因此,我不会借他们的权威来吓唬你。

但是,你从这部充满绝妙故事的著作中能得到什么?你崇信两千多年前死去的那些作家,所以也迫使他人去相信这闻所未闻的事情。而你的同辈人却每天都以你周围发生的、你可以核实的那些事件使你折服!你反复叙述自己熟悉、感兴趣的内容,并且还不断加以删节、添加和修改,以至让人们难以辨别你的种种说法,难以确定你的种种矛盾判断,你吹嘘自己在黑暗中了解过去的时代,可以顺利地协调好与最初向导们的关系!实际上,这是尊敬他们胜过了对自己的尊敬,你几乎不能听从你的理性应有的自尊。"

二十一

盲人说:"呵!你在叫哪个怪物的名字?你看到我们长袍上的那些污点大多数是他弄的。你身上这种自以为是的萌芽,阻碍你对自己理性的约束。要是你能像我们一样抑制理性,就不会有如此古怪的念头。你看到这件粗毛衬衣(苦行者穿的)和这件苦衣了吗?我想你不妨去试试?这是君主特别为仆人们准备的苦鞭,让我用它抽你几下,便能使你灵魂善良。但愿你能懂得这些苦行的甜美!它们给士兵带来多少益处呵!由于经过赎罪的生活,这些苦行通向启示,由此达到结合。我头脑发昏了!我对你说了神人的话,我会由于亵渎罪而被惩罚,你却获得了神智的才能……"

二十二

即刻,悲惨开始,细绳开始勒紧,鲜血滴滴流。"悲惨啊!"他的对手向他喊道,"哪一种狂热使你心荡神驰?如果我缺少同情心,那么,我就会嘲笑你捏造的人物。在你身上,我只会看到盲人为使那位著名的眼科医生让特翁的一个学生重见光明而划伤自己的肩膀,或者看到桑格为使杜尔西内解除魔法而鞭打自己。但是,你是人,我也是人。朋友,停一下,你可别以为通过这种野蛮举动,你的自尊心就得到了满足,实际上是你的自尊心在你的苦鞭下收缩了。你别动,听我说,你歪曲总督的形象,能为他赢得多少荣誉? 如果你竟敢如此,那么,军事法庭的喽啰们就会马上来抓你,这样,你的余生就只能在监狱中度过了。我这是按你的原则推论出来的。人们对于君主们尊敬的外在标志,没有什么根据,除了他们的骄傲。当然,应该恭维他们的骄傲,而实际上他们大概是处于悲惨的境地。但是,你的君主是非常幸福的,正如你所说,如果他自我已经感到满足了,那么,你的誓言、祷告和折磨又有什么用呢? 或者,他预先了解了你的愿望,或者,他对此一无所知。如果他了解了你的愿望,就会决定让你如愿以偿,或者拒绝你。你就是纠缠不休也丝毫夺不走他的天赋,你的叫喊也增长不了他的才能。"

二十三

盲人说:"呵!现在我已猜到你是谁了。你的体系是要摧毁百万豪华建筑,撞开我们大鸟笼的门,把我们的向导变成耕作农或士兵,使罗马、安科纳和孔包斯黛勒全部陷入贫困。这个体系就是要破坏整个社会。"

二十四

我们的朋友反驳说:"我的体系只摧毁流弊。现在,仍然存在着一些没有这种清规戒律的大团体,而且这些人根本不知道清规戒律这个名称,所以他们过得很幸福。把这些团体的人们与自吹了解你的君主的那些人相比较,仔细考察后者关于君主的矛盾、错误的观念,就会得出这样确切的结论:根本不存在君主。请你注意,你旅居马德里,而你父亲却一直住在右斯科,你父亲偶尔对你说他的生活,留给你一些模糊印象,那么,你能说熟悉你父亲吗?"

二十五

盲人回答说:"如果他要是留给我一部分可供支配的遗产,那么,我会怎么想呢?你会同意,我的思考和推理的才能是从上帝那里获得的。我思,故我在。我不能确定自己存在,而是要由另一个人——君主来确定的。"

二十六

对此,栗树林荫道的居民笑着回答:"可以清楚地看到,对你的继承权,你都不能独立地思考。而你那么夸耀这种理智又有什么用呢?它在你手中不过是一种无用的工具。你总是在向导们的监督下,理智使你失望。在向导们演讲时,理智已告诉你,你以为自己不屈不挠地战胜了这些荆棘,跨越了这些岩石和沼泽地,便会赢得这位君主的恩赐,你把一个异想天开的君主错当为降示之神了,你自己不再能够思考。可是这一切对你有什么好处?因为你终究有一天会在小路尽头,失去耐心,好奇心会驱使你撩开包头带的一角,或多或少地弄脏你的长袍,对此,他是不是一点也没有察觉呢?你怎么能知道呢?如果他察觉到了,你就抵挡不住了,你就全完了。"

二十七

盲人说:"不,我将获得的重赏会给我以支持。这些重赏使我可以看到君主,反复不停地看,他总是像第一次看到的那样令人惊叹。怎么看?是借助一盏插在我们的松果体或胼体上的昏暗的灯。对胼体我不太了解,这盏灯会向我们清晰地揭示一切,以致……"

二十八

"那好,"我们的同伴说,"但是,直到现在,我仍然觉得你的灯笼罩着可怕的烟雾,使你不能清晰地看清这一切。从你的言谈中就可以得出全部结论,这其中也有恐怖的作用,恐怖驱使你为自己的主人效劳,你对他的眷恋不过是以私利为基础的,卑劣的情欲造就你奴隶的品格。就是你刚刚如此激动地猛烈攻击的这种自尊心,已成为你唯一的行动的动力。现在,你想让你的君主为它戴上桂冠。来吧,摆脱恐惧,不受任何私利的约束,转向我们这一派,你会获得应该属于你的所有的一切,至少你可以平静地生活下去。如果你去冒险,不说去丧生,到达生命尽头留给你的只是虚幻。"

二十九

盲人反驳道:"魔鬼,滚开吧。我清楚地看到,最充足的证据是在你那边,你等着,我要求助于更有效的武器。"

三十

他又开始向反叛者、向大逆不道的人大声叫喊。我看到一些疯狂的向导从四面八方跑来,他们手里拿着火把,腋下夹着一束柴薪,我们的同伴悄悄钻入林荫道,通过曲折的小径回到驻地。而盲人又拿起他的拐杖,走他的路,向他的同伴们讲述他的奇遇,他怎样以理相争。同伴们殷勤地向他祝贺,在一片赞美恭维声中,盲人决定把他那套推论公布于众,书的题名为《光的存在与属性的物理精神原理》,作者系一位西班牙盲人,兼有翻译和评注者及盲人院财产管理委员等职。他们请那些不知为什么40多年来自认为看得很清楚的人阅读这本书。没能得到这本书的人大概不会生气的,因为他们得知为了向书商凑够厚厚一本书的页数,这本书只是对前面的对话进行了夸张和修改,而没有任何实际内容增加。

三十一

这场争论的声音传到了林荫道最远的边缘地带。为了弄清事实,人们决定召开一次全体大会来讨论盲人和阿德奥斯(即我们朋友的名字)各自理由的有效性。凡是了解这次争论的人被要求都要表态,对双方的推理要持尊重的态度,不能厚此薄彼。人们在争论的现场附近发现了我。本来为一个不充足的理由辩护我觉得很反感。但为了捍卫真理,我只得介入其中。我们的斗士又把他的反驳重复了一遍,我以确凿的事实回击了盲人的辩解。大家的意见不能统一,这在我们当中似乎是很寻常的事。有些人认为,双方的理由都不充足;另一些人认为这场争论的开始有利于进一步阐明双方的共同目的。阿德奥斯的朋友们取胜了。他们并不想放弃征服其他派别的机会。我和我的同伴们认为,他们在战前就庆贺胜利,结果是驳倒了一些不充足的理由,但不应该自认为理由充分地战胜了与他们作对的任何人。在这种意见冲突中,我们的一个同伴建议组成以两个人为单位的小分队,预先派入林荫道,根据以后的侦察,决定今后直属兵种司令指挥的各团第一连的组成和它所采用的军旗。这个建议是很明智的,被采纳了。第一群人的代表为仄诺克莱斯和达密斯;阿德奥斯(即经历与盲人辩论的英雄)和克珊托斯(希腊神话中的河神)代表第二群人;菲劳泽纳和我代表我们这群人(自然神论者);第四群人选了奥利巴兹和阿勒克梅翁(斯宾诺莎的信奉者)为代表;第五群人选了荻菲勒和内莱斯托(怀疑论者)为代表;第六群人也选派了自己的代表(自吹自擂者);所有成员都被列入了队伍。当我们大家提出没有把那些由于他们的品行有缺陷者如不坚定、无知和多疑者包括到先遣队里时,他们嘟嘟囔囔地接受了我们的意见。夜里发出的巡逻令命令我们出发。主力部队还在宿营地,我们是打头阵的。

三十二

行军的那天夜晚是很美丽的。小说家总不会放过这个描写的机会。而我不过是个历史学家,我可以简单地告诉你:月亮高高挂于头顶,天空无云,繁星闪烁。我偶然走近阿德奥斯,开始,我们默默行进,这样走了很长时间以后,我就开口了。我对阿德奥斯说:"您看到这些光彩熠熠的星辰了吗?它们中有的总是恒常不动,有的则按照规律运动着。它们彼此相互护佑,这对我们的地球有什么作用呢?没有这些火炬,我们会是什么样?是哪一只仁慈的手把它们全部点亮,并愿意保持它们的光芒?我们享受着这些星辰的光辉,我们若把它们的产生归于偶然,这岂不是太忘恩负义?它们的存在与那和谐的秩序不正引导我们去承认这一切都是一个创造者的所为吗?"

三十三

他反驳我说:"亲爱的,不会如此。你用热情的目光来看星辰,把自己充满激情的想象附加到对象上,你设想了一种美丽的装饰品,然后把它说成是自己所不知道的那种存在创造出来的,而对此,这个存在却从来都没有想过。这就如同一个初来乍到的外省人,自以为是地认为塞尔旺多尼是为了他才设计了阿尔米德花园或者是建造了太阳宫。在我们面前,摆着一部陌生的机器,人们对它进行了观察,根据某些人的意见,这些观察表明机器运转是有规律的,而另一些人则认为这些观察表明机器运转混乱。一些无知的人只观察了它的一个轮子,勉强了解了这一轮子有几个齿轮。于是,他们就对这些齿轮在成千上万个其他轮子中的传动系统进行推测。但是,他们对成千上万个轮子的性能和动力却一无所知。最后他们像工匠那样,在作品上写下了作者的名字。但是我要回答的是,比方说难道一个挂钟和一只弹簧表就没有显现出制造它们的钟表匠的智慧吗?你敢说它们是偶然的结果吗?"

三十四

他说:"这是完全不同的事物。你把一个完成的作品与一个永恒的复合体相比较,前者的产地和作者是明摆着的,但是,后者的起源、现状和未来则是未知的,关于他的创造者,你只能进行一些猜测。"

三十五

我反驳道:"那有什么关系?难道它开始时不是被某个人创造出来的吗?难道我没有看到它现在的样子吗?难道它的结构没有表明它的作者吗?"

三十六

阿德奥斯说:"不,你根本没有看出它是什么样子。谁对你说过,你在此地赞赏的这种秩序不会在某个地方被打乱呢?怎么能从空间的一点向无限的空间推论?人们用被抛掉的泥土和瓦砾填地造田,人们的辛勤劳动也许换来一块辽阔的土地,但谁又能想到也使蛆虫和蚂蚁在其中找寻到了适合自己的住所?假如按照你的方式来推论,这些昆虫对为它们安排了这一切生存条件的园丁的智慧非常倾心,不知你对这些昆虫有何感想呢?"

三十七

阿勒克梅翁打断我们的话说:"先生们,你们什么都不了解,我的同伴奥利巴兹会向你们证明:那即将出现的光彩熠熠的大星球是我们君主的眼睛,其他的闪光点或者是君主王冠上的钻石,或者是他衣服上的扣子。今晚他穿暗蓝色的盛装,引起你们对他的装扮的争论;明天,他可能会换装,他的大眼睛中可能流露的幽默神情,又引起你们一番争执。今天,他的长袍光彩夺目;明天,却可能变得污脏不堪。他是如此地变幻无常,你们怎么能够认识他呢?呵!他们不如在自己身上找他。你们是他存在的一部分;他在你们之中,你们在他之中。他的实体是博大的、唯一的、包罗万象的;唯有这实体存在,其余不过是它的样式。"

三十八

"据这种看法,"菲劳泽纳说,"你们的君主是一个奇特的复合体;他会哭会笑,会走会停,会睡会醒,他有幸福又有不幸,有快乐又有忧伤。时而痛苦难受,时而无动于衷。他同时感受多种情感和最矛盾的各种状态。在同一问题上,他一会儿是诚实的人,一会儿是骗子,一会儿是智者,一会儿是疯子。一会儿节欲,一会儿纵欲,一会儿温柔,一会儿残忍,他把一切罪恶与道德联系在一起。我很难理解你怎样掩盖这一切矛盾。"达密斯和内莱斯托附和着菲劳泽纳,反对阿勒克梅翁。他们轮流发言,罗列论据,争论激烈。阿勒克梅翁的感觉是首先遭到攻击的,然后,又齐向菲劳泽纳进攻;接着,又参与到我和阿德奥斯的谈话。最后他们才若有所思地对我们说:"Vedrcmo。"①

三十九

这时,白昼来临,黑夜消逝。太阳冉冉升起,我们发现了一条很宽很宽的河,它蜿蜒曲折,好像截断了我们的道路。河水清澈,水流湍急,我们当中没有一个人敢率先涉过。大家选派了菲劳泽纳和荻菲勒去了解它的河床深浅度,探试是否可以涉过。其余的人便坐在河边杨柳树荫下的草坪上,放眼望去看到的是布满冷杉树的陡峭山脉。"难道你不从心里感谢你们的君主吗?"阿德奥斯讥笑我说,"你们的君主为了你们的舒适创造了这条河流和远处的山峦。现在,它们却使那么多老实人生气:不冒淹死的危险就不敢渡过这条河;不疲惫不堪、忍饥挨饿就永远也跨不过远处的山峦。一个明智的人为了他的朋友和自己的快乐而从事园艺,他大概不会让他的朋友们作如此危险的散步。你说你们的君主是世界的创造者,至少,你要承认他的作品与他的风格不相称,这条河流有什么作用呢?几条小溪便足以使这些草原清新肥沃,你真的认为这些天然巨石比美丽的草原更可取吗?这一切都不是理性的旨意,而是出自狂热的心血来潮。"

四十

我回答他说:"对一个从未参加过君主内阁会议的军事政客来说,他不可能深入了解君主的真实意图,这个政客也许会抗议捐税,主张改变行军或宿营计划,反对船队的航行目标等。他会把取得的战争胜利归于偶然,有时又把谈判或远航的成功归于机遇。

---

① 该词义不详。——译者注

那么，你对这个军事政客有什么看法呢？你大概会为他的错误感到羞涩，而他的错误就是你的错误，这条河妨碍了你，于是，你抱怨这条河和这些山峦的位置，但是，这个世界上不只有你一个人，你权衡过这两个对象与总体之间的全部利益关系吗？你知道这河水会使它所流经的其他地区的土地肥沃吗？这条河是不是它两岸好几个大城市的商业纽带呢？你这里的小河被太阳一晒就会干涸，它们又有什么用呢？这些使你不愿目睹的山石被植物和树木覆盖着，这些植物树木的用途是公认的，人们从这些山峦的腹地发掘出矿藏和金属，这些山顶是充满了雨、雾、雪和露水的大蓄水池，水从蓄水池缓慢分散流出。不久，将在小河的远方形成泉水、小溪和大河。我说：亲爱的，这就是君主的意图。理智使你不听从他的建议。而你却相当清楚，必须承认有一只不朽的手的存在，是他挖了蓄水池、开了渠。"

四十一

争论开始加剧了，仄诺克莱斯看到后便向我们做了个手势，示意我们暂时休战。他说："我觉得你们两个都过于片面了。按照你们的看法，这是一条河和一些山石，对吗？而我却要向你们表明：你们称之为河的东西是一种结晶体，很坚固的。人们可以在上面行走而毫无危险，你们所谓的山石不过是一层厚厚的雾气，但却很容易被穿透。你们看，我说的是不是真的。"说着，他便立刻跳入水中，河水没过了他的头有六尺多，我们都为他的生命担忧，幸好，奥利巴兹是游泳健将。他跳入水中，抓住仄诺克莱斯的衣服，把他拖向岸边。看到他的样子，我们的恐惧一扫而光，爆发出阵阵笑声。但是他却睁大眼睛，浑身滴着水，问我们有什么新闻，为什么这样快活。

四十二

这时候,我们的侦察兵疾步赶来。他们向我们报告说,他们沿河而行,在离我们不远处遇到一座自然形成的桥。桥上岩石相当的宽,在它下面是水打开了的一条通道。我们过了河,沿着山脉在河的右岸走了大约 3 000 步。仄诺克莱斯时常想低着头向我们右面的山石上撞。据他说,这是要穿透云雾。

四十三

我们终于到达了一个令人愉快的小山谷。它截断了山脉,通向一片长满果树的辽阔平原。这里长得到处是桑树,树叶上爬着一些蚕。人们可以清晰地听到,成群的蜜蜂在几棵老橡树的树洞里嗡嗡的叫着。这些昆虫不停息地劳作着,我们用心去注视它们。这时,菲劳泽纳又趁机求教阿德奥斯,这些灵巧的动物是不是自动机。

四十四

阿德奥斯说:"我向你肯定,它们是一些小巫师,有的藏在苍蝇身体内,有的包在毛虫环套中,这正如不久前我们的一位朋友论述的那样。我想,你会听取我的意见,如果不是快乐地,至少不会是生气,你会比在荆棘林荫道中更善意地对待我。"

四十五

菲劳泽纳谦卑起来:"我该为我说句公道话,我根本不会用令人厌恶的语言去玷污一种天真无邪而轻松的趣谈。在我们的远方,存在着缠人的神灵,恩赐和理智都是他的敌人。但是,他把这些昆虫都当作机器。他能用各种方法去制造它们……""我看出来你要得出什么结论了。"阿德奥斯打断他的话说:"你又在呼唤你的君主吧?在毛虫的脚上和苍蝇的翅膀上也能显示君主的才能。对这位伟大的君主来说,是个多美的差事啊!"

四十六

菲劳泽纳反驳道:"别再冷嘲热讽了,一个令人赏心悦目的事物一定包含了创造者的智慧。并不是世界上任何东西都有这种荣幸,它们可以被有目的地创造出来,并占有一定的位置……噢!不会是无目的的!"阿德奥斯说:"我们不能再谈这个了。——这些先生们都是伟大创造者的心腹。""但是,"达密欺补充道:"这就像博学者们对于他们所评论的那些作家一样,要让这些作家说出从来没有想过的事情。"

四十七

菲劳泽纳继续说:"不完全是这样,自从可以借助显微镜发现蚕的大脑、心脏、内脏和肺之后,人们便懂得了这些器官的结构和用途。仔细地研究这些器官中循环的液体的运动,观察这些昆虫的劳作,你可以发现人们并不能盲目地谈论这些昆虫。蜜蜂是很灵巧的,我认为仅仅蜜蜂的吻管和它们的刺的结构,就向每一个明智的人展示了奇迹。而他大概不会把这些奇迹看作是我不知道的物质的某种偶然运动。""这些先生们从来没有读过维吉尔的著作",奥利巴兹打断菲劳泽纳的话说:"维吉尔是我们的大主教。他是上帝的一部分,他说蜜蜂天生就有神光。"我反驳他说:"你们的诗人和你并未考虑到你们不仅神化了苍蝇,而且也神化了所有水滴和海中沙粒,你们所谈论的这些都是荒谬的奢望吧。如果对某些昆虫的正确观察会导致我们的君主存在的结论,那么,从人体解剖和对其他自然现象的认识当中又能获得什么结论呢?""除了物质是被安排好了的结论之外,不会获得其他结论。"阿德奥斯固执己见地说。我们的其他伙伴看到他很窘迫,便安慰他说,可能他有理,但是真实性却在我这边。

四十八

奥利巴兹激动地说:"如果菲劳泽纳占了优势,那么,阿德奥斯就错了。阿德奥斯只要再多走一步,就会使胜负难分。"他说:"从菲劳泽纳的演说中,除了得出物质是被安排好了的结论之外,不会得出其他结论。但是,如果人们能够证明物质,甚至物质的排列都是永恒的,那么,又该怎么看菲劳泽纳的演说呢?"奥利巴兹补充说。

四十九

奥利巴兹突然严肃起来:"如果从来就没有存在,那么,也将永远不会有存在。因为要存在就应该有行动,要行动就应该有存在。"

五十

如果从来就只有物质的存在,那么精神的东西一定不是自在的。因为或者精神的东西可以自存,或者它是从物质的存在那里获得存在。如果精神的东西是自存的,那么,它们在存在之前就会有行动了。如果它们从物质那里获得存在,那么,它们就是物质作用的结果。这样一来,我便会看到他们不过只具有样式的资格,可这根本不是菲劳泽纳所希望的。

五十一

如果说精神的东西是从来就有的,并且是最基本的,那么,物质的存在就不是从来就有的。但精神的全部功能不过就是思想和意志。我们根本不能设想,思想和意志会对被创造的存在发生作用。更不能设想,它们会对非存在发生作用。我可以断定这没有任何意义,只是菲劳泽纳向我作出了相反的证明。

五十二

据他说,精神的存在根本不是身体存在的一种样式。在我看来,没有理由认为身体的存在是精神存在的结果。因此,从他的观点和我的推论中可以得出这样的结论,精神的存在和身体的存在都将是永恒的,这两种实体构成世界,而世界就是上帝。

五十三

让菲劳泽纳去使用这一轻蔑的口吻吧,他的这种观点谁也不会赞同,更不能使哲学家满意。但只要他愿意,那就任凭他高声喊:"精神是至上的,神化了蝴蝶、苍蝇、昆虫、水滴和一切物质分子。"我则回答他,我没有神化任何东西。如果你稍微明白我的意思就会发现,其实是完全相反的,我要竭力驱除世界上那些自以为是、谎言和诸神。

五十四

菲劳泽纳没有预料到他平时并不放在眼里的敌手竟会说出如此有力的反驳。因此,他感到很狼狈。他定了定神,准备反驳。这时,大家的脸上都显露出一种狡黠的快乐,似乎是出于一种嫉妒,为某种结果的出现而感到意外的满足。最豁达的人也不可能会永远抑制这种嫉妒心。在这之前,菲劳泽纳始终是胜利者,现在,大家看见他受到自己曾傲慢对待的敌手的攻击而发窘时,并不感到恼火。当然菲劳泽纳是不会就此认输的,但遗憾的是他刚要开口,天色已变暗,一块厚厚的乌云夺去了我们眼前的自然美景,使我们处于漆黑的夜色之中。我们大家只好被迫休战,争论的结局也有专人去做传达。

五十五

就这样,我们回到我们的林荫道上,向人们叙述了我们的旅行和交谈。目前,人们正在那里审查我们的论证。他们一旦宣布最终结果,我就会告诉你。

五十六

你唯一可以知道的是,当阿德奥斯回来时,他的家庭发生了不幸,他的孩子被人掐死,妻子也被抢走,房子遭到劫掠。人们怀疑这是曾与之争论的盲人所为,因为唯有这个盲人穿过了绿篱去向不明。争论中,阿德奥斯曾唆使这个盲人蔑视"良心"和社会的法律,而这个盲人秘密地离开了荆棘林荫道,他真可以违背良心和社会的法律还没有任何危险。他干了这种勾当,但是,由于阿德奥斯不在,而且旁边没有证人,因此他可以逃避惩罚。阿德奥斯是这次奇遇最令人忧伤和最令人可怜的,因为只有他没有高声抱怨的自由。

(晓　玲　译)

鲜花林荫道

把错综复杂的罪恶现象当作
真理的人必将得到报应

——贺拉斯《讽刺诗》

一

其实,我不常去鲜花林荫道中散步,但是,我对那里却相当了解,我可以向你谈谈那里的情况和居民的特点。那里的一切使人心旷神怡,与其说是一条林荫道,不如说是一个大花园,与鲜花点缀的花坛相接的是大片青苔地毯和百条小溪在其间流过的碧绿草坪。在一片片郁郁葱葱的树林中,千条道路纵横交错,置身于其中,真不失为一种乐趣。除此之外,还有可供藏身的茂密的绿篱和灌木丛。

二

那里,人们建造了一些不同用途的小房子。在这些房子里,放着布置考究的餐桌和装有美味葡萄酒和甜酒的食品柜。在另一些房子里,放着摆满纸牌、卡片和硬币的桌子,还有游戏赌盘以及一切消遣所必需的东西。

三

聚集在这里的是一些喜欢漫不经心思考的人,他们很少说自己所想的,彼此又不了解,有时人们之间待人以礼,有时会相互憎恶。那里,在令人愉快的聚会之后,常有美味的夜宵食品,但然后就转向对女人诽谤,夸耀炖肉的高手艺,讲述生编硬造的奇闻,或者相互冷嘲热讽。

四

在更远处,是一些光彩耀眼的大客厅。在这些客厅中,有人在哭,有人在笑。在另一些客厅中,有人在跳,有人在唱。在其他地方,有人批评,有人论述,有人争辩,有人高喊,而他们不知道自己为什么是这样。

五

就在那里,私通成为一种风尚,爱情传递、娇颜媚态变成生活的主题。到处洋溢着欢欣,又处处隐藏着极度的烦恼。情人是不固定的!忠诚的情人真是太少了。生活变得不再可靠。人们时时心不在焉,但还是整天谈情说爱。

六

在一些阴暗的小屋里,摆着柔软宽大的长沙发,你一定能想到它们的用途,因此,我就不再向你赘述了。人们经常地更换这些沙发,好像这是唯一值得使他们去劳累的工作。

七

公共图书馆里充满从阿那克里翁到马里沃的所有爱情故事和神秘传说。这些都是西戴尔的档案。《汤札伊》的作者小格雷比戎是这里的卫士。纳瓦拉(西班牙北部省名)女王、麦尔修斯、鲍卡斯和拉丰丹等人的半身像还被装饰着爱神木供人欣赏。人们阅读马里沃派(指马里沃的小说)和杜克洛之流(指杜克洛的书)的那一类书,谈论着与此相关的许许多多繁琐事。萨杜尔南老头的风流韵事变成年轻姑娘和小伙子们最热衷的话题。他们的生活格言是不能过早地粉饰自己、显示自己的精神高雅。

八

尽管人们更注重实践而不是理论,但是,他们认为一点也不能忽视理论。在生活中,有许多机会可以瞒过一位母亲的警惕性,可以愚弄配偶的嫉妒心,可以躲过一个情人的猜疑,于是,便不必过早地准备好各种原则。因此,在这方面,鲜花林荫道是值得大加赞扬的。总之,在鲜花林荫道中,人们老是欢笑,很少思考。这是一股旋风,是风驰电掣般的。在这里,人们只忙于享乐。

九

在这里,所有的旅行者都得倒退着走,他们从不为走过的道路担忧,只想愉快地走完剩下的道路。有些人触到了驻地的大门,便向你申明,他们是刚上路的。

十

给这个轻浮的民族装门面的是一些漂亮女子。她们充满性感、善于献媚,并以此取悦于人。一个女子以有众多的迷恋者为荣,并以此向众人夸耀。另一个女人以使许多人幸福而感到快乐,但是她们的幸福必须是不为人所知的。一个女人可能会向一千个情郎表示爱情,但是可能只爱其中一个人;另一个女人只以爱的希望勾引一个情郎,而对其他一百个情郎也并非冰冷相待,这些是谁也不会保守的秘密。因为不知道一个漂亮女人的风流韵事被认为是极为可笑的,而按照需要对这些奇闻进行夸张则是最时髦的。

十一

假如丈夫不专制的话,那么,梳妆的时间就成为一般约会的时间。那时,一些爱闹着玩的人,有时是些很大胆的年轻人,他们聚集在一起。虽然他们一无所知,但无所不谈。他们议论琐事时,神情微妙。他们巧妙地引诱美女,设法打败竞争者。他们刚刚开始如此地推理,风流韵事便不胫而走。大概是由于环境的吸引,他们又作起了小咏叹调。然后,他们又突然停下转而谈论政治,经过深刻的思考而推论帽子、长袍、中国的奇丑男人、克林塞斯特德的裸体、撒克逊的大碗、埃伯尔的小饰物、屠夫的出尔反尔的女人。

十二

冒冒失失游逛过鲜花林荫道的人几乎都是如此。他们都是荆棘林荫道的逃兵,因此,他们不会再听到向导们的声音,也用不着再害怕他们。然而,一年中总有一段时间,花园是荒凉的。在鲜花林荫道中散步的人回到荆棘林荫道就会后悔,于是他们又来到鲜花林荫道,然后,回去又后悔。

十三

他们觉得包头带妨碍他们。为了寻找摆脱累赘的办法,他们消磨了不少年华。这是一种训练,在这个过程中,他们获得了一点光亮。但是,很快就消失了。在大白天,他们也不能保持良好的视力,因此,总会有人时不时地偷偷瞟他们两眼。他们头脑中没有任何严肃和连贯的东西,仅是体系的称号就会把他们吓住。如果说他们承认君主的存在,那是因为这对肉体享乐无足轻重。一个推理哲学家,居然要搞什么深入研究,对他们来说,这个哲学家是一个累赘动物,令人烦恼。一天,我要和泰米尔谈论我们的卓越思辨问题,这时,她突然感到一阵头晕,她用那忧郁的目光看着我说:"别折磨我了,想想你的幸福吧。"我听从了她。我觉得,她对男人就如同对自己曾经是个不怎么样的哲学家那样满意。

十四

他们的长袍是那么令人厌恶,每隔一段时间,他们就要让人用肥皂洗一次。但是这种浆洗不过是一种礼仪。好像他们存心要用许多污点来点缀长袍,因此,你会认不出它最初的颜色了。这种举动君主不会高兴。尽管人们企求享乐,但是,在这条林荫道上,仍然有使人疑惑之处。因为,虽然在这里居住的人曾经最多,人群占满了大道,但是这条林荫道的居民也已经减少了 2/3。最后,只剩下我们当中的几个老实人来这里快乐一阵子。因为,这里的确使人感到惬意,然而,却不该停留过久。在这里停留的人都死于疯病,这里的一切都使人头晕。

十五

你一定感到很吃惊吧!对他们来说,光阴似箭,要离开这里是那么难舍难分。我已对你说过,这里的一切都有一种魅力,只要往这里瞥一眼就会被引诱,这里汇聚着和蔼、诙谐和礼貌。因此,你会认为这里几乎所有居民都是那样的正直、诚实。只有一种使人醒悟的经验,这种经验有时还来得很晚。我承认,朋友,在认识和怀疑这个世界之前,我曾多次受骗,从经历过的这些欺诈、阴险、忘恩负义或背信弃义中,我才像一个老实人那样慢慢地醒悟过来,懂得应该将心比心。由于我认为你是一个很诚实的人,有一天,你也许会像我一样傻乎乎的,因此,我对你谈论这些奇遇,使你可以得到些教益,也能使你感到快乐。你听着,你来判断一下你的情妇、你的朋友、你所认识的人。

十六

前不久,我在这条林荫道的一片偏僻的小树林中遇到了两个人,他们就居住在那儿。这就是朝臣阿革诺耳和年轻的菲荻姆。阿革诺耳看清了宫廷,对自己可能获得的遗产也厌倦了。他说他已放弃了荣誉,君主的任性和大臣们的不公正使他摆脱了曾徒劳地想极力促成的事物,这些大人物们都是充满了虚荣心的。而菲荻姆呢,她不愿再私通了,而只保留对阿革诺耳的爱恋。这两个人都退出了原来的世界,打算沉醉于孤寂而永恒的爱情之中。我听见他们高声喊道:"我们多么幸福!我们有着无与伦比的幸福!这里的一切体现着自由自在和无拘无束。这些充满了魅力的地方,给予了我们纯真与安宁!我们遗弃的华美长裙难道就是您的身影?噢!金锁链,带着你,我们如此长久地呻吟,只有当我们不再忍受这痛苦时,才意识到你的重量!噢!闪光的桎梏,带着你,我们感到多么荣耀,而挣脱了你的束缚我们却如此舒适!摆脱了一切担忧,我们终于可以尽情地遨游在快乐的海洋之中了,尽管我们的享乐是来之不易的,但也并非因此而无情趣。乐趣无穷尽,烦恼的毒汁从来也不会玷污纯洁的快乐。完蛋了,不可推卸的义务,强制的殷勤,假装的尊重,所有这一切都不再缠绕我们。理性把我们引向这些地方,唯有爱情伴随着我们……我们的时光与消磨在可笑的习俗或怪异癖好上的日子多么截然不同呵!遗憾的是这新的生活来得太晚,因为它并非永恒!我们要赶紧享受。当然,也无须去担心它什么时候结束。"

十七

"我的幸福就写在你的眼睛里。"阿革诺耳对菲荻姆说,"我永远不会与我亲爱的菲荻姆分离,我发誓,以我这双眼睛发誓。幸福的孤寂、孤寂的幸福将锁住我一切非分的欲望,我与菲荻姆同睡的花床是爱情的御座,而君主的御座也不能与此媲美。"

十八

"亲爱的阿革诺耳,"菲荻姆回答道,"什么也不能像占据你的心这样使我心神激荡。在所有朝臣中,只有你能使我快乐,打退并战胜我的厌恶。我看到了你的热情、忠贞和始终如一。我抛弃了一切,却觉得失之甚微。温柔的阿革诺耳,亲爱的尊敬的朋友,只有你能使我满足,我愿与你同生共死。尽管这孤寂既令人愉快又使人恐怖,哪怕这着了魔的花园会变成沙漠,菲荻姆也能在那里见到你,你的菲荻姆是幸福的。但愿我的忠诚、我的温柔、我的心和我们之间爱情的欢乐能补偿你为我做出的牺牲!但是,唉!那些人要毁掉我们的欢乐!……当这一切失去时,我还有一种甜美的慰藉留在心灵的深处,因为我感到你的手合上了我的眼睛,我在你的怀抱中死去。"

十九

"你认为这个结局怎么样呢？朋友。"阿革诺耳在菲荻姆怀中感受到了最甜美的激动后，在菲荻姆熟睡后就离开了她。他本来只是想离开一会儿就回到她的身边，但一辆正等着他的驿站快车，却闪电般地把他带到了宫廷。在那里，他长期努力，企求谋得一个重要职位。他的计谋、他的权势、他家庭的活动、他给大臣或他们的情妇们的丰盛礼物以及早已打算把他从菲荻姆那里夺走的几个女人所施的伎俩，所有这一切使他如愿以偿。我已向你叙述了他与他的情妇如此温柔的谈话，就在这番谈话前不久，他已接到一些信件，早已得知他能够成功。

二十

阿革诺耳就这样悄悄地离开了菲荻姆，而一直等着他离开的情敌又跨过绿篱代替阿革诺耳来到菲荻姆的怀中。这个新来的人本来也是和阿革诺耳一样有自己的情妇，也曾有人热恋于他，但也有情敌来代替他。

二十一

你说，爱情的真理是什么？你听，你来判断友谊的真诚吧。

二十二

贝莉丝是卡利斯特的密友，她们俩都很年轻，有许多的情人，没有结婚，喜欢寻欢作乐。人们常看到她们一同去舞会，一同去俱乐部，一同看戏，一同散步，形影不离。她们共同商议各自重要的事情。卡利斯特没有贝莉丝的陪同是从来不去首饰店的，贝莉丝不经过卡利斯特的同意不会买一块布。怎么说呢？聚会也好，赌博也好，无论干什么事，她俩总是粘在一起。

二十三

同样，克里东也是阿勒西波的朋友，他俩也是那样的形影不离；他们的爱好、情趣、能力都差不多；他们共同参加社交信贷、合伙开支：这一切好像都是为了他们的联盟，并有利于这种联盟的巩固。阿勒西波已结婚，克里东还是单身汉。

二十四

贝莉丝和克里东在一次偶然的机会认识了。出于礼貌，克里东对贝莉丝作了拜访，他们谈话的主题是友谊。他们彼此卖弄风情，并分析爱情，彼此都觉得爱情是那么的敏感又情形微妙。贝莉丝说："能够确信自己有一些朋友，并通过触及他们的切身利益而证明他们是真正的朋友，这是很美好而快乐的事。为了这种快乐，人们往往会为之付出很大代价。"她补充道："至于我，我深深地感到赢得一颗与我有着同样品质的心是何等不易啊！多少不安，多少忧虑！要分担多少悲伤呵！人的这一切感情的冲动是难以主宰的……"

二十五

克里东回答说："太太，你是不会拒绝一颗如此高尚的心灵吧！我也是，对我来说拒绝朋友的崇高情感是完全不可能的。也许，您会觉得这很奇怪，我向您承认，虽然某些使我的朋友们感兴趣的东西撕裂了我的心，但我从中却尝到了友谊的甘甜。我们之间虽有机遇，却迟迟不能动情，这是对这些朋友的极大冒犯。"

二十六

贝莉丝打断他的话说:"我从来没有想过世界会充满丑恶的灵魂。这些灵魂包藏着奸诈、恶毒、私利和背信弃义以及许多其他的恶习,如正直、贞节和友谊的诱人假象。我脾气变坏,在我眼前发生的许多事情几乎使我怀疑我最好的朋友。"

二十七

"像您这样夸大其辞我不会,"克里东说,"我宁愿做一个易被骗子欺骗的人,也不愿去攻击一个朋友。但是,为了防止这两种情况,在把这些人视为朋友前,我要多观察、了解他们,我特别怀疑这些阿谀奉承的人,他们总是与你过分亲密,往往贬低了友好的情感。他们极力要成为你的朋友,他们知道你乐善好施、家财万贯,或者是你有一个好厨师、一个可爱的情妇、一个年轻漂亮的妻子或女儿……混入一个男人家里勾引他的妻子,这是习以为常的事。更为恶劣的是什么呢?每个人都有隐私,不能说人们不爱恋某个人,在这个世界上,按照某种没有这些乐趣的格调生活,甚至几乎是不可能的。但是,觊觎自己朋友的妻子,是一种十足的堕落行为,是一种罪恶。开始,这不过是一个弱点,人们原谅了,就变成一种卑鄙行为,一种无与伦比的可耻勾当。"

二十八

贝莉丝说:"请你原谅我,我认为已找到了卑鄙行为的替身,一种我如此强烈抗议的弥天大罪,这表明贞节和正直已全部消失,这就是一个女人的阴谋,她要把她朋友的情人夺过来作为自己的情人。这是多么狠毒的行为啊!应该连根除掉一切爱情,雪洗一切羞耻,而我们对此都心照不宣。"

二十九

克里东接着说:"那么,太太,您知道人们是怎样与这些无耻之徒打交道的吗?"

三十

贝莉丝说:"我很了解,人们看见他们会迎接、会招待,但只是不会想念他们。"

三十一

"而我,太太!"克里东反驳道:"我发现人们的记性比您预料的要好,这些卑鄙的人虽被驱除出以道德为基础的各个社会团体,在这些社会团体中,正直与纯真占据着统治地位,但总还存在一些无耻之徒。"

三十二

贝莉丝说:"我也这么想,看来我们的意见是一致的。"

三十三

克里东接着说:"自从您赏光,让我进入您的俱乐部以来,我就努力地去辨别人们,特别是太太您以一种真诚的感情向我表达的种种善意。我的爱情是理智的,我按原则行动,我所尊重的就是原则。应该绝对如此。我认为,任何一个缺乏原则的人,都不值得去爱,就如同他没有能力去爱一样。"

三十四

"这就是思考。"贝莉丝补充道:"像您这样的朋友是多么少呵! 有幸交上这样的朋友,真该珍惜、保持友谊! 不过,我要告诉您,您的爱情一点也不使我感到吃惊。我只是由于您与我之间感情如此一致而感到非常高兴。如果我不知道德行没受损失,却得到了完善,在像我们这样的谈话中,由于思想的交流,德行变得更好了,那么,大概我就会有点怀疑了。"

三十五

在坦率而真诚的交往中,克里东说:"秉性良好的灵魂彼此都得到了进一步完善,友谊的价值就体现在这里。"

三十六

我很想了解你对这些人的看法。但是,我发现阿革诺耳和菲获姆的经历使你产生了戒备心。你怀疑那些伟大的原则,这是对的。勇敢些,朋友,如果我不能使你快乐,至少也要看到你受益。

三十七

克里东刚刚离开贝莉丝,达密斯就来了。他是一个很年轻、很富有的人。长着一张可爱的脸,卡利斯特见了他就把手伸向了他。达密斯对贝莉丝说:"您知道,两天后,可爱的卡利斯特就会使我获得幸福。一切都已准备就绪,只剩下我要送给她的礼物还没操办。您对拉·弗莱纳伊商店是不是很熟悉,我的马车就在您的院子里。我能不能劳您大驾陪我去一趟那儿?"

鲜花林荫道

三十八

贝莉丝十分爽快地回答道:"愿意"。于是他们登上了华丽的四轮马车;一路上,贝莉丝先是极力颂扬卡利斯特,她对达密斯说:"呵!但愿您能像我一样了解她!她是世界上最美丽的小宠物,她会十全十美的,假如……假如她性情再安稳一点……达密斯插话说。""——呵!而且她还过于暴躁,"贝莉丝说:"每个人都有缺点嘛,何况她是这么可爱。她常常无缘无故突然发作那古怪的脾气,但丝毫没有妨碍我们交往了 10 年,我们一直是最最好的朋友。我对待她总是很耐心的。但是,我也很想使她改变那种对她身体有害的脾气,因为我是全心全意爱着她的。"

三十九

"什么对她有害,为什么?……"达密斯激动地打断她的话说。"——啊呀!"贝莉丝说:"因为这种脾气妨碍了她被人尊敬。但是,却给那些下等人以更多的希望……"

四十

已被嫉妒的阴云搅得心神不宁的达密斯说:"我听到了什么?更多的希望!我想,卡利斯特不会与我一同充当无辜者的。"

四十一

贝莉丝回答道:"我没这样做,但是,您不要相信我的话;好吧,您仔细观察吧,以生命担保,这是值得思考的问题。"

四十二

达密斯补充说道:"太太,假如我有幸得到您的善意,我请求您一定要让我知悉与自己幸福相关的重要的事情。您说,卡利斯特她会忘记我吗?"

四十三

贝莉丝说:"我没这么说,但是,人家在议论。消息不灵通的是您,我深感吃惊……"贝莉丝不经意地接着说:"这些最初的诺言确实了不起;但是,结婚有时会产生世界上的全部理智和意愿所不可能产生的东西。应该这么说,卡利斯特有意愿和理智,还有其他更多的东西。"

四十四

这时,他们到达了拉·非内纳伊商店,贝莉丝挑选了一些宝石;达密斯不假思索就付了钱,他心中有许多其他的想法。各种怀疑征服了他的心,卡利斯特的形象在他心中不知不觉地被歪曲了。他心想:"最好的朋友都要说她,那其中一定有蹊跷。"谨慎本来是要他慎重考虑的;但是嫉妒是从来不会听取谨慎的建议的。他们刚登上马车,贝莉丝就使用了各种计谋来挑逗他,并毫无顾忌地诽谤卡利斯特,不知羞耻地得寸进尺,使达密斯晕头转向,然后,她从达密斯那里赢得了她开始假装拒绝的许诺,使达密斯请求她接受他原来给卡利斯特的礼物,成为卡利斯特情人的妻子。

四十五

这种背信弃义之事发生时,老实的克里东得知阿勒西波已独自去了乡下,他便去了朋友的住所,在朋友阿勒西波妻子的怀抱中度过了两三夜。当他的朋友阿勒西波回来时,他和阿勒西波的妻子一同去迎接,他俩都没有忽略对阿勒西波表示了加倍的亲密。这就是我们的朋友。

四十六

我将对你信守承诺,保证能使你认清我们所熟悉的人。

四十七

一天,我和艾罗斯在一起,你认识他的,他付出了很多辛劳,操了很多心,花了很多钱,做了很多次恳求,所有这一切本来可以使他谋得一个普通宫内侍从的职位,但是,他并没有如愿以偿,他要去敲多少门呵。他赢得过别人给予他的赞助,他为谋得现在这个职位,曾采取各种手段。但是,你大概不知道后来别人又从他那里夺走了这个职位。你听着,可不要评价鲜花林荫道的那些居民。

四十八

我和艾罗斯一同散步,他告诉我他的那些措施,这时,迎面走来纳尔塞斯。看!他们的亲热劲儿,我估计他们的关系已发展到了一定的程度了。寒暄了一阵后,纳尔塞斯问艾罗斯:"对了,你的事儿怎么样了?"艾罗斯回答道:"好像大局已定,一切顺利。我打算明天就领取特许证。"纳尔塞斯对他说:"你神不知鬼不觉地实施了自己的计划,我为你高兴。你真是个令人钦佩的人。我的确听说你有大臣的口才,维多利亚女王为你说话,但是,我对你毫不隐瞒,我一直认为你会失败。因为我看到,你需要克服那么多障碍,请问,你是怎样摆脱困境的呢?"

四十九

艾罗斯坦率地说:"情况是这样的,我认为,我的目的是要获得我父亲曾长期占据的那个职位。我父亲去世时,我年龄很小,不能接替他的职务,只得被别人占据了。我请求过,我曾遇到了好几次良机。我私下使唤大臣的贴身仆人,以他主人的身份命令他。我竭尽全力去阿谀奉承,我用尽了全身招数,得到的还是一无所获。当梅奥斯特里斯去世时,我正在那里,我得知人们为了他的职位蠢蠢欲动,我便立即介入其中,四处奔波。我遇到国王奶奶的贴身女仆的表弟,他是个外省人,经过几番周折,我终于见到了奶奶。她答应为我说情,而此时她已经为另一个人帮过忙了。我缠住小若格德,我早已听说她是大臣的人,我跑到她家里,但是,一切都晚了,已经有另一个人获得了职位继承人的指定权:这就是女舞蹈演员阿斯特莉。我暗中思忖:这是一个真正应该敲的门。这个门路是全新的,大臣一定会给予这个小演员所要求的最大恩惠,我决定抓住这个姑娘不放。"

五十

纳尔塞斯打断了他的话,说道:"计划是明智的,但是,这张王牌带来了什么结果呢?"

五十一

艾罗斯接着说:"我期盼着全部结果。我的同盟中的一位贵族去找阿斯特莉,给她两百路易,她要四百路易,这位绅士答应了她的要求。这样,她将为我说情。情况就是这样的,亲爱的。"

五十二

纳尔塞斯回答道:"这个职位是你的,让我为你祝贺,贴身侍从先生。你一定会如愿以偿的,除非有人比你出更高的价钱。"

五十三

艾罗斯说:"不会的,您是我唯一对之表露真情的人,我想您是一个小心谨慎的人……""您放心吧!"纳尔塞斯说,"但是,请您以谨慎的态度回答我,如果您相信我,就更应该守口如瓶。在一般情况下,我们不知该相信哪个人,尽管这些人都是我们的朋友。您明白我的意思……。再见,我已答应到这个美丽的男爵夫人家去做罗多游戏,您是知道她的,我要准点赶去。"

五十四

纳尔塞斯和我们告别后就消失了。他的主意真好!本来是值得庆贺的,艾罗斯把纳尔塞斯当老实人看待,并想与他分享这一职位。但是,纳尔塞斯却背叛了艾罗斯,以同样的方式来到那个妓女家,给了她六百路易,终于,战胜了艾罗斯。

五十五

如此等等,鲜花林荫道上充满了笑谈和丑闻,这也是它的趣味所在。它的入口向我们敞开着,我们把在这里的散步,看作是抵御那些林荫下冷空气的预防药。

五十六

一天晚上,当我在那里休息、消遣时就遇上了几个女人。她们瞟着我,透过遮住她们脸的薄纱,我看到她们很美丽,而且也很可爱。我尤其倾慕一个棕色头发的女郎。她那黑色的大眼睛偷偷地对着我的眼睛。我对她说:"在这美丽的地方,看见像您这样一张面庞,真令人陶醉啊!"她却回答我:"先生,请您离我远点,凭良心说,您的言词过于放荡。君主看着我,我的向导监督着我:要注意自己的名声,考虑自己将来,要保证自己的长袍不沾污点。我请求您,离我远点,或者改变一下话题好吗?"

五十七

我回答她说:"太太,使人吃惊的是您竟然带着这些顾忌走出荆棘林荫道,我冒昧地问您到这条林荫道来干什么呢?""如果可能的话,感化或者改变像您这样的恶人。"她笑着对我说。这时,她猛抬头发现前方走来一个人,便立刻表现出谦卑而严肃的神情,双眼低垂,缄默不语,并向我行了一个深深的屈膝礼后便消失了。我一个人孤零零地站在一群放声大笑的年轻女疯子中间,向所有旅游者故作娇态。

五十八

我站在这群疯子的中间,顿时产生了一种被她们欺骗了的感觉。我跟着她们,她们总是给我一些希望。一个女人对我说,"您看清楚这棵树了吗?好吧!当我们走到那里时……"同时,她又把另一棵树指给她从很远地方带来的一个青年。到了她们预先指给我的那棵树以后,他们又指给我看第二棵树,然后,又指出第三棵树,依次下去,最后,来到了一片小树林,她们向我夸耀这片树林的气候十分宜人。随后,把我引进了另一片小树林,说它气候更加宜人。于是,我暗自思忖:"我很可能跟着这群疯子从一棵树走到另一棵树,从一片小树林走到另一片小树林,一直走到驻地,却徒劳无益。"想到这里,我马上离开了她们,找到了一位美丽年轻而又不那么刻板的女人。她披着满头金发,体态丰满,身材苗条而轻盈。我平生从未见过如此富有生气而诱人的肤色,真是绝顶美丽的肌肤。她发式普通,头戴一顶玫瑰色的加衬草帽,闪亮的目光充满着希望。她的谈吐体现出她头脑充实,她虽固执己见,但喜欢推理,谈论的都是这个地区取之不尽的话题。

五十九

我坚持说:"君主禁止人们肉体享乐,自然本身也对此规定了界限。"她却说:"我不了解你所说的君主,正像人们所宣扬的那样。君主是一切存在的创造者和主宰者,他是善良而明智的,他放入我们心中那么多美好的感情不是为了折磨我们。那些徒劳无益的事情,他是不会去做的。因此,需要和欲望的目的就应当是满足。"

六十

"大概君主使我们产生克制这些需要的想法,以便将来好奖赏我们。"我无力地回答她说。她反驳道:"你来比较一下,我现在的享受与你向我预见的模糊未来,哪个更诱人呢?"我犹豫了。她看我尴尬,便继续说:"总之,你是想劝说我做一个不幸的人,等待一种永远也不会获得的幸福。但愿你要我成其为祭品的那些清规戒律是理性的旨意!不,不是的,这是一堆混乱的奇谈怪论,好像专门要扰乱我的习性,使我的创造者自相矛盾……"她停顿片刻接着说:"人们把我捆起来,迫使我只爱一个人,我没能迫使这个人让步。他承认自己的弱点,但并不忍放弃奢望。他承认自己的失败,但不能忍受一种使他确信胜利的援助。当他无能为力时,他便用偏见来帮忙对付我,然而,这是又一个敌人,我应该……"说到这儿,她停下来,向我投来多情的目光。于是,我把手伸给了她,把她带到一个绿荫凉棚内,在那里,我使她找到了比她开始所想的更为充分的理由。

六十一

我们远离了所有证人,彼此真正信任了。这时,我们透过树叶发现了几个假正经的女人,有两三个向导陪着她们,她们仔细观察我们。我那漂亮的女友脸红了。我低声对她说,您有什么可怕?那些圣徒会像您一样使偏见让位于她们的习性。在她们的心灵深处,对您的肉体享乐一定是嫉妒胜于反感。然而,我不能向您保证,她们不想使那些不如她们做得更坏的人们感到难受。不过,她们要为陪同她们散步的那些人保守秘密,我们只要以揭露这些秘密相威胁,她们就会有后顾之忧了。塞菲丝她很赞同我的意见。于是,我吻了她的手,后来,我们彼此就分开了。她也许去寻求新的肉体享受,而我呢? 我在树荫下陷入了沉思。

(晓 玲 译)

天才论

一

具有广博的才智、美妙的想象力和活泼的思想的就是天才。人们的概念决定于他们的传授。人们投身于宇宙总带着或强或弱的感知，并形成万事万物的概念。大多数人的知识仅是在接受和他们所需要的以及有趣味的等直接接触的事物相关，并由此产生强烈的感觉。只和他们激情无关的或与他们生存方法不相似的内容，他们不是根本看不见，而是即使看见了也毫无感觉地看一下，随后就忘记得一干二净。

天才人物的心灵尤其浩瀚，对万物及自然界的一切充满兴致，他接受的每一概念，必然唤起情感，一切都让他激动，一切浸于其身。

事物本身能使人的心灵激动，而事后的回忆更使心灵为之激动。天才人物就有这个特点，想象力使他走得更远。他回忆起概念时，情感之强烈更甚于当初接受概念之时，因为丰富的成千上万个概念已相互相连在一起，更容易产生情感。

天才当陷于他所注意的事物包围之中时，他不是在回忆，而是在注视；不仅是注视，更是受到了感动。在那寂静、阴暗的陋室里，他观望那赏心悦目、美丽富饶的田野；怒吼的狂风让他全身冰冷；

烈日烤炙他,狂风暴雨令他畏惧。心灵就是那样,它往往喜爱这些瞬间转逝的感觉,面对这些感觉,心灵会产生一种无比珍贵的快感。心灵也不遗余力地增添这样的快感,想借助于真实的色彩与不可磨灭的线条,让它那些为之欢娱的幻想获得躯体。

当心灵在描述某些让它激动的事物时,有些事物的缺点即刻销声匿迹了。在心灵的画面上这时仅有崇高和舒意,此时,天才将一切都描述成美好的。有时,在最悲惨的事件中心灵仅看到非常可怕的情景,这时,天才就散布极其阴暗的色彩,表达出强烈的怨恨与痛苦的词句。天才给物质以生命,给思想以色彩;但在兴奋的激情中,他支配不了天性,也支配不了思想的连贯性;天才被移植到他所创造的任务的环境之中,他获得它们的性格;假如天才最高度地感受到英雄激情,这时伟大的心灵就会产生藐视一切危险的自信心,或者发展成忘我境地的爱国心,这样崇高就产生了。美狄亚的"我"①,老贺拉斯的"让他死"②,布鲁图斯的"我是罗马的执政"③;在其他激情冲动下,他让爱米奥娜讲出:"谁让你这样做的?"④让奥罗斯曼讲出:"当时我被爱着。"⑤让提厄斯忒斯讲出:"我认出了我的兄弟。"⑥

恰当的字眼往往出于强烈的、热情的力量,使人想出模仿性的

---

① 高乃依的悲剧《美狄亚》(1635)第 1 幕第 4 场有这样的对白:"遇到这样悲惨的事故,你还剩下什么呢?——我,剩下我,我说,这就够了。"——译者注
② 高乃依又一部悲剧《贺拉斯》。——译者注
③ 伏尔泰的悲剧《布鲁图斯》(1730)第 5 幕第 7 场。布鲁图斯亲自将犯叛国罪的两个儿子处以死刑。——译者注
④ 拉辛的悲剧《安德洛马刻》第 5 幕第 3 场。爱米奥娜出于妒忌,让奥列斯忒杀死她的情人,后又懊悔不已。——译者注
⑤ 见伏尔泰的悲剧《查伊尔》(1732)第 5 幕第 10 场。——译者注
⑥ 贝克雷比库的悲剧《阿特柔斯和提厄斯忒斯》(1707)第 5 幕第 8 场。——译者注

和谐、多种多样的形象、最为鲜明的标记、模仿的声音以及有特色的语句。

想象力可以采取不同的表达。天才从构成心灵特点的各种不同品质中借取这些表达。某些激情,各种不同的情况,某些精神品质,这些都赋予想象力一种特色表达方式。想象力在回忆它的全部概念时,并不都带有感情,因为在想象力与事物之间,并非永远具有联系。

天才也不是永远是天才。有时,他的可爱多于崇高;他在事物中感受和描绘的,雅多于美;他感受到和使人感受到的,柔情多于激情。

天才人物的想象力有时是令人欢快的。他留意人民细微的缺点,寻常的过失与胡闹。对想象力来讲,次序的对立面只是滑稽可笑,而这种滑稽方式如此别致新颖,仿佛是天才人物凭借眼力将滑稽塞进事物之中去的,其实他只不过是发现了滑稽。一位渊博知识的天才利用欢乐的想象力,扩大滑稽的范畴。凡夫俗子在违反固定习俗的事物里看出并感受滑稽;而天才发现并感到滑稽却是在触犯普通次序的事物中。鉴赏力和天才不是一回事。天才是纯粹的天赋,天才人物的作品,是在即刻之间完成的;而鉴赏力则是学习和时间的产物,有鉴赏力的人物立足于对大量确定或假定法则的认识,从而产生一种常规的美。依照鉴赏力的标准,一件美的事物必须是娴雅的、完整的,经过精雕细琢而天衣无缝的;而一件天才的作品有时则很粗糙、随意、不守规则、艰涩,甚至原始。莎士比亚身上闪烁着崇高和天赋,犹如长长黑夜中的闪电;拉辛总是那样的美的;荷马充满了天才;而维吉尔则高贵雅致。

当鉴赏力的标准和法则成为天才的标准时,天才就打破它而飞向崇高、悲戚、伟大的境界。天才人物总是表现出那样的向往:喜爱自然所特有的永恒之美,热切地使他的画面符合某种他自己创造的模式,这种模式也是他对美的观念和感觉的根据。他需要表达激励着他的热情,而这种需要不断受到语法和惯例的牵制。因为他写作所用的语言往往表达不出换一种语言就能表达的崇高形象。荷马在单独一种方言中找不到他能很好表达的方式;弥尔顿常常破坏他的母语语法,在三四种不同的语言中,寻找强有力的表达方式。总之,力量、丰富、无以各自的粗糙、不规则、崇高、激励,这些正是天才在艺术里的特征。在动人心弦时决不软弱无力,在使人高兴时又令人惊叹,即使他的过失也让人惊叹不已。

  研究哲学,需要有高度严峻的思考力,审慎观察的态度和习惯。这些与灼热的想象力不同,与天才所产生的信心也不相同,但如同在艺术里一样,天才的步伐在哲学中也清晰可辨。天才常会散布一些光辉的错误,有时又获得巨大的成就。在哲学中,探究真理要有执着的热情,又要有足够的耐心。人们必须善于掌握自己概念的层次和连贯性,顺着脉络去探究结论,或打断脉络加以怀疑,必须探索、讨论,缓步行进。而无论在纷扰的激情中,还是在灼热的想象中,人们往往缺少这些品质。这些品质只有那些能冷静自持又有渊博知识的人才具备。他每接受一种知觉,必须和另一种知觉相比较,寻找不同事物的共同点和不同点。为了让相距遥远的概念彼此接近,他可以使这些概念一步一步经历长途跋涉。为了抓住某些相近概念之间的奇特、细致又捉摸不定的区分和联系,他善于从同类或不同类的大量事物中抽出一个特殊事物。他用显微镜观察难以觉察的东西,并且在观察许久之后,才认为是更清楚了。这些人,经过一次又一次的观察,得出正确的结论,找到某些天然的相似之处。好奇心是他们的动力;爱真理给了他们激情;对真理的渴望使他们具有持久的意志,这种意志鼓励着他们,却不使他们头脑发热,而是引导他们在经验的基础上不断攀升。

天才对一切都具有很强烈的感受力,他一旦打破沉思,控制住自己的热情,就会不自觉地从事研究。事物给了他印象,使他用随手拈来的知识不断丰富自己。他对自然只要注视那么几下,便能将其洞察。胚芽悄悄地进入他的胸怀,时机一到,它们就产生十分惊人的效果,连他本人也认为自己得到了灵感。善于观察是他的天性,而且观察空间是如此辽阔,又如此迅速。

运动是天才的自然状态。运动有时是很缓和的,人们难以察觉它,然而最为常见的是这种运动。它引起了风暴,只见天才被概念运动的激流卷走,他不能自由地进行冷静的思考。在想象力活跃的人身上,各种概念借助情景和感情相互衔接。他把握抽象概念往往是通过这些概念与可感觉的观念之间的关系。他使抽象的概念脱离产生它的精神而独立存在;他让他的幻想转化为现实;面对着他的创造,即他的新组合(人类所能进行的唯一创造),他充满信心和热情。在大量思想的冲击下,他积极将这些思想加以组合,是那么的轻而易举,完全自在地进行再生产。他找到了上千个貌似有理的证据,但对任何一个证据也不能肯定;他建筑了结构大胆的大厦,而理性却不敢走进去居住。他对这些大厦情有独钟,那不是因为它们牢不可破,而是因为它们比例协调和谐。他赞赏自己的体系,如同赞赏一首诗的布局;他把它们看作一种美来对待,将它们当作真理加以呵护。

在哲学著作里,不能用真伪来辨别天才与否。

洛克的著作谬误很少,夏夫兹博里①伯爵的著作却极少真理,然而前者表现的只是知识上的广博、深邃和正确,后者表现的却是

---

① 夏夫兹博里(1671—1713),英国哲学家,认为审辨善、恶、美、丑的能力,是人类先天就具有的。狄德罗在这里表现出对他有所偏爱。——译者注

第一流的天才。洛克明察,夏夫兹博里则在创造、构筑、建树。从洛克那里人们得到经他冷静观察、有条不紊地追寻以及枯燥无味地宣布的巨大真理;而人们从夏夫兹博里处得到的,往往是虽依据不足但充满理性光辉的体系。在他犯错误的时候,他的口才魅力仍然使人有一种心悦诚服的满足感。

然而,天才往往以最幸运和最出人意料的发现,加速哲学的发展:他像鹰一样大胆地无所畏惧地飞向真理——万千真理的源泉,随后是那些大群的、胆怯的人们循规蹈矩地匍匐着来到这些真理跟前。天才是把自己的想象力放在光辉的真理旁边的。天才不能沿着跑道,一段一段地走完路程。他从一点出发,然后直扑终点。他从黑暗中引出寓意丰富的原则;他很少遵循论证的逻辑性,用蒙太涅的话说,他是凭着激情的冲动来行事的。他所想象的多于他所看到的;他所创造的多于他所发现的;他所带动的人多于他所引导的人;他激励如柏拉图、笛卡尔、马勒布朗什①、培根、莱布尼茨等一类的人物;这些伟大人物由于身上想象力的强弱不同,因而建立起不同的光辉的体系或发现伟大的真理。

在治理国家这个浩繁而又缺乏深入研究的学问中,天才的特点和作用犹如在艺术和哲学中一样易于识辨。天才虽然往往深知在某个时期应该如何治理人民才是适当的,但天才本身是否宜于治理人民,我却持有怀疑,因为某些精神品质,正如某些心灵品质一样,它有优势,也有不足。在最伟大的人物身上,我们也能发现他们暴露出的一些缺陷或局限性。

冷静是治国者所必需的品质。缺乏这种品质,人们就很难把

---

① 马勒布朗什(1638—1715),以神学为中心思想的法国唯心主义哲学家。——译者注

事情做好、把正确方法应用于实际。这时人们就变得反复无常,缺乏应变的才能;冷静也使心灵的活动服从于理性,他在任何变故中想防止恐惧、狂热、急躁。这种品质岂不好似难以存在于被想象力所左右的人们身上吗?这种品质岂不是和天才绝对的对立吗?天才总是表现得极端敏感,这种敏感使他能接受大量的新印象,因此他又能背离主要目标,情不自禁地泄露机密,违反理性法则,并且由于他的举止无常而丧失了人们对他因为远见卓识而赢得的威信。有天才的人充满了情感,为自己的爱好所左右,被众多事物分心;他们由于敏感猜测过多,而预见太少;他们的愿望和希望漫无节制;他们对客观事物的真相不断予以增补或删减。所以在我看来,他们宜于去推翻或建立起一个国家,而不宜于维持一个国家;他们宜于重建次序,而不宜于遵守次序。

正如在美术上不受制于鉴赏的法则,在哲学上不受制于方法,天才在政务方面也不受制于局势、法律和习俗。他为拯救国家而斗争时,充满了激情和思虑;可是,假如让他执政时,他会断送祖国。体系在政治上比在哲学上更具有危险性。想象力会使哲学家迷失方向,这时他只是在创造谬误而已。而当想象力与政治结合会使政治家迷失方向,这时他会铸成大错,给人民直接带来灾难。

在战争和会谈中,天才有如神灵,他能洞察种种的可能性,看出哪个是上好的计策,并付诸行动,这是再好不过的事情了。可是别让天才长期料理政务,因为政务需要专心、谋划和恒心。当亚历山大和孔代①成为事变的主军,那要在支战那一天,让他们去表现出对事物的灵感,因为在这紧要关头,不容人们仔细考虑。头一件事就是出好计,让天才来作出这样的决定,因为在这一刻必须一眼

---

① 孔代(1621—1686),17世纪法国名将。——译者注

就能洞察敌我双方的兵力,其位置和运动的关系以及选择目标。当整个战役开始的时候,我们还是让蒂雷纳①与马尔巴勒②来。

在艺术、科学、政务中,天才似乎在改变事物的性质。他的特点涉及他所接触的所有事物,他的光辉超越了过去和现在,照耀着未来;他走在他的世纪前面,世纪跟不上他的步伐。对他作出批评的人被他抛得远远地落在后头,这些人脚步虽然稳健,却永远带有一种自然的单调性。想给天才下定义的人,对他的感受多于对他的认识。应该由天才来谈论自己,这一词条按理说不应该由我来写,而应由使本世纪光辉倍增的一位杰出人物③来写,因为,想知道所谓天才,他只要看看他自己就行了。

二

如诗人、哲学家、画家、音乐家等我们称之为天才的人,往往都有一种使人们难以名之的特殊而又神秘的心灵的品质。缺乏这种品质,这种伟大并极其美丽的作品就不能创造出来。这种品质是想象力吗?不是。我见过一些具有美丽而丰富想象力的人,他似乎大有可为,然而却无所成就,或者成就甚少。这种品质是判断力吗?不是。具有过强判断力的人写出的作品松散无力而又乏味,这是屡见不鲜的。这种品质是风趣吗?不是。风趣的人是说话令人开心,但做事则不一定漂亮。这种品质是热情、机灵甚至狂热吗?不是。热情的人有时激动过余,却并未做出什么有价值的事。这种品质是敏感吗?不是。我见过一些人,他们的

---

① 蒂雷纳(1611—1675),法国之帅,为人朴实、谦和,指挥作战时深谋远虑,屡建奇功。——译者注
② 马尔巴勒(1650—1722),美国之帅。——译者注
③ 例如伏尔泰。(作者原注)

心灵极易受到打动,听了某个崇高的故事就不能自制,兴奋、沉醉、疯狂起来,他们为那些动人的刺激而流泪不止,但一旦他们自己说话或协作,却会像孩子一样结结巴巴。这种品质是情趣吗?不是。情趣并不创造美,而是用以弥补作品的缺陷。这种才能也不是天赋的,它可以或多或少通过后天的培养。这种品质是头脑和脏腑的某种构造,是内分泌的某种结构吗?我同意这个观点,不过有一个条件,那就是必须承认,至今为止不管是我还是其他人,对这一点都没有给出明确的概念,此外还需把观察力作为天才的重要因素。所谓观察力,不是指人们在日常所看到的那种对谈吐、动作、神色这些细节的窥伺能力,那是女人们所擅长的,她们对一些细节的掌握有时胜过最聪明的头脑、最伟大的心灵、最雄健的天才。这是一些雕虫小技,就如让小米穿过针眼的那种技巧。这种不无可怜而又委琐,它是用在家庭那些琐事上的。比如仆人用这种技巧来欺骗主人,主人不用它来欺骗把他当作仆人的人,以便蒙混过关。我说的观察力,是人们不费神而在起作用的;它不注意瞧却一览无余;它不下功夫就知识渊博无师自通;它记不住任何现象却又为那些现象深深触动;它从现象获得的是其他人所没有的感觉;它是那样令人称奇,它说,这事能成……果然就成;那事不能成……果然就不成;这个对,那个不对……果然——灵验。不觉在大事或小事中,它都显现出来。这种预见性因生活条件不同而各异,每种条件都有自己的预见性。当然它也会有失败,但那种失败不会引人鄙视,因为这种失败发生之前,他总疑惑不定。有天才的人知道自己在冒险,但他是那样的成竹在胸而不需要去算计可能失败与否。

(璐甫科军译)

艺 术

这是一个抽象的形而上学的术语。人们逐步对自然界,对事物的运动、实用以及性质,对他们的特征进行观察,而后对他们观察所涉及的科学①、艺术②或学科的中心内容和边缘部分进行命名,于是就形成了一个有自己规则和方法的体系,并有引向同一目的的规则,这就是"学科"的一般含义。譬如,人们思考字词的使用,随后创造了"语法"这个词。"语法"就是有一些与一个特定对象相联系的方法和规则所构成的体系的名称。这个对象就是联系在一起的发音以及词句使用的意义、思维的表达等一切有关的内容。其他学科也是这样。

科学与艺术的起源　人们为了满足自己的需要,奢侈、欲望、欢快、娱乐或好奇心等,努力于自然界的生产活动或其他,按照逻辑学家的看法——依据对象形式而形成的各门学科和艺术的起源。假如这个对象成为现实,那么,让其得到成功的技术处理和规则的总和,就被称为"科学"。所以,形而上学是一门"科学",而伦理学就是一门"艺术"。同样道理也适用于神学和焰火制造术。

---

① 狄德罗在此使用的"科学"一词,意思是"某一知识的集合"。——译者注
② 狄德罗所指的"艺术",还有"工艺""手艺""技艺"乃至"技术"方面的含义。——译者注

一门艺术的理论和实践　综上所述,可以清楚地看出,所有艺术都有其理论和实践的方面。这些理论都是关于这门艺术的非操作性规律的知识;这些实践都是对同一门艺术规律的习惯的、技巧的应用。没有理论想要大大推动实践,或者相反,没有实践想要成为理论家,这倘如不是完全没有可能的话,至少也是十分困难的。在所有艺术中,总是有很多与材料、工具与人工有联系的不可预测的事情产生,这些仅能靠经验来解决。正是如此实践,才使各种困难和情况表现出来。而理论则是对此情况作出解释,并解决困难。另外,就是能够前后关联的、有逻辑思维的艺人,也几乎没有希望能够将自己那门艺术讲清楚。

自由艺术和机械艺术的区分　分析一些艺术作品,我们不难看出,为了创制这些艺术品,有些用脑多于用手,而有些则相反,用手多于用脑。有些艺术之所以优秀于另一种艺术,艺术之所以可被分为自由艺术和机械艺术两大类,其部分原因就在于这里。这种分类方法,似乎很有些道理,却会起到一种不好的作用,就是贬低了一些很有价值、有经验的人,并促使了我们的某些天然惰性,它使我们更容易轻信:常常不间断地让人从事实践活动,特别是与可直接接触的物质对象有关的实践活动,会有损于人类的尊严。让我们去劳动,甚至仅仅是研究一下机械艺术,好似让自己降低到了一般事物的水平,研究这些事情毫无理论意义,难以启口,丢人现眼,没完没了,没有价值。"假若与只限于感官、局限于物质的一些实践和特殊的东西长期而密切地接触,就会有损于人心的尊严。"[1]这种偏见促使城市中充满了傲慢的理论家与无用的思想家,促使乡村

---

[1] 狄德罗引自培根的《新工具》,实际上这种观点是受培根抨击的。——译者注

里充满了懒散而骄横的小暴君。连英国最伟大天才之一的培根和法国最伟大大臣之一的柯尔贝尔也不提倡这种看法。任何时代的优秀思想家与明智的人都不会这样想。培根认为，机械艺术的历史是真正哲学的非常重要的一个分支，所以他很注意，不轻视它的实践。柯尔贝尔认为，制造业与民族产业的建立，是王国的真正财富的根本。按照这些对事物的价值持有健康理念的人的分析判断，那些促使刻印工、画家、雕塑家以及各种艺术家移居法国的人，那些在英国发明了织袜机、在热那亚发明了织丝绒机、在威尼斯发明了制玻璃机的人，他们对于国家的贡献，并不逊于那些能够攻城斩将的人。而且，在哲学家眼里，他们比其他人功劳更大。因为他们促使了勒布朗、勒叙厄和奥德兰①这样的人产生，才能画出或印出亚历山大的历次战役，并将我军赢得的各种胜利编织入壁毯。评价那些深受青睐与称颂的科学和艺术与机械艺术带给我们的好处，你就能发现这与大家对它们的评价是不公平的。有的人他在做的事情，是为了让我们相信自己是幸福快乐的，而有的人实际做着让我们幸福快乐的事。可是，大家对前者的称颂却远远地超过了后者。这是多么的奇怪！大家希望人人都做有用的事情，而却在轻视那些真正有用的人。

  艺术的一般目的 人仅仅是自然界的佣人或对自然进行阐释，他的理解也只是以周边事物的经验与知识为限。不管多么强

---

  ① 勒布朗(1619—1690)，受柯尔伯和路易十四保护的极有影响的艺术家，创作了大量宗教画和壁毯等宗教装饰，各皇宫特别是凡尔赛宫的装饰都出自他及助手之手，曾任法国皇家绘画及雕塑学院院长。——译者注
  勒叙厄(1617—1655)，法国著名宗教画家和装饰家，皇家绘画雕塑学院的创建人。——译者注
  奥德兰(1640—1703)，法国著名的刻印师，曾复制了勒布朗、米尼亚尔、普桑、勒叙厄的作品。——译者注

壮、勤劳和坚毅,他如果是赤手空拳,只能生产出不多的成果来。只有借助工具和规矩,才能做成大的东西。人的理解力也是同样。工具和规矩就好像手臂上的额外肌肉、大脑的附加物,不管哪种艺术,或哪一个使各种工具和规矩为同一目的而一起工作的系统,将它的一般目标限定为某样明确的形式,加在自然所给予的基础之上。这一基础或是物质或是精神,或是心灵的某种功能,或是自然的某种产物。我目前关注的,正是作家们很少提及的机械艺术中,"人的力量仅限于将自然合成或分离。人可以做成一切,或做不成一切,这取决于是否有可能这种或那种合成或分离"①。

我与有些哲学家的认识一致,假如没有艺术史,自然史就不够完全,我对这些哲学家的著作百读不厌,对他们也是称颂的。我邀请了各位博物学家,根据他们在机械艺术方面的经验,在植物、矿物、动物等方面为本书撰写条目。这方面的知识对于真正的哲学是十分重要的。在这以后,我也要以培根为榜样,不揣冒昧地宣布:"所以,我们要讨论的,并不是仅持有的一种观点而已,而应该赋予完成的一项工作;并不是一个学派或某些人的信仰而已,而是巨大的实用价值和力量的基础。"②我们要讨论的,并非个人的体系和幻想,而是经验与理性的结论,是一个庞大结构的基础。谁不这样思考,谁就会限制我们知识的范围,会打击知识分子的情绪。有许多知识是在我们不经意中获得的。假如我们在无法捉摸的偶然机遇之外再加倍努力,使我们的研究更加有条有理和注意方法,我们必定会有更大的收获。假如我们现在掌握了不少过去所不敢企盼的自然奥秘,将来就为我们储存了一大笔我们很难预料的财

---

① 培根《新工具》卷二,在此处培根谈到人对自然的经验知识及其转变自然物的力量。——译者注
② 培根《伟大的复兴》序言结尾。——译者注

富。假如在几个世纪前,人们对只靠自己的天赋来判断事物的可能性,除了自己了解之外其他一律不信的人讲:有一种粉末可以打破岩石,能够从很远的地方摧垮最厚的城墙。仅在地底下埋几磅,就可摇撼所有,将上面覆盖的土层击穿,震出一个能把全城都淹没的深渊来,那他们必定会将这种效用同滑车、轮子、砝码、杠杆等已懂的器械作用相比较,并信誓旦旦地宣称,这种粉末纯属子虚乌有。只有雷电、地震才能有这样作用的力量,才会创造出如此惊人的奇迹。那位大哲学家就是这样对他的同代人及后代人说的①。在此我们也要模仿他的榜样,补充讲:对那种首次在伦敦展出的能够用蒸汽将水提出来的机器②,或许也会提出一连串类似的蹩脚推理来,尤其当机器创制者自谦地认为,对这部机器的原理还不十分精通。假如大家都用这种方法来评论新发明的话,那只怕任何东西,不管大小,都制不成了。有些东西,与公认的事实并不矛盾,有时最多需要熟练的工匠的手艺,对已有的机器稍作改进。因为有的人自己少见多怪,就急忙宣布那是做不到的。应该让这些人知道,是他们自己没有见识,不能在这些领域里评头论足。

艺术这个东西很难明确表述的。因为由于缺少准确的概念,也因为操作起来很复杂,不过并不是因为其多样性。如要弥补这第二项不利条件,唯一的方法就是亲自去了解它。这样的麻烦是必需的、值得的,这是因为应该从中考虑到人类得到的好处,也因为它给我们的头脑所带来的荣耀。我们从哪些物理学或形而上学体系中,可以获得比从织袜机或抽金线,从制作薄纱、布匹、丝绸和饰品等工艺制作中得到更多的智慧、洞察力与重要的东西呢?有

---

① 此处指培根。见《新工具》卷一。——译者注
② 瓦特发明的抽水机是18世纪晚期才发展起来,狄德罗不可能指的是瓦特。——译者注

哪些数学能够证明,会比时钟的运作机制,或为了制作各类产品如纺线、缫丝、剥离大麻等进行各种不同的制作更复杂呢?有哪些东西的投影,会比织机上的经索与经线的纹样更精美、更伟大呢?哪些人能想象出一种比丝绒的印染更为精巧的事情来呢?假如我也是这样用偏执和愚昧的头脑来审视所有这些创造物的奇观的话,那我也不会形成现在的见解。

紧追这位英国哲学家之后,我要特别提出三项为古人所不知道的发明;并且发明者的名字也几乎失传了,这是现代历史和文学的羞耻。我要说的是火药、印刷术的发明和指南针的特性。这些发明难道不都在军事上、文学界以及航海事业中引起过很多非凡的变革吗?活字印刷术在一切地方和今后一切时代的学者和科学家之间,建立起一种有信息交流的启蒙作用;指南针指引着我们的航船驶往人们所不知的地域;而火药则捍卫着敌我双方交界的所有建筑得到诞生。总之,这三样艺术几乎让地球的面貌焕然一新。

最后,请我们给予这些艺人们应有的评价吧。自由艺术已经给自己唱足了赞歌,眼下他们应当用剩下的一些嗓音来赞美一下机械艺术了。正是自由艺术,应该将机械艺术从长期偏见所造成的被歧视的地位中解放出来。而国王们则应该用他们的慷慨来保护机械艺术,使之不会因贫困而继续萧条下去。手艺人因此备受轻视而自卑。我们应该教育他们自尊自强,这是从他们手中得到更好更完美东西的唯一方法。应该让科学院的一些人下到工场和作坊中去,收集关于工艺的各种情况,并反映到其著作中给予释意,这些书要吸引手艺人来看、哲学家们来想,还要吸收有权者更有效地来使用他们的奖励和权威。

在此我们还要冒昧地对学者提出一个忠告:就像他们教导我们那样,请他们自己也这样做——不要急着给别人下断语,更不要因为发明刚开始并未显示出人们所期待的一切长处,就不屑一顾地斥为无用之物。蒙田,应该说他相当有哲学头脑,假如现在还活着,是否会因为曾经写过"火器除了震聩我们的耳朵以外,也不起什么作用;而我们的耳朵也已经习惯了,所以希望不要使用它们"①而感到羞愧呢?他能否更聪明一点,鼓励他那个时代的火绳枪手们使用能反应火药的器械来代替火绳,并科学地预见这种器械迟早会被发明出来呢?如果培根在蒙田的处境中,你就会看到他像哲学家那样思考到这种药物的性质,然后预言:假如可以这样讲的话,手榴弹、地雷、炸弹和大炮以至全部军用武器的发明。不过,蒙田并不是唯一对各类器械急于发表可能和不可能做什么看法的哲学家。笛卡尔这位非凡的天才,他历来善于指引人们,也善于将人们误入歧途。还有其他人,都像蒙田一样很了不起,但这批人不也都将阿基米德的镜子②称之为神话吗?然而,在王家花园的自然博物馆里已向所有有知识的人展出了这面镜子。重新发现这面镜子的布丰先生手制的镜子,使我们怎能怀疑叙拉古城墙上存在着阿基米德的镜子。这些事情告知我们要小心谨慎。

我们企盼艺人们能用自己的形式来理解学者们的看法,千万不要让他们毁了你们的发明。艺人们应该知道,假如他们隐瞒一起有价值的秘密,这就好似犯下了侵占社会财产罪。在这种情况下将个人的得失看得比人类的利益还要重,这种罪恶要比一百种能够公开讲的罪恶还要严重。假如他们能公开沟通交流,人们对他们的偏见,特别是对一切艺人都可能会产生的、认为他们的手艺已经十全十美了的偏见,就会减少。由于艺人们知识缺乏,往往将

---

① 引自蒙田的《论战马》。——译者注
② 传说阿基米德铸造过一面镜子,使罗马的战船着火。他也确实制造过能使物件着火的器械。——译者注

他们本身的不足当成了事物本质的缺陷而加以埋怨。当他们还不知用啥方法来战胜障碍之前,这种障碍好像是不可克服的。让他们各自使用自己的绝招,展示自己的实验。请艺术家们出力,学者们出建议与知识,大款们出工钱与买材料,这样,我们的艺术品和制造品就会很快达到我们所企望的优越质量,并赶上外国的同类制品。

一种制作过程的优越与否 使一种研制过程比另一种优越,主要是靠使用材料精致,加上工作快速与产品优秀。关于材料的精良,这是个鉴识的水平;关于后二者则完全取决于同甘共苦的劳工们。当一种制作过程,其中有很多步骤时,每一个工种都由一个不同的人来操作,每个工人只做一件简单的事;而另一个工人干另外一件。这样每个人都干得最好、最快,完成的东西仍然是最便宜的。并且许多工人一定会改进手艺和风格,这样有些会想办法、搞技术革新的工人,就会冒尖,他们依靠的是节省材料、使用新机器或创新的工艺来缩短工时。假如外国制品超不过我们里昂的产品,这不会是因为其他地方的人不知道法国城市是怎样干工作的。其他地方的人也有一样的行业、一样的丝和几乎相同的方法,只不过在里昂能有三万工人用同样的材料干活。我们还能将这个内容展开,但是对于动脑筋的人来讲,是完全足够了;而对于另一些人来讲,再怎样写也是不懂得的,你可能会觉得,有几处形而上学的论述不太容易懂,除此之外没有其他的写作方法。我们只能从一般的角度来说与艺术有关的内容,因此,我们的叙述也必须是如此的。不过正确的认识是,叙述越具有普遍性,就越抽象。抽象就是要从叙述中丢弃一切使其特定化的词句的方式,来展开一个真理。其实,假如我们能够不让读者受这份罪,我们也可以省力不少呢。

(科 军 译)

圣 经

我们不但建议要编撰一部优秀的百科全书,而且要为各位作者提出对各种主题的看法,所以,我们在此提出一个大纲,当中包含了有关圣经的所有入门知识。我们必须将这个内容分成两大部分:第一部分是对《圣经》中各"书"及其作者的评价;第二部分是谈一些常识,这些常识是理解各书内容必不可少的。

第一部分又分三节:第一节是关于《圣经》作为一部完整的书的一些一般性问题;第二节分别阐述各"书"以及作者;第三节是被引证的、失佚的或伪托的各"书"及其与《圣经》联系的一些纪念品。

在第一节里,我们要讨论六个问题:第一是给予《圣经》的各类名称、集成《圣经》各"书"的数目以及它们分属的类别。第二是针对异教徒与非教徒的问题,论证《圣经》的神授性质;有关神启及预言,我们还要试探曾经使神圣的作者们领悟到的那些感觉,是否其词句与材料那样,也受到过启示的;我们要探讨《圣经》的所有内容,包括其中的史实及有关物质世界内容的说明是否可靠。第三是讨论这部圣书的真实性问题、有关鉴识各"书"真伪的方法问题。同时,我们还将探讨众所周知的罗马天主教徒们与新教徒们之间在信仰方面的矛盾,考察一下教会对《圣经》曾作出过什么样的判决。然后,我们会诠释什么是"次经",依据那些标准,以及在啥意义上,它们是,或者应该被认为是"次"的。第四是关于《圣经》的不同译本以及各种译本的不同版本。我们还要探讨一下《圣经》的语言以及手写本的历史性问题并追根溯源;讨论人类最初的语言是什么,希伯来语能否有这样的荣幸。倘如不能够将这些问题都搞清楚,至少我们也能够看到一目了然的东西。我们要考查这些抄本、手稿、译本以及各类版本可靠和完整程度如何。试探除拉丁文《圣经》①以外,是否还有其他真的文本,是否拉丁文《圣经》是唯一的文本。我们还不会遗忘其他各类方言的译本;我们要考查这些译本是允许阅读还是被禁止的,应该如何看待有关翻译圣书的谴责问题。第五是研究《圣经》的文风,讨论其混沌性的原因以及其隐含的意义,教会作者在引经据典时对这些含义进行解释,此时人们在争议、施道或进行神秘活动时是如何利用这种解释的。同时,假如也能用《圣经》的观点来看待俗事的话,在此,我们还将研讨良心的问题。第六也是第一部分第一节的最后一个问题,是讨论划分各"书"的章节以及对其的评价;关于犹太法学博士所贡献的《塔木德》②《革马拉》③与《卡巴拉》④的使用问题;关于神父们对《圣经》的评价以及说教的权威性有多少的问题;应该怎样评论以后出现的文本问题和为了理解《圣经》,哪些文本最有用的问题。

第二节是依据《圣经》中的福音书的条目分成几个小题,并对这些福音书进行分析与评判,并研讨它们的历史。还会有一些题目专门研究其作者和成书的确切时期以及是如何写成的。

---

① 译于公元 4 世纪,是天主教承认的唯一的《圣经》文本。——译者注
② 犹太教法典。——译者注
③ 犹太教的文献。——译者注
④ 对《圣经》作神秘诠释的希伯来神秘哲学。——译者注

第三节会提出三个问题。第一会考查《圣经》中引用过的书以及这些书原来的内容是什么,其作者是谁,简而言之,就是考查所有与这些书籍有联系的证据和想象。第二,是有关人们想使其成为真经的伪经问题。考查它们还是否存在,或已经亡佚了;它们编写的人是基督教徒,还是反基督教徒的人。第三,是和《圣经》有关系的一些不朽著作的问题,如斐洛①、约瑟弗斯②、赫尔梅斯③、特利斯麦吉斯塔斯④等一些其他人的作品,还要联系到女巫们的神谕、信徒们的"信经"和"正经"。

以上就是第一部分的要点和材料。第二部分将包括八篇文章:第一篇是关于宗教地理的;第二篇是关于各国的起源以及划分的情况,这是对《圣经·创世纪》第十章的一篇很精彩的评论;第三,是关于《圣经》的编年史,我们要在其中尝试解释埃及、亚述以及巴比伦帝国的古代编年史,它们与希伯来人的历史是纵横交错地联系在一起的;第四,是有关崇拜偶像的起源和其蔓延的情况(这些内容是从哲学或学术的观点来看的,这会是很精彩的,除非我们是大错特错了);第五,是与《圣经》有联系的自然史,如《圣经》中提及的宝石、动物、植物与其他物产;第六,关于在基督诞生以前,发展到使徒时代⑤,希伯莱人使用的度量衡和货币;第七,有关《圣经》中所使用的主要语言中的各种不同方言,以及它所使用的诗意的和成语性的表达形式,它的修饰手段、隐喻和比喻,也就是造成福音书与预言书混浊性的主要因素;第八是关于在使徒时

---

① 斐洛是耶稣同时代人,基督教神学的奠基人之一,企图将宗教教义与哲学理性相结合。——译者注
② 约瑟·弗斯是公元前4世纪罗马的法学家和政治家。——译者注
③ 赫尔梅斯(1775—1783)德国天主教神学家。——译者注
④ 特利斯麦吉斯塔斯是神话中的赫尔墨斯的晚期名字。——译者注
⑤ 约公元1世纪,即耶稣的12个门徒活动的时代。——译者注

代以前希伯来民族的不同状况的历史概述：其政府、风俗、见解、政治及箴言的历次变革。

我认为，这个写作纲要是有一定的准确性和深度的，能够吸引有些学者的兴趣来完成它。在此叙述的所有这些题目不一定新颖，但是，作为一篇完整的、单独的作品，它是依据同一类风格，用一种清晰的、前后连贯的方法，慎重地选择了并是从众多学者处采集来的、散存于各地的、大多数还不为人所知的材料之后写成的。所以，对于公众来讲，它还是有价值的和有用的。

当前，请允许我本人对那些不太精通神学的人说一些话。前面我们提出的这些纲目显然会使人们吃惊，因为它包含了这样多的材料。即便这样，它对宗教的认识也是起了一个引导的作用。就是那些拥有博学美誉的神学家们，也还没有登堂入室呢。仅有一位大师的著文涉及我刚才提到的一切问题。现在大家经常误会这些神学家不过就是对自己的教义问答手册了解得比别人稍多一些的人罢了；他们还以我们宗教中存在着神秘主义为借口，由此得出结论一切推理都不能要了。但我却不知道还有哪些知识领域比神学知识更需要人具备能明辨真伪的、精确而细致的头脑。神学的两个分支——经院哲学和道德哲学所涉及的范围是很广泛的，当中包含了很多十分有意义的问题。神学家们理应懂得国内每个人的义务，并且有责任来区分可以做或不可以做的事情的限制。在他向我们宣传宗教旨义之时，其言语一定会打消我们的情欲，阻止它泛滥成灾；他的言语也一定是体贴温和的，无论我们原有怎样的倾向，都能使真理流入我们的心坎里。这样的人是多么值得我们敬服和崇拜啊！不过人们并不相信我所讲述的这样的理学家是理性的人。从巴黎神学院培养出几位这样罕见的人，我们在这些学院的年刊里，可以看到很多广为人知并永久值得敬佩的名字，如热尔松①、迪佩龙②、黎塞留③、波舒哀④等。学院正在继续培养更多更好的思想家,以维持基督教的信仰与道德。有些轻浮的作家,神学学府里发生的所有事情对他们一点不起作用。学院在法国教士前责备他们,是毫不奇怪的。他们借口一部不知是谁写的关于歌颂高卢教会的书的续篇,就对这个可敬的神学团体无端攻击,而巴黎神学院正是这个团体的一颗璀璨的明珠。这到底居心何在?他们的攻击是指向一篇以《索邦尼克》⑤为题的论文,这篇论文要用12个小时才能读完。有人风趣地说,这篇文章除了太长以外,对于健康倒是无害的。这篇论文没有扼杀天才的波舒哀,但它确实让大家看到了后者作品里正义与仁爱的光辉。我们就从有些学院中能见到的学术机构来讲,这篇论文所讲的应该都是事实,并没有虚构的内容。那里的人对于精彩的辩论与答辩,比只会让傻瓜上当的轰轰烈烈的表面气氛更有兴趣。在那里,不会有人奉旨来阻挠对有困难但有益的问题所进行的讨论。那些被派来维持秩序的人,宁愿看一位学生因碰到强力的反驳而难堪,也不爱听他们夸夸其谈一些不足挂齿的小问题。这并不是要在普通人之前夸耀学院的博士答辩水平多么高,而是要确保那些渴望有幸进入这个可敬的团体之人的品质而已。所以,我们能够看到,学院并不着急引导一些人来不问青红皂白地赞同那些正确的意见。一切没有得到牧师资格的布道者在那里以超常与公正的姿态所进行的答辩都是为了求得证明,而不是为了虚荣。他们并不是要坚持某些观点,而

---

① 热尔松(1363—1429),法兰西神学家。——译者注
② 迪佩龙(1556—1618),法国枢机主教。——译者注
③ 黎塞留(1585—1642),法国政治家。——译者注
④ 波舒哀(1627—1704),法国天主教教士,神学家。——译者注
⑤ 索邦尼克是13世纪的一位法国神学家的名字。——译者注

仅是坚持毕生为之奋斗的唯一真理。他们的论点除了受神学要求的局限以外，不再受任何约束。我懂得，一个作者可以为自己辩解，他并没有宣传过自己的任何教义，而只是陈述别人已讲过的话而已。然而，倘如一位作家不管真伪地将一切都用来反对自己的神学团体，那人们能够谅解他吗？我们企盼那些热爱我们的国家和珍惜法国教会荣誉的人，会感激我们所讲的这些题外之话。这样，我们就算完成了一项主要的任务——探索并叙述了我们已了解的一切真相。

(科 军 译)

折衷主义

折衷主义哲学家是摒弃传统、偏见、舆论、古风、权威等所有约束人们灵魂的东西的人。他们勇于独立思考并重新探索与讨论那些最浅显、最普通的原则,在此同时,他们只承认被经验和理性能证实了的东西。他们在不抱成见、一视同仁地分析了所有的哲学体系以后,构架起一个属于个人的、内在的哲学。我讲的"个人的、内在的",是因为折衷主义者们希望做别人的学生,而不是做老师;是为了改造自己,而不是为了改造别人;是学习真理,而不是教人真理;他们不是耕耘和播种者,而是收获和筛选者。倘如热心、荣耀或某些更高尚的情感没有让他们一反常态的话,他们会平静地享受收获,快乐地活着,静静地死去。

……

折衷主义是最富有理性的一种哲学。人类的最优秀的天才们曾长时间地在实践这种哲学。但一直到十六世纪末,它还未有一个自己的名称,所以长时期不为人所知。在大自然长期蛰伏以后,似乎是精疲力竭了,终于创造出一批人,他们酷爱独立思考,这是人类最美好的特征。折衷主义哲学是由于布鲁诺、卡尔达诺、培根、康帕内拉、笛卡尔、霍布斯、戈德弗鲁瓦、莱布尼兹、托马西乌斯、贡地林尤斯、布第、鲁第格鲁斯、色比尤斯、勒克莱尔、马勒伯朗士等和其他一批人,才能够重生的。

假如我们现在对这些伟人的著作不想作任何解释的话,我们就没办法完整地、准确地阐明他们思想发展的过程,也没法说明他们对于哲学特别是近代折衷主义哲学的发展所作的那些贡献。但我们更愿意让读者去看与他们有关的各项条目,而在此仅用少许的话来勾勒出折衷主义哲学复苏的一个框架。

人类知识的进步如同一条有路标的道路,在这条道路上,人类的智慧是不会徘徊的,每个时代都会有自己的风格和伟人。有的人,虽然有着天生的才能,理应在某个领域中成名,却生长在后面的时代,并且被当时风行的潮流所吞没,而不得已去追逐他们并不擅长的那种悟性。这种人本来可以随心所欲,功成名就,却生不逢时,备尝艰辛,劳而无功,终其一生,默默无闻。大自然让他们太晚降临在这个世上。但假如恰巧将他们放到那个已过时的、至今已无人尊重的流派里,我们会看到他们有怎样的贡献。假如他们是那些流派中最优秀的作者们同时代的人,他们自己也会毫不逊色的。我们没有科学院的资料,能够使用几百个不同的例子来说明我的设想,那样,我们这儿的文学复兴又是如何呢?作家们开始并未想到要创作文学作品,他们当然不会这样想,因为有太多人们看不懂的东西了。于是人们就先去研究语法,再去研究学术、文艺批评与古风,最后才是文学。当他们理解了古人以后,便决心要效仿他们,并写了各种演说词和诗。看完哲学家们的著作产生了独有的竞争形式。人们争论不休,在一些讨论中,现有体系的优劣便显现出来。于是,人们意识到,全面否定或肯定当中任何一个体系,都是不可能的。人们为了要弥补那些已经被日常生活经验所破坏的东西,以致让自己的体系得以重生,就导致了信仰调和主义。当一种观点全面崩溃了,就需要抛弃,转向另一种,然而后者也逃脱不了同样的厄运,于是去寻找第三种,而时间仍然抛弃了它,最后,另有一批建设者(为了不放弃我的比较),就决定到旷野去,使用废墟里的各种材料,另起炉灶。人们知道,这样的做法有一定的合理性,这会是一个耐久的、永恒的城市,有能力抵御那些曾经摧垮了其他城市的力量。这些新的建设者就是所谓的折衷主义者。但是,他们还未打好刚开始的基础,就已发现,他们竟缺少不计其数的材料,对最美丽的石头,他们也只能割舍,因为还没有找到能将它们同整体修合在一起所需要的东西。于是,他们就相互说教:我们所需要的那些材料就在大自然里,让我们一起来寻找吧!他们便开始在地表下、在空气中寻找它们,这就是实验的方法。但在抛弃这个建筑项目,丢掉满地的材料——其中有多少将成为未来的基石——以前,应该先依靠图解来肯定,想依照目前这个世界的模式来构筑一个坚固耐久的大厦,是根本不可能的。因为他们所企盼的,并不逊于重新找到那位伟大的建筑师——上帝的卷宗和失传的图纸。但是,就是这类图解,也是多得不可枚举的。他们已经进行过多种实验,仍然收效甚微。就是这样,他们还在努力地绘制新的图画。这种人可称之为"系统折衷主义者"。

某些人坚信,我们不但缺少所需的材料,而且,就是依靠这些现有材料,我们仍将一无是处。他们认为,应该马上进行收集新材料的工作。反之,那些认为我们能够开始构建这大厦的一些部分的人,却在拼命努力地绘制新图,孜孜不倦地探寻那采石场,想得到那必需的石料。这就是现在哲学的状况,这种现状还会保持很久。就是地球会被长期厚重的黑暗所笼罩,一切学术活动被迫停顿数百年之久,我们所跟踪的这样的循环也一定会引导哲学家们得出如此的结论。

这样,我们就会看见有两种折衷主义:一种是经验主义的,它含有搜索已经被承认的真理及现成的事实,并经过研究自然,来增添它们的数量;另一种是系统的折衷主义,它努力于比较被承认的真理,并将现成的事实有序加以整理,以便说明现象或某些实验的意义。经验折衷主义者们是实干家,系统折衷主义者们则是天才。假如谁能将这两者集于一人,他就能与德谟克里特、亚里士多德、培根齐名。

有两种情况阻碍了折衷主义的发展:一种是根据事物的本性,是不能避免的,必然的;另一种是偶然的,要看有些事情能否发生或发生得是否符合时宜。我将这种划分作为看问题的基本方法,一个能深入而准确地思维的人,不应该轻信所有发生的事的可能性都是相等的。我是不采取这种方法的。在妨碍现代折衷主义发展的许多因素中,重要的是人类思想在发展中应该自然遵循的轨迹,以及在哲学研究之前都已先入为主了的知识。人类的思想经过了幼年期和成年期,但愿上帝保佑,使它不会衰败与老朽!在人类思想的年轻时期,先入为主的是渊博的知识,如文学、语言、古典风尚以及美术等,而哲学只能在它的成年时代和悲凄的晚年时代才能到来。这要看如何利用它的时间和个性的力量。现在,人类有其自己的特性。在其经历的过程中,有过空白的间歇,也有过让其生辉或羞耻的多事之秋。关于妨碍折衷主义哲学发展的具体原因,它的事实不胜枚举,那曾经使许多优秀脑瓜里充满了宗教的冲突。狂热的迷信使另外一部分优秀的人遭迫害,心情闷郁;贫困也能使另一些人走向天性的反面。报答这样不公平,让一些人投笔搁业。政府借于政治原因,根本不理文科与艺术的发展能使民族增辉和快乐。尽管不少天才曾为其事业呕心沥血,但一个不重视实用工艺的政府,是不会为他们投资的。人们更不会理解,这可能是一个无法弥补的损失。因为,每一个个人所经历的过程中,没有两个人是同样的。由此可预见,任何时代的每项发明创造,都会与其个人的与众不同的特点有关联,这些特点正是其个人的品质所在。假如这个发明未能形成产品或予以发表,今后就没有机会了。对于这项技术或科学的进步,或对人类的造福及光辉来讲,是莫大的损失啊!假如有人觉得,这么想大概太夸张了,那就让他们去问一下当时的一些优秀人才,请他们去看看古今以来各派别的那些独创性的作品,认真思考一下,究竟什么叫独创性,并告知我,是否有两件有雷同的独创性的作品。当然,这并不是讲要丝毫不差,因为我已将一些不重要的区别排除出去了。在此以前已列举各种原因以外,最后我还要加上那种错位的呵护。这种呵护,不给民族的精英,不给在外国代表了国家的尊严、不给为民族带来荣耀、在国内外都深受崇敬与钦佩的人。而从这样不公平的做法中得到好处的,却是一批猥琐之流。他们成为这种被唾骂的角色,或是由于庸碌,或是因为教育不良,染上恶习,交结坏人,卑劣偏执而品格堕落。他们恐惧、奉承那些庇护者,甚至达到讨厌后者、使后者耻于保护他们的地步。但人民的眼睛是雪亮的,他们最后还是将这些混蛋鬼算作是受庇护的。如此来看,在学术界,大家的行为也与古代民主制下盛行的那种严酷的政治一样,谁的权力大过分了,谁就被排斥于社会之外,这是一种很好的做法。因为,假如老实人被排斥了,同样的律法就会去羞辱其他幸免的人。这种看法,是我在1775年2月11日参加了当代一位最伟大的人物①的葬礼,回家以后写下来的。我为学术界和国家的这个损失悲痛欲绝,并为他在世时所遇到的迫害极其愤慨。怀着对他的纪念和崇敬,我将会把下面这句话镌刻在他的墓上。这句话我原来准备在适当的

---

① 指孟德斯鸠。——译者注

时候用来为他的鸿篇大作《论法的精神》写题记的。"他寻求天国之光,得到时却悲哀地呻吟。"①它给后人留下了这样的教训:敌人的暗中伤人,使他警惕和恐惧,他对他人的诬蔑可以嗤之以鼻,但是,当他感到攻击是来自权威方面时,他不得不引起十分敏觉。他失去了大家都十分珍爱的内心的平衡,这就是他刚为法国赢得的荣耀以及对全人类所作出的贡献所能得到的回报。

到现在为止,我们还仅仅只是将折衷主义这个词用在哲学方面,但不难预见,随着人类思想的发展,这种方法会有更多的用处。它刚开始的成果不一定能很快传开,而且这种方法也不一定可取;因为那些对各种技术有实践经验的人,必要的推理能力还十分缺乏,反之,有推理方法的人对技术方面的事又知之甚少并不愿学习。假如人们急于改革求成,结果会事与愿违,欲速则不达。运动刚开始总会将人推到极致。我呼吁哲学家们:不要轻信,假如谨慎从事,就应该在各方面先做学生,后做老师。在提出一些原则以前,先要考虑会有几种假设。他们应该想一想,假如自己是在与某种类似自动装置的东西打交道,就应该特别当心地传送各种推动力,因为构造最佳、最有价值的自动装置是无法抗拒的。在准备发展或制约某些技术以前,首先要研究它的潜能,这难道不是很合理吗?因为没有这些准备,我们就不知道应该怎样去赞赏,也不懂得如何去批评。在自由艺术里,冒充懂行的人败坏了艺术家,而知识浅薄的鉴赏家们又使他们扫兴。但是,当到处变得发亮的理性之光已渗透到各领域之中,时代精神已推动革命开始之时,工业技术却出现止步不前的状况,要么政府对它的进步倍加关注,并提出一些合理化的建议来。难道它们就不应有自己的研究院吗?假如国

---

① 引自古罗马诗人维吉尔《埃涅阿斯纪》第4章。——译者注

家每年拿 5 万法郎来建立和帮助一个研究院,人民会认为是在乱用钱吗?以我之见,它在 20 年里能出书 50 卷,其中没用的地方不会超过 50 行;我们的发明创造会由此更加完美,知识传播会使其进一步增快,古代失传的东西会得到恢复;某些人笔记本记录的,经过他长期钻研的有价值的结果,会贡献给人类;国家也能为 40 个疲劳过度、无力养家糊口的公民提供一份勤劳的谋生之路,让他们能继续为国家作贡献,而且能比过去贡献更多。同时,对那些想干这一行的人来讲,一开始就能拥有已经过精心整理的前人的经验,这不也是大有益处吗?然而,假使没有我提议的这种研究院,一切那种专门研究的学习记录都会失散,所有的实践经验也将失传。机不可失,世界将进入暮年,而机械艺术却仍是个孩提。

在简述了主要的几种折衷主义的历史以后,我们还要对它们的哲学基本理念作出一个评点。

(科　军　译)

享受和享乐主义

享受的含义，就是去理解，去体验，去感受占有的快乐。人们经常占有，却没有享受。谁修建那些宏伟的宫殿？谁栽培了那些庞大的花园？君主们。然而谁能享受它们？我。

让我们把君主们拥有的那些宏伟宫殿以及他们并没有在其中散过步的、令人心醉的那些花园交给别人，不要再去考虑被大家尊为"享受"的快感了吧，这种快乐竟成了活人的终身囚牢。

你们这些万物之灵，请让我知道，在自然中能满足我们的渴求的所有东西里，有哪些能比占有及享受一个和你有同样的思想、同样的感情、同样的想法，体会着一样的感受与喜乐，将她那热烈而触电的双臂伸向你、拥抱你，而她的抚爱会给你带来一个新的生命的人，更值得你去追求、更能让你幸福呢？这新的生命会与你们其中的一个很像，其生命中的第一个行动就是寻找你，拥抱你，你把他（她）带在身边长大并爱他（她）；你老之将至，他（她）会赡养你，他（她）会永远尊重你，而他（她）的幸福来临已经加强了你们之间联系的纽带。

我们身边有许多粗鄙、迟钝而冷漠、失去生命活力的人，他们或许在我们的帮助下得到幸福，但不能理解，也不能分享我们的幸福。这批人身上那种贫乏的、破坏性的享受在起作用，使他们在最后并不会产生出任何真正意义上的"享受"。

假如有个反常的人,攻击我对人世间给予最高尚的感情进行赞美的话,我要呼唤大自然,请它来讲话。大自然就会对他讲:听到快感这两个字你为啥脸红,而在夜幕的掩盖之下,当你耽于快感的引诱时,为啥又不脸红了呢?你真的不知道快感的目的是什么,而你对它又有什么责任吗?假如你母亲的丈夫给予她的热烈不具有无法形容的魅力的话,你以为她会冒着生命危险来给予你生命吗?闭口吧,不幸的人!想一想,正是那种快感使你从无到有。

大自然最大的目的就是物种的繁衍。两性一旦被拥有了他(她)们自己的力量和美丽,大自然就不容分辨地让他(她)们相互吸引。一种朦胧的、焦躁不安的繁殖欲,向他们预示着那一时刻,使他们处在快感与痛苦交织的境地。此时他们放任自己的感官将注意力导向自身。然而,假如将一个个体交给另外一个同种而异性的个体时,此时对于其他所有需求的感觉都会暂时停止,心会剧烈地跳动,四肢也会颤抖,大脑中会浮现激发情欲的幻想,心潮会流向各处的神经,使他们亢奋起来,一种全新的感觉会流入下身,展现出来,并折磨全身。视线模糊了,癫狂产生了,理性成了本能的奴隶,压抑着自己而服务于后者。结果,自然受到了满足。

在世界初始之时,事情是这样发生的;而生活在洞穴的野蛮人,事情也是这样的。

然而,当女人们对男人开始分辨,注意在几个男人中间进行挑选时,当她将含情脉脉的目光投射出去时,只有一个人抓住了这一目光。他因此受到青睐而得意扬扬,自信已经将他珍重别人的心如同珍重自己一样。他认为,快感是对他的报答。然后,当羞怯在女人魅力的纱幕笼罩下,赋予一个想任意掀起它的力量之时,最奇妙的幻想就能与最大的感官快乐相比媲,使一时的快感得到最大的扩张,灵魂得到一种近似神圣的升华,两颗热恋的年轻的心誓言永远相厮,上天以此为证。

当一个人的灵魂全部献出并溶入其所爱人的灵魂的一刹那到来之前,已拥有多少幸福时刻啊!在希望产生之时,"享受"也已开始了。就是这样,信赖、自然、时间和爱恋的自由会引入忘我。一个人在享受到那最终的狂欢以后会发誓说,再也没有谁能与他或她相比。的确,当我们有着年轻而灵敏的感官,有着一颗温柔的心与一个圣洁的灵魂,而这样的灵魂还没有经受过看错人和挫折之时,这一切全是真的。

享乐主义学派诞生于爱利亚学派,这是人们不了解的,也是受到毁誉最多的一种哲学。人们责备伊壁鸠鲁这位哲学家是无神论者,而他承认神是有的,并常常去神庙,喜欢在神坛前行深礼。人们以为他是淫荡行为的辩护者,而他却在生活中行为始终高尚,并能够做到克制自我。卑鄙的大儒主义者(斯多葛派)不遗余力地传播这种偏见,使之如此流行,使我们不得不表明,享乐主义者是少有的名气最不好而品行高尚的人。为了让读者对伊壁鸠鲁的信仰有个明白的评判,我们首先要将这位在自己栽培的大树的阴凉下,向围绕着他的学生讲课的哲学家的情况作一个介绍。因为本文的其他部分,都由他自己来讲话,而我们希望读者的心里能公正地记住这一点。这是我们仅能做到的,将他的原则和与此引出的一些最直接的后果作出区别。

关于一般哲学　人活着就需要思考和行动,而哲学的目的,就是指导人的理解和约束人的行为。所有脱离这个目的的,都是无关宏旨的。人可以通过使用理智、力行善事、节制纵乐而求得幸福,但这是要以身心健康为前提的。假如最要紧的一门知识就是我们要懂得应该做啥和不该做啥,那么,青年人就不要太早用心于钻研哲学,而老年人也不要太迟地抛弃它。我在自己的学生中分出三类性格的人:有部分学生与我一样,遇到障碍不会马上气馁,而能以恰到好处的行为,独立自主地向真、善、美前进;有部分学生像麦特罗多罗斯,需要有个榜样的力量来激励他;还有部分学生像荷尔马库斯,必须对他采取某些暴力行动。这三类人我都喜爱并珍重他们。啊!我的朋友,难道还有啥比真理更古老的吗?难道在哲学家之前真理就不存在了吗?因此,哲学家们应鄙视一切权威,一直奔向真理,抛开一切在其道路上出现的幻想:苏格拉底的讽刺与伊壁鸠鲁的官能享乐。为啥人们依然会陷入错误之中?因为他们将一种声明的语言当作了它的证明。为自己创造一些原则吧,不要多,但后果一定要丰富。不要忽略对大自然的研究,更应致力于道德科学。对与自己无关的事物认识得再深刻有啥作用,假如没有这种认识满足我们需要的话,我们照样赶走恐惧,免遭痛苦。辩证法过分地使用,会让它堕落成为一门在所有科学中栽下荆棘的艺术。我讨厌这门艺术。

真正的逻辑可以化简为几项原则。在自然世界里仅有物与理念,其结果,只有两类真理:一类是实在的,一类是归纳出来的。实在的真理隶属于感觉,归纳出来的真理隶属于理性。莽撞是我们犯错的主要原因,所以,我要不断地对你讲:慢点。离开了对感觉恰到好处地使用,就没什么理念或预见,也就没有对知识的期待。而假如没有预见也就不会有什么想法,更无所谓怀疑。假如我们完全丧失能力去寻找真理,我们更不能够去创造信号或符号。所以,应该努力运用你的感觉来不断增加预见,要钻研别人使用的信号的正确价值。假如你准备说话,就应选择那些最简单、最方便的表达形式,或者讲,要时刻防止人家听不懂你的话,以致还要浪费精神再作解释。在你听人家讲话时,要努力理解词句所表达的含义。经常使用这些方法,你就能分辨出哪些是真的,哪些是假的,哪些是模糊不清的,哪些是疑义的。然而,只是懂得自己在立论中怎样叙述真理,这还不够,你还应知晓怎样明智地行动。一般来讲,假如器官的快感并没有带来痛苦的后果的话,就应该毫不犹豫地去抓住它。假如痛苦比快感少,仍然应该得到它,甚至应该接受一定会带来巨大快感的痛苦。你不要只醉心于会给你带来许多痛苦、或将使你丢失更多快乐的那种肉欲的快感。

关于一般生理学 我们为什么要研究生理学呢?因为要了解各种现象的一般原因。这样,我们在摆脱了不应该有的恐惧以后,就可以不后悔地放手满足我们的合理欲望了。而在享够了天伦之乐以后,离开人世我们也就没有什么遗憾了。世界万物都有用。永恒的宇宙,只存在着"物"和"无"而已……(以下是对伊壁鸠鲁的原子论中有关世界和人的物质本性的一段理论阐释)。

关于神学 在创立了宇宙中只有"物和无"这个原则以后,我们为啥还要提到神呢?是应该抛弃我们自己的哲学而屈服于流行的说法呢,还是讲神也是肉身?既然他们是神,他们一定是快乐的。他们以平静的行为快乐地生活着,地上的一切都不会打扰和影响他们。在物质和道德的世界里,有各种现象说明,他们与物种的生产毫无关系,他们也不会让任何物种像他们那样永存。大自然自己将神存在的想法装进了我们的头脑里,就是最野蛮的民族也有关于神的东西的想法。难道我们要对人类最普遍的观念作出反对吗?难道我们应该用大嗓门来与自然的呼声唱唱反调吗?自然没有谎言,甚至我们的偏见也足以证明神的存在。许多现象都被解释为因为神的力量而产生,实际上这些事物的现象和本质的成因还未被人们所了解罢了。不是有很多谬误已经说明,大众信仰的可信性究竟有多高呢?假如一个人在睡梦里被一些奇妙的幻象所打中,等他醒来后仍不能忘记,他大概就要得出结论,以为这个幻象在大自然中肯定有个四处飘荡的原型。他可能听到过的某种声音让他不会怀疑这个原型具有智慧。而这个幻象在不同的时间、以相同的形象一再出现,就被认为是它不死的明证。不过,不死的东西是不会变的,而不变的东西是绝对幸福的,因为它不会对什么事物起作用,而任何事物对它也不起什么作用。因此,神的存在曾经是、而且会永远是一种不会有什么结果的存在。出于同样的原因,它也是不能被改变的,因为行为的原则在这些对象中已肯定被消磨,而正是这个原则成为一切破坏与再生之源。因此,我们对它们无须过多企盼,也不要惧怕。那么,奇迹、预言和宗教又是什么呢?假如我们崇敬众神,那也像对所有美好、幸福与有吸引力的形象一样,自然会去羡慕的。我们倾向于坚信众神都具有人的形象。假如众神是肉身,它们也不会有什么感受、思想、享乐和痛苦。他们的身体与我们完全不同,因为众神是由一种相似于我们、但又比我们高的原子组合成的,其组织虽相同,但器官却比我们更完善。他们有一种特别的品质,这样的优秀是少见的,没有什么东西可以影响、改变、缩小或扩大它们,以致行为也不能归因于它们。我们不知道众神到什么地方去,但确信,这个世界他们是不值得留恋的,他们大概会在几个世界的广阔空间里遨游。

关于道德　生活的目标就是追求幸福。这是人们心灵深处最隐秘的表白和行为的明确动机,即使有时觉得与此相违。自杀的人认为,死也是他们的一种福分。自然我们是不能改造的,但对它的总的趋势可以给予引导。人类可能因为使用了错误的方法,在并没有幸福的地方自认为得到了幸福,或在有幸福的地方找到了它,从而埋下了祸害,给自己带来了损害。这样,假如我们的道德哲学首先就要问的是:构成真正幸福的是什么,它又应该是怎样的呢?现在,我们所关切的,就是这样一个重要课题。既然我们想要马上得到幸福,那就需要立刻研究幸福是什么。疯子也在想怎么生活得更好,但总做不到。过分的幸福只能属于不死之物。千万不要去做这种傻事,因为不要忘记我们仅仅是人。我们既然没有可能像我们的创造物——众神那样的完美,我们也只有死心,别想着与他们一样幸福了。我们看不清无限的宇宙,难道我们还不能仔细洞察自己周边之物吗?假如我们知道怎么来享受或蔑视这些周边之物的话,它们会成为我们幸福的流不完的源泉。痛苦总是坏事,快乐总是好事。但是,人间并没有纯粹的快乐。美丽的花就在你的脚下,但你也要弯下身去采摘。总之,啊,快乐!我们只是为了你,才做了我们应该做的所有。我们不是要躲开你,而只是想要躲开那常常与你相伴的痛苦。我们冰冷的理性被你温暖,靠着你的能力,思想与意志力才能够产生。当我们用玫瑰为那些让我们热爱的小美女垫成床铺之时,当我们不理暴君的怒吼,直至奔向正等待着我们要发火的公牛之时,是你将我们引开,送走了。快乐形式有各种各样的。因此,理解快乐会给我们带来的各类东西的所有价值是非常重要的事,这样,需要时我们可以欢迎它们或拒绝它们,去做或不去做,就能够做到心中有数了。除了心灵的纯洁以外,更可贵的莫过于身体的健康了,假如身体的健康仅仅体现在四肢及器官上,那是不够全面的;假如心灵仅是为人多做好事,那也不算是最完美的品德。音乐家们并不满足于拨弄他那竖琴上的几根弦而已,他希望社会要学他的榜样达到和谐,使我们的行为与我们的感情不要过分地松弛或过分地紧张,使我们的音调不要过分地平缓或过分地高亢。假如我们的伙伴对于我们有好评,我们就应该以恪守自己的职责为快乐,这是使大家能赞美我们工作的一种可靠的方法。我们不应该蔑视肉欲的快感,而是在分清哪些是高尚的、哪些是肉欲的时候,不要自欺。倘如一个人在自己的事业上选择错了,他怎么能够幸福? 倘如一个人对自己不了解,他又怎能选择到自己的事业? 倘如自然的需求、情欲的引诱与幻想的飞舞都乱成一团,人们又怎能对自己的事业觉得满足呢? 倘如不能让事业流产,我们在心中必须要坚定一个目标。把握住将来不是不可能的,一切都应该坚持实践美德、维持自由和生命,而轻视死亡。只要我们还活着,死就是没有意义的;假如我们不在了,死依然是没有意义的。我们畏惧众神,只是因为我们将它们创造得太近似于人。那些推崇老百姓供奉神仙的人,这虔诚难道会是真的吗? 倘如虔诚就是在一块塑造过的石头之前鞠躬行礼,那不是到处可以看见吗? 但是能够对众神的美德作理智的判断,那才是少有的品质呢。所谓"自然法则",仅是公认的证明罢了。公认的有用性与普遍得到满足,应当是我们行为的两大准则。终究也不能肯定罪行永远不为人所知。因此,犯罪的人是疯子,他们是在玩输比赢概率多得多的游戏。友谊是生活中最大的财富之一,而庄重是社会里的美德之一。要庄重,因为你不是动物,因为你不是生活在丛林深处,而是在城市里。

综上所述是伊壁鸠鲁信仰的基本概括。在过去所有哲学家中,他是唯一懂得如何处理自己的道德信念与人类真正的享乐以及他的自然欲望和要求的人。所以,他在过去和将来都会有一大批门生。一个人可以成为一个斯多葛主义者,但所有的人天生就是一个伊壁鸠鲁主义者……

(科 军 译)

政治权威

不管什么人,大自然没有授权他去命令别人的权利。自由是上帝的恩赐,每个人在理性的支使下,都有权享用它。假如讲大自然曾有过什么权威的话,那都是父母的控制;不过父母的控制也是极其有限的,在自然的形态下,小孩一旦自己能管自己,这种限制也就寿终正寝了。其他所有的权威都不是来之于自然。这个问题要是认真地思考一下,人们就会找到下面两个溯源:或是某个人拥有了力量和暴力;或是人们依照他们与那位拥有权威的某人之间的契约或默认接受了这种权威。

用暴力获取权力的人是一种篡夺,这样的权力只能在治人者的力量压倒被人治者的力量时,才能得到维持。依照这样的推理,一旦后者转化为强者,并摆脱了压迫,他们就会比这些强迫他们的人更有权力、更能够掌握权力。用权威建立的法规,也会同样消灭它,因为这是强权的法规。

有时用暴力建立起来的权威,其性质也会改变,就是当它拥有了人民对它表示的认可,它得以维持和延续;但在这种状况下,它又回到了下面我将谈及的第二种情况,即是获取权威的人已不再是一个暴君,而是一位国王了。

由于人民的认可而建立起来的权力①,要具有某些先决条件,致使这种权力利用合法,对人民有益,对社会有用,并拥有某些严格限制。人不能,也不应该将自己全部地、没有保留地送给另外一个人,因为他还有一个上帝,这个高于一切的主宰者,他的全身心只能属于这个主宰者。它的权力对所有生灵都永远有直接的作用,他要求每一个都绝对忠实的主宰者,从不转让也不愿放弃他的权力②。为了大家的利益与社会的持续,他允许人们在他们之间建立一种从属秩序,并听从其中的某人,但他要求这须做得恰当、合理,并不该盲目、无保留,以致生灵超越造物的权力。除此之外一切顺从,都是各种不同的偶像崇拜罪行。在一个人或某些偶像之前跪拜只不过是一种外在的礼仪,对此,真正的上帝并不在意,他要的是人们的心灵,而将表面的礼仪留给人间的需要,让人们本着自己的意向,去表现他们的社会、政治以及宗教狂热的形式。为此,并不是这些礼仪本身,而是形成这些仪节时所根据的精神,才能表明这些礼仪是纯洁的还是罪恶的。一位英国人能毫不迟疑地对国王行单膝跪礼,这种礼节仅是人们赋予其所含有的意义。然而,将人的全身心及所有的行为毫无保留地送给另一个凡人,使后者随意地甚至一时心血来潮地来支配,并成为前者一切行动的唯一原因,这就肯定成为最最严重的渎神罪了。否则的话,大家反复讲到的上帝的权力岂不是成了人类政治所戏弄的一句空话,而所谓的宗教精神也就陷入同样的境地;于是所有有关权力与服从的理念全都化为泡影,国王将上帝视为儿戏,而臣民也会把国王视为

---

① 这是卢梭十年之后发表的《社会契约论》的基本思想;但是,这两位朋友从他们同样的前提出发,而得出不同的政治结论。——译者注
② 狄德罗想说明,在上帝与他的创造物之间,并没有君权的权力;这样就不指名地反驳了那些为君权神授辩护的政治神学家们。——译者注

儿戏了。

……

国王对自己人民的权威来自人民,而这种权威又受到国家法和自然法的制约。人们只有在根据国家法和自然法的情况下,才服从或应该服从于他们的政府。情况之一就是,没有臣民的选择与同意,也就没有他们的权力和权威。人民按照一定的契约将权威给予国君,而国君绝对不能随意地糟蹋这种权力来破坏这个契约,否则,他会成为自己的对立面。因为他拥有的权威之所以能够存在,是靠建立了这种权威的那个权力。如果谁破坏了其中的一方,那么另外一方亦就不复存在。所以,要么得到国家的允许,要么经过契约中所表示的那种自愿选择,国君是没有资格将他的权力强加于他的臣民的。假如他不依此行事,一切都会失去,法律会使他原本能够要求别人所作的承诺以及誓言失去约束力。作为一个小人物,可能在他不明真相的条件下行事,而却自以为他有权支使一切,无条件地获得所有;其实他仅是依照一定条件才被委以这种权力的。不但这样,尽管政府是在一个家族内世袭并操纵于一人之手,但绝非私有财产,而是不管怎样都无法从人民手里剥夺的公共财产,要绝对的、完全地、根本地归属人民。所以,永远是由人民来制定这种契约和协议,这个政府是否需要存在的判定亦是有人民来干预。国家并不属于国王,而国王应该从属于国家。国家可以选择国王并委托他来管理国家,因此,他要对人民与行政事务承担责任,而人民也应具有义务依法服从他的管理。头戴王冠的人,假如自己同意,完全可以放弃它,但是,假如并未得到为他加冕的那个国家的同意,他是不能随意地将其戴到别人头上去。总之,王位、政府和公共权威都属于整个国家所拥有;国王占有的只是一种使用权,而大臣们与它则是一种委托关系。虽然他们都是国家的领导者,但同样他们又都是国家的一个成员。其实作为为首的、最受人尊敬的与权力最大的一个成员,他被授予权力以便统治一切,但并没有什么合法的权力去改变已经建立起来的政府,或用他人来更换自己的位置。路易十五的权杖只能传给他的长子,没有人、甚至是他的父亲、也没有什么国家能反对他这样做,因为契约中的一个条件就是如此。

如在罗马共和国,权威的委托只局限于某一时期;如在波兰,有时仅限于一个人的终生;如在英国,有时仅限于一个家族存在之时;如在法国,有时则限于一个家族男性继承人之间。

这种权威有时是委托给这个社会里的某个阶级,或是给这个阶级所挑选的某几个人,或是给某一个人。

这各种情况视不同国家而异。但不管在何时何地,国家都应该有权维持这种契约的效力,而没有任何强权能改变它。当它失去效力时,国家会重新获得权利,并自由地以他们认为合适的方式与他们喜欢的任何人达成一个新的契约。假如有什么特别的不幸,统治法国的整个家族,连那些最远的后代都绝了嗣的话,那就该发生这样的事,权杖会回到国家手里。

好像只有那些身心遭到伤害的奴隶会不这样想。他们这类人活着就不配享有王者的光荣,也不能分享到社会给予的利益。他们的心灵里没有高尚品德可言。他们只有恐惧和私利的行为动机,他们的存在,仅是为了反衬出那些品格高尚的人的价值。造物利用他们来制造强权政治,借此罚戒那些触犯了上帝的人民和政权。这种政府篡夺了最高权力,而那里的人民又不假思索地将这种权力交给了一个凡人。然而,这个权力本来是上帝为自己所保留的。

遵纪守法、保护自由、热爱国家,这是所有伟大事业和美好行为取之不尽的源泉。在此我们可以看到人民的幸福与统治他们的国君的真正光荣。在此，服从是正确的，而命令是庄严的。反之，阿谀奉承、自私自利与奴性则是万恶之源，这种罪恶会对国家造成专权，并使它蒙受羞辱。在这样的国家里，臣民生活在悲惨之中，而国君则被人痛恨；在这样的国家里，专横的国君从没有听到臣民称他为"受爱戴的"；在这样的国家里，只有无奈与憎恨的顺从以及残暴与专制的统治。假如我用同样的方法考察法国与土耳其的前景，我认为，一方面我会看到一个大家依照理性联合而成的社会，他们的行为准则以品德为主，而又由一个按法律和正义来做事的、英明而伟大的政府首脑来统治；另一方面，我会见到一群以习俗结集起来的动物，被强力所驱赶，其统治者则是一个反复无常的暴君。

（科　军　译）